基金项目：国家重点研发计划（编号：2022YFC3005200）
National Key R&D Program of China（grant number：2022YFC3005200）

城市轨道交通接驳交通设施布局规划方法研究

郑翔　雷振宇　王治　蔡涵哲　编著

同济大学出版社·上海
TONGJI UNIVERSITY PRESS·SHANGHAI

内 容 提 要

本书以城市轨道交通车站接驳设施案例归纳、实证研究成果为基础，结合理论研究新进展，构建了一套城市轨道交通接驳交通设施布局规划方案的设计及评价方法。本书的主要内容包括：城市轨道交通车站影响范围、车站的接驳交通设施配置、接驳交通客流需求确定方法、各种接驳交通方式（步行、自行车、公交车等）的设施设计与布局方法、接驳交通设施布局方案的评价方法。本书可供城市轨道交通接驳交通设施规划、设计和建设单位的工程人员及高等院校相关专业的教师、学生参考使用。

图书在版编目(CIP)数据

城市轨道交通接驳交通设施布局规划方法研究 / 郑翔等编著. -- 上海：同济大学出版社，2024.1
ISBN 978-7-5765-0131-5

Ⅰ.①城… Ⅱ.①郑… Ⅲ.①城市铁路－轨道交通－交通设施－交通规划－研究 Ⅳ.①U239.5

中国国家版本馆CIP数据核字(2023)第233108号

城市轨道交通接驳交通设施布局规划方法研究
Study on the Layout Planning Method of Urban Rail Transit Intermodal Transportation Facilities

郑　翔　雷振宇　王　治　蔡涵哲　编著

责任编辑	陆克丽霞
责任校对	徐春莲
封面设计	潘向蓁

出版发行　同济大学出版社　　www.tongjipress.com.cn
　　　　　（地址：上海市四平路1239号　邮编：200092　电话：021-65985622）
经　　销　全国各地新华书店
排版制作　南京月叶图文制作有限公司
印　　刷　上海安枫印务有限公司
开　　本　787mm×1092mm　1/16
印　　张　13.5
字　　数　287 000
版　　次　2024年1月第1版
印　　次　2024年1月第1次印刷
书　　号　ISBN 978-7-5765-0131-5
定　　价　158.00元

版权所有　侵权必究　印装问题　负责调换

本书编委会

主　编

郑　翔　雷振宇　王　治　蔡涵哲

主编单位

广州地铁设计研究院股份有限公司

参编人员

孙元广　彭　磊　成　艳　叶霞飞　顾保南　翟利华
蒋时波　卓文海　潘　洋　陈　超　尹华拓　耿　明
刘子长　冯静霆　刘　皓　任碧能　简狄权　罗华朋
廖贵玲　罗炎桢　黄洁涛　陈华松　张耘琳　叶　春
颜益红　卓　荣　张宝运　周颖靓

前言

城市轨道交通能够吸引并承载巨大的客流，这是其诸多优势形成的基础。为了吸引客流，并且充分、高效地发挥城市轨道交通在城市公共交通系统中的骨干作用，就必须处理好城市轨道交通的接驳问题，也就是所谓的城市轨道交通"最后一公里"问题。城市轨道交通接驳是指乘客从出发地前往轨道交通车站，或者从轨道交通车站前往目的地的过程。由于城市轨道交通在建设、运营方面的投资巨大，且其线网不可能像一般的常规公交线网那样密集，所以选择城市轨道交通出行的乘客一般都需要经历一个接驳过程，即借助其他交通方式或者工具来辅助以城市轨道交通为主的出行。

目前，城市轨道交通接驳交通设施规划逐渐受到社会和相关从业单位的重视，北京、上海、广州、深圳、南京、成都、宁波、昆明等城市已经开展了有关城市轨道交通车站接驳交通设施布局规划设计的实践探索和理论研究，但与现实城市居民便捷、安全、健康的出行目标相比仍存在一定差距。在"推动交通高质量发展、加快建设交通强国"方针的指导下，开展城市轨道交通接驳交通设施布局规划方法研究，对于提高城市轨道交通的运行效率、强化其作为城市公共交通系统的骨干交通方式的地位具有重要意义。

本书主要内容包括：城市轨道交通车站影响范围的理论和实证研究方法，城市轨道交通车站的接驳交通设施配置，城市轨道交通车站接驳交通方式客流需求确定方法，步行、自行车、公交车、小汽车等接驳交通方式的设施设计与布局方法，城市轨道交通车站接驳设施布局方案的评价方法。

本书由广州地铁设计研究院股份有限公司和同济大学联合撰写，可供城市轨道交通工程及相关专业的技术人员、大专院校师生参考使用，书中的观点和结论也可供实际参与城市轨道交通接驳交通设施规划建设的单位根据具体工程对象按需采纳。由于城市轨道交通接驳交通方式多样且影响因素复杂，因此，对于接驳交通设施布局规划设计方法的研究还有诸多需要深化和完善之处，加之受笔者专业水平所限，文中不妥之处在所难免，敬请广大读者批评指正。

编著者

2023 年 11 月 20 日

目录

前言

1 我国城市轨道交通接驳交通设施现状与问题 001
   1.1 我国城市轨道交通接驳交通设施发展现状 003
   1.2 我国城市轨道交通接驳交通设施存在的问题 005

2 城市轨道交通车站影响范围 007
   2.1 城市轨道交通车站影响范围研究方法 009
      2.1.1 可达性理论分析方法 009
      2.1.2 开发利益影响范围法 011
      2.1.3 交通接驳合理范围法 019
   2.2 城市轨道交通车站交通接驳范围实证研究 019
      2.2.1 上海轨道交通车站交通接驳范围实证研究 019
      2.2.2 日本大阪市轨道交通车站交通接驳范围实证研究 023
      2.2.3 广州轨道交通车站交通接驳范围实证研究 032

3 城市轨道交通车站的接驳交通设施配置 037
   3.1 城市轨道交通车站接驳交通方式类型 039
   3.2 国内外典型城市轨道交通车站接驳交通设施配置案例 040
      3.2.1 英国伦敦 040
      3.2.2 日本东京 043
      3.2.3 中国香港 050
      3.2.4 中国台北 053
      3.2.5 案例小结 058
   3.3 城市轨道交通车站接驳交通方式优先级别及设施配置原则 060
      3.3.1 城市轨道交通车站接驳交通方式优先级别 061
      3.3.2 城市轨道交通车站接驳交通设施配置原则 062

4 城市轨道交通车站接驳交通方式客流需求确定方法 065
   4.1 确定各接驳交通方式设施规模所需客流数据 067

　　　　4.1.1　步行接驳 ………………………………………………………… 067
　　　　4.1.2　自行车接驳 ……………………………………………………… 067
　　　　4.1.3　电动自行车接驳 ………………………………………………… 068
　　　　4.1.4　常规公交接驳 …………………………………………………… 068
　　　　4.1.5　P＋R 接驳 ……………………………………………………… 068
　　　　4.1.6　K＋R 接驳 ……………………………………………………… 068
　　　　4.1.7　出租车接驳 ……………………………………………………… 068
　　4.2　接驳交通需求预测时重点考虑的两个问题 ………………………………… 069
　　　　4.2.1　进站客流与出站客流接驳特征的差异性 ……………………… 069
　　　　4.2.2　天气情况对出行者的接驳交通方式选择影响 ………………… 070
　　4.3　接驳客流方式划分方法 ……………………………………………………… 070
　　4.4　基于多项 Logit 模型的城市轨道交通车站接驳客流需求预测改进模型 …… 072
　　　　4.4.1　模型改进思路 …………………………………………………… 072
　　　　4.4.2　模型构建 ………………………………………………………… 074
　　　　4.4.3　调查数据 ………………………………………………………… 079
　　　　4.4.4　模型标定 ………………………………………………………… 083
　　　　4.4.5　利用手机信令数据标定模型 …………………………………… 087

5　步行接驳交通设施设计与布局 ……………………………………………………… 089
　　5.1　步行接驳交通设施规模 ……………………………………………………… 091
　　　　5.1.1　计算公式 ………………………………………………………… 091
　　　　5.1.2　参数确定 ………………………………………………………… 091
　　5.2　步行接驳交通设施布局案例调查与分析 …………………………………… 093
　　　　5.2.1　车站主体位于道路红线范围内的步行接驳交通设施布局案例 …… 093
　　　　5.2.2　车站主体位于道路红线范围外的步行接驳交通设施布局案例 …… 098
　　　　5.2.3　案例小结 ………………………………………………………… 108
　　5.3　步行接驳交通设施布局基本模式 …………………………………………… 108

6　自行车接驳交通设施设计与布局 …………………………………………………… 113
　　6.1　自行车接驳交通设施规模 …………………………………………………… 115
　　6.2　自行车接驳交通设施布局案例调查与分析 ………………………………… 116
　　　　6.2.1　自行车接驳交通设施及其作用 ………………………………… 116
　　　　6.2.2　自行车接驳形式 ………………………………………………… 117
　　　　6.2.3　自行车停车场分类 ……………………………………………… 118
　　　　6.2.4　自行车停车场的布置形式 ……………………………………… 121
　　　　6.2.5　自行车停车场的位置选择 ……………………………………… 123

			6.2.6 自行车停车场的内部排列形式	126

	6.3	自行车接驳交通设施布局基本模式	130
		6.3.1 自行车衔接设施及其作用	130
		6.3.2 自行车接驳模式	130
		6.3.3 自行车停车场类型及其适用性	131
		6.3.4 自行车停车场的布置形式	132
		6.3.5 自行车停车场的位置选择	132
		6.3.6 自行车停车场的内部排列形式	133

7 公交接驳交通设施设计与布局 135

7.1	公交接驳交通设施规模	137
	7.1.1 公交接驳线路数量估算方法	137
	7.1.2 公交接驳站通行能力计算方法	137
	7.1.3 公交接驳站泊位数量确定方法	138
	7.1.4 公交接驳站用地规模	139
	7.1.5 公交接驳线路停车场规模	139
7.2	公交接驳交通设施布局案例调查与分析	140
	7.2.1 城市轨道交通车站附近有一条道路的案例	140
	7.2.2 城市轨道交通车站附近有两条道路的案例	142
	7.2.3 城市轨道交通车站附近有多条道路的案例	151
	7.2.4 案例小结	155
7.3	公交接驳交通设施布局的基本模式	155
	7.3.1 公交接驳交通设施与城市轨道交通车站的位置关系	155
	7.3.2 公交接驳交通设施布置形式	161
7.4	公交接驳设施布局	164
	7.4.1 公交接驳线路优化原则	164
	7.4.2 公交接驳线路优化步骤	164
	7.4.3 城市轨道交通车站周边常规公交线路调整方法	166

8 接送车接驳交通设施设计与布局 169

8.1	接送车接驳交通设施规模	171
8.2	接送车接驳交通设施布局案例调查与分析	171
	8.2.1 新加坡城市轨道交通车站接送车接驳设施	172
	8.2.2 东京都市圈城市轨道交通接送车接驳设施	177
8.3	接送车接驳交通设施布局的基本模式	182
	8.3.1 接送车接驳交通设施与城市轨道交通车站的位置关系	182

　　　　8.3.2　接送车接驳交通设施布置形式 ·· 183

9　停车换乘接驳交通设施设计与布局 ·· 187
　9.1　停车换乘接驳交通设施规模 ·· 189
　9.2　停车换乘接驳交通设施布局案例调查与分析 ······························ 189
　9.3　停车换乘接驳交通设施布局的基本模式 ···································· 192
　　　9.3.1　停车换乘接驳交通设施距离 ··· 192
　　　9.3.2　P+R 停车场分类及其适用条件 ·· 193
　　　9.3.3　泊位布置方式 ··· 195
　　　9.3.4　出入口、内部交通组织及无障碍设施 ································ 195

10　城市轨道交通车站接驳设施的布局方案评价方法 ··························· 197
　10.1　评价方法的选择与评价指标体系 ··· 199
　10.2　评价计算范围的确定 ·· 199
　10.3　备选方案交通流线分析 ··· 200
　10.4　基于综合成本法的评价模型 ··· 201
　　　10.4.1　接驳时间 ··· 201
　　　10.4.2　经济成本 ··· 203
　　　10.4.3　综合成本 ··· 204

参考文献 ··· 205

1 我国城市轨道交通接驳交通设施现状与问题

1.1　我国城市轨道交通接驳交通设施发展现状

随着我国城市经济社会的进一步发展,客运交通供需矛盾日益突出,城市轨道交通作为大运量的城市客运交通方式,是解决城市交通拥堵问题的一种重要手段。城市轨道交通除了服务大运量客流需求外,还具有促进地区经济发展和沿线区域开发这一非常重要的功能。城市轨道交通与土地利用的关系不仅是复杂且多变的,它们之间又是相互作用、相互影响的,而这种作用和影响可能是同时发生的,也可能是相继发生的。因此,城市轨道交通与土地利用是城市发展内部一对至关重要的矛盾体。研究二者之间互动关系的目的是希望通过协调二者之间的关系来促进城市的可持续发展。城市轨道交通虽然能够提供快捷、准时的"站到站"服务,却不能提供"门到门"服务。由于城市轨道交通的集疏能力往往与接驳交通方式的特点和能力密切相关,因此只有当城市轨道交通与其配套的接驳交通能够协调运作时,城市轨道交通的优势才能充分体现出来。

近年来,我国城市机动车数量增长迅猛,城市交通问题日渐突出。由于城市轨道交通具有运量大、准时高效、低碳环保等优点,因此鼓励市民采用公共交通出行,尤其是采用城市轨道交通出行,符合城市交通的绿色发展需要。为了吸引更多的市民选择城市轨道交通出行,城市应做好高效且完善的轨道交通接驳系统规划建设。

1. 城市轨道交通接驳交通设施规划逐渐受到重视

做好城市内其他交通方式与城市轨道交通的接驳规划工作,有助于提高换乘效率、增加接驳客流、引导城市交通发展。近年来,国内许多城市越来越重视城市轨道交通接驳交通设施的规划和建设。北京、上海、广州、南京、深圳等城市在城市轨道交通车站附近及沿线设置了停车场,以便市民通过小汽车、摩托车、自行车等交通工具来换乘城市轨道交通,同时,通过调整既有公交线路和新增公交接驳专线来优化城市轨道交通接驳设施系统。

2. 城市新兴交通方式助力城市轨道交通接驳交通

近年来,一些新兴的交通方式因其便捷性、廉价等优点尤为受到出行者的青睐,互联网租赁自行车(俗称"共享单车",本书后面简称租赁自行车)便是其中之一。租赁自行车具有骑行方便且易于取用的特点。由于乘坐城市轨道交通的乘客在进出站点均可使用租赁自行车,因此省去了以往需自备自行车的麻烦,且不用担心车辆失窃、损坏等问题。这不仅使得租赁自行车成为一种新兴的城市轨道交通接驳方式,也提高了非机动车接驳方式在全部接驳方式中的比例。"租赁自行车+城市轨道交通"已成为城市中既健康又时髦的出行方式(图1-1)。

租赁自行车经营企业认为租赁自行车与城市轨道交通之间有着巨大的融合价值,在接驳、优化出行线路、缓解高峰交通压力等方面已经给城市带来了新气象。基于大数据的城市交通融合是未来的一个发展趋势,租赁自行车经营企业基于这一趋势在与城市轨道交通的接驳解决方案、需求预测、场景探索、出行决策、路线规划等方面着力,同城市轨道交通经营单位合作,共同提升市民的出行体验感及出行效率。根据第一财经商业数据中心的研究结果,仅在上海,每天有近20%的租赁自行车骑行发生在城市轨道交通车站一公里的辐射范围内,租赁自行车"点到点"和城市轨道交通"站到站"的运营模式之间能够形成极佳的互补效应。

图1-1 租赁自行车与城市轨道交通的融合为市民提供了优质的出行服务

图1-2 广州地铁同和站附近由街道提供的小巴接驳服务

此外,一些新兴的接驳服务主体(如街道、住宅小区提供的街道巴士、小区专线巴士等)也参与到城市轨道交通接驳系统中来,为城市轨道交通乘客提供"站到门"或"门到站"的接驳服务,如图1-2所示。由于服务对象定位准确、线路灵活、价格便宜甚至免费,因此这类新兴接驳方式比传统常规公交接驳更方便、更具有吸引力,真正打通了城市轨道交通接驳的"最后一公里",它们被市民亲切地称为"楼巴",即能直达楼下的接驳巴士。这类新兴的接驳方式已成为城市轨道交通接驳系统的良好补充,因此,在未来的城市轨道交通车站接驳交通规划中应给它们留有一席之地。

3. 城市轨道交通接驳交通设施规划设计相关研究工作逐步开展

由于接驳交通对于助力城市轨道交通发挥城市公共交通系统骨干交通方式效能具有重要作用,因此众多城市轨道交通从业者对接驳交通设施系统规划、接驳设施布局规划等方面的重视度逐渐提高,一些设计院、研究所、高等院校都开展了相关的研究工作,诸如接驳乘客的出行特征[1](图1-3)、接驳客流特征的分析与预测方法[2]、针对自行车设施布局规划设计方法[3,4]、接驳设施与周边建筑物空间的结合方法[5]等。这些研究成果对于提高城市轨道交通接驳交通设施规划设计水平、指导开展实际工作具有积极作用,不仅改善了城市轨道交通进出站乘客的接驳出行条件,还有助于提高城市轨道交通对出行者的吸引力以及城市轨道交通的利用效率。

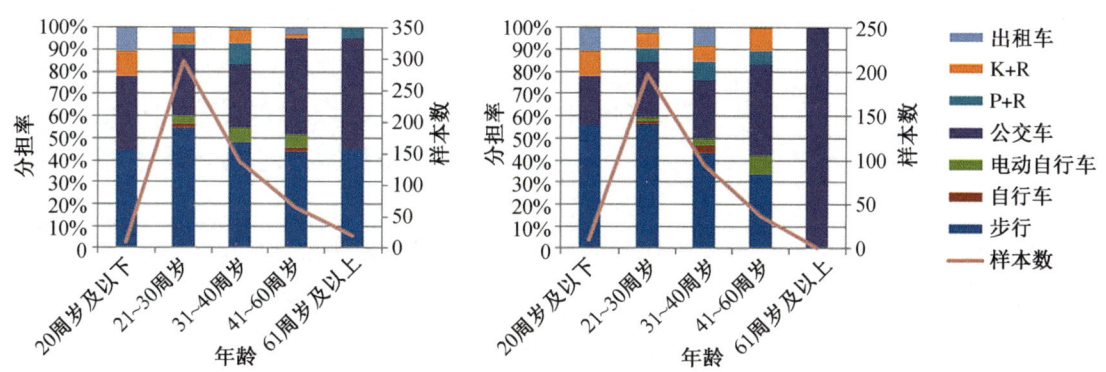

图1-3 某轨道交通车站各年龄段乘客的接驳方式分担率

(注:K+R是指Kiss and Ride,接送换乘;P+R是指Park and Ride,停车换乘。)

1.2 我国城市轨道交通接驳交通设施存在的问题

目前,我国城市轨道交通接驳交通设施的规划和设计工作在不断地深入开展并逐渐优化,但实际工作中可操作性高的指导文件仍较为缺乏。在城市轨道交通车站附近,我们经常可以看到一些不合理的现象:自行车、电动自行车、私人小汽车的停车场规模偏小,导致车辆乱停乱放、占道停放现象较为严重(图1-4);接驳公交线路走向不合理,发车间隔时间长,站点覆盖面积有限;大量出租车和私人小汽车占用公交车站上下客,交通秩序混乱;等等。

这些现象反映出目前的城市轨道交通接驳交通设施规划设计理论方法仍有欠缺,究其原因是城市轨道交通接驳交通设施规划设计的实际工作缺乏依据,导致各种接驳交通方式之间互相干扰,从而不能有效地发挥出各自的效率。目前,主要问题有以下三个。

图 1-4 轨道交通车站出入口处租赁自行车"潮汐式"拥堵

1. 城市轨道交通接驳交通设施规划理论体系需重构

当前,我国城市轨道交通接驳交通设施规划和设计大多沿用传统的四阶段客流预测理论,采用的是城市轨道交通网络、线路客流预测思路,但城市轨道交通接驳段出行乘客的特征和出行选择行为与主交通方式选择存在差异。例如,当接驳距离短,各种接驳交通方式的接驳费用都较低时,乘客在选择接驳交通方式时对接驳费用的敏感度不高;乘客对于接驳交通方式的选择受外部环境影响较为显著,如天气、可供选择的接驳交通设施等。因此,城市轨道交通接驳交通设施规划的理论体系亟待调整和完善,以便能准确地刻画出城市轨道交通接驳出行的特征。

2. 缺乏成熟的接驳交通设施规划布局方案设计和评价方法指导实际工作

目前,关于城市轨道交通接驳交通设施布局的研究大多停留在原则、建议、模式等定性说明方向,缺乏对布局方案的定量评价研究。国内部分开展城市轨道交通建设的大城市(如北京、上海、广州、成都、宁波、昆明等)已开始重视城市轨道交通车站接驳交通的规划和设计工作。但由于缺乏细致、规范的要求,这项研究工作得到的结果差异较大,并且因为城市轨道交通车站与其周围接驳交通设施的建设及管理隶属于多个部门,这便造成了一些换乘不便的状况。同时,缺少科学的规模计算与布局设计及评价方法,往往会造成规模不当、各种流线走向不合理、空间利用效率不高的情况,严重时甚至可能导致一些安全隐患发生。

3. 针对城市轨道交通接驳客流特征的客流预测方法亟待研究完善

城市轨道交通接驳交通设施规划中存在的问题,大多与接驳客流预测结果的准确性密切相关,例如各类接驳设施规模的确定需要依据准确的分方式、分时段的接驳客流量数据。因此,有必要针对城市轨道交通车站接驳客流特征分析、接驳客流需求预测、接驳设施规模估算以及布局方法等方面进行比较严谨、深入的研究。在这些工作当中,对各种接驳方式的客流分担量的预测是非常重要的,因为这是接驳设施规模估算以及设施布局等工作的基础和前提。关于城市轨道交通接驳客流的需求预测,目前尚无较为系统的方法。鉴于城市轨道交通工程设计阶段已经对各车站远期年的进、出站客流量进行了预测,可以在此基础上,深入探究城市轨道交通进、出站客流分担率的影响因素,准确把握各种接驳交通方式的特征,从而完善城市轨道交通接驳客流的预测方法。

2 城市轨道交通车站影响范围

2.1 城市轨道交通车站影响范围研究方法

确定城市轨道交通车站影响范围是一项较为困难的工作。目前,已有的研究方法主要有理论分析方法、将开发利益影响范围近似为车站影响范围的方法(开发利益影响范围法)以及按接驳交通量分析的实证研究方法(交通接驳合理范围法)等几类。但这些方法都存在一定的缺陷,理论也不成熟,只能在特定的研究目标情况下使用。通常,城市轨道交通车站开发利益影响范围法主要用于确定车站周边土地开发范围,以期获得最大的开发收益。而交通接驳合理范围法主要用于确定车站最大接驳范围,进而推算总的接驳客流量和分担率,从而为城市轨道交通车站接驳设施规划设计提供依据。[6]

2.1.1 可达性理论分析方法

交通的可达性一致模型为研究城市轨道交通影响范围奠定了理论基础,该理论模型的核心思想如下:如果采用出行时间来描述可达性,从城市轨道交通车站影响范围的边缘点出发,无论是采用城市轨道交通方式还是采用其他交通方式,到达城市中心轨道交通车站的可达性应该相同(图 2-1)。

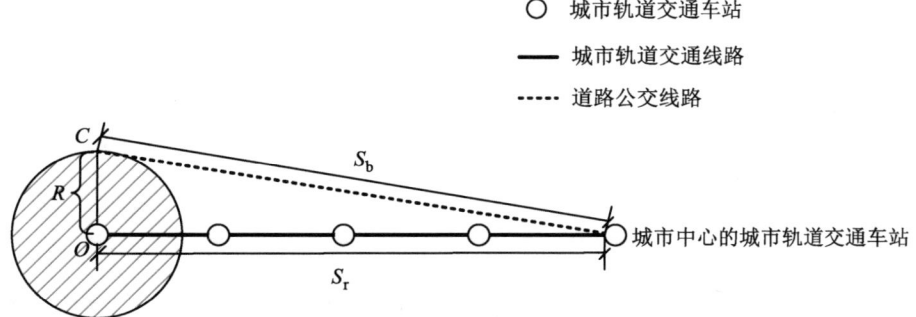

图 2-1 城市轨道交通车站影响范围计算示意

在图 2-1 中,O 点为研究对象车站,C 点为位于车站影响范围边界处的出发点,R 为影响范围半径。

根据可达性一致原理可以得到以下计算式:

$$t_r = t_b \tag{2-1}$$

式中 t_r——基于步行接驳方式从出发点 C 到城市中心的城市轨道交通车站采用城市轨道交通的出行时间;

t_b——从出发点 C 到城市中心的城市轨道交通车站采用常规公交的出行时间。

设城市轨道交通、常规公交的平均旅行速度分别为 v_r、v_b，步行的平均速度为 v_w，那么式(2-1)可以表达为

$$R/v_w + S_r/v_r = S_b/v_b \tag{2-2}$$

最终，可以得到城市轨道交通车站的影响范围表达式为

$$R = (S_b/v_b - S_r/v_r)v_w \tag{2-3}$$

可达性一致模型虽然奠定了研究轨道交通车站影响范围的理论基础，但是还存在以下几点问题。

1. 单中心模型难以适用于多中心城市发展模式

目前，我国已建或拟建城市轨道交通的城市基本上都是发展体量较大、交通需求仅依靠道路交通难以满足的这类城市，它们一般都呈现多中心发展模式。可达性一致模型是以单中心城市为背景建立起来的，后续研究并没有对其进行根本性的改进。同时，单中心模型还存在不能应用于计算市中心轨道交通车站影响范围的缺陷。

2. 单一终点无法反映居民出行目的地分散的特征

居民出行目的多样化（工作、娱乐、就医、探亲访友等）导致其出行目的地比较分散，而出行目的地的设定在可达性一致模型中是非常关键的，因为可达性的比较是基于有明确目的地这一条件。单中心模型是将城市中心的城市轨道交通车站作为所有居民出行的目的地，后期的一些研究对模型进行了修正。修正模型是将城市副中心的城市轨道交通车站也设为出行目的地，但是现实生活中居民出行并非都以市中心或副中心为目的地，这一点与现实情况不符。

3. 竞争性交通方式服务水平考虑不全面

一方面，既有研究对于和城市轨道交通有竞争性的交通方式的服务水平考虑得并不全面。车站影响范围附近竞争性交通方式的服务水平高低会影响城市轨道交通车站的影响范围大小，如果竞争性交通方式的服务水平较高，就会吸引更多的出行者，从而导致出行者对城市轨道交通的依赖性降低，城市轨道交通车站的影响范围就会缩小；反之，如果竞争性交通方式的服务水平较差，出行者出行不得不依靠城市轨道交通，那么城市轨道交通车站的影响范围就会增大。竞争性交通方式的服务水平指标包括站点分布情况、发车间隔、拥挤度等。另一方面，可达性一致模型假设在城市轨道交通车站影响范围边界上都有常规公交服务，这一点与实际情况不符。同时，也没有考虑其他竞争性交通方式的影响，如私家车等。

4. 广义出行成本有待细化

广义出行成本是用来描述可达性的，是计算车站影响范围的关键因素。在计算广义出行成本时需要将出行时间通过时间价值转化为成本。然而，实际上时间价值对于不同人群、不同出行目的来说是有区别的，既有研究却只采用一个统一的时间价值，这样计算出来的广义出行成本比较粗略，与实际情况不符。

5. 接驳路径过于简化

在可达性一致模型中，假设城市轨道交通车站的影响范围是一个规则的圆形，只需求取半径就可以得到，因此接驳路径就是连接影响范围边界某一出发点到车站中心的直线。然而，实际情况并非如此简单，城市轨道交通车站的影响范围是与周边接驳路网情况紧密相关的，如果接驳条件好，车站影响范围可以扩大；如果接驳条件差，例如有河流或铁路隔断接驳路径，那么车站影响范围会受到影响。既有研究对于接驳路径的处理过于简化，不能反映现实情况。

鉴于目前针对城市轨道交通车站影响范围的理论计算方法还不成熟，因而实际工作中常常采用实证研究方法，根据研究需要，采用不同的思路来近似确定城市轨道交通车站的影响范围，其中最常见的是"开发利益影响范围法"和"交通接驳合理范围法"。

2.1.2 开发利益影响范围法

城市轨道交通对土地利用的影响主要体现在影响土地(房产)的价值和价格、土地利用性质及开发强度等方面。在各方均质条件下，城市轨道交通对土地价值、开发强度的影响应该是一条随与车站的距离增大而下降的曲线，城市轨道交通对土地利用性质的影响则是随距离增大向产值较低的趋势变化。根据区位理论及级差地租理论，土地利用性质和开发强度都是随着土地价值的变化而变化的。因此，城市轨道交通对土地价值的影响可反映出城市轨道交通对土地利用的影响范围。

1. 地租理论

威廉·阿朗索(William Aloson)在他被广为引用的《区位与土地利用》一书中，建立了一个土地价值模型。该模型假定不同地块的土地价值将随着它到城市中心的交通费用的增加而下降，并认为最高的地价将产生在对城市中心通达性最高的地块。

靠近市中心的土地运输成本较低，人们竞相选择这里，故地价较高。地租理论中互换论的基本假设如下：在一个没有地形差异的平原大城市，所有人常去的商业中心只有一个，一个家庭往返城市中心所需负担的较高运输费用，可以由较低的住房费用作为补偿。这样，在选择区位时，可将交通费用与住房费用进行"互换"。地价与运输设施具有某种程度的替代性，二者的和成为阻力成本(图2-2)。

运输改善表示运输速度的提高或交通费用的减少，例如城市轨道交通提高了居民的出行效率，减少了出行时间，降低了交通成本。

一般而言，地租与地块离开城市中心的距离呈负相关关系(图2-3)，而运费与地块离开城市中心的距离呈正相关关系，且地租 LR 和运费 TC 之和为阻力成本 FC(常数)，地租消失点 D 代表城市的边界(图2-2)。当运输设施改善之后，交通成本降低($TC \rightarrow TC'$)，显示地价相对提高($LR \rightarrow LR'$)，且地租消失点在向远离市中心方向移动，即 $D \rightarrow D'$。这种现象说明运输技术和设施的改善会导致城市扩张。

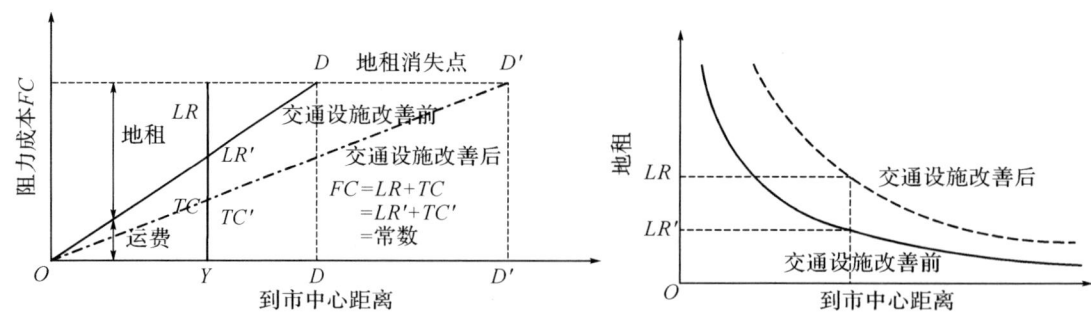

图 2-2 城市土地价格与到市中心(CBD)距离的关系   图 2-3 运输设施改善前后地租变化曲线

城市轨道交通所带来的超额收益即级差地租能反映出城市轨道交通对地价的影响。城市轨道交通作为现代化的交通工具,相对于传统交通方式具有舒适、快速的特点,同时,也降低了人们在出行中的摩擦成本(出行途中的拥挤、噪声带来的损耗)和时间损失。一方面,那些在城市轨道交通设施沿线周围区域居住、工作和消费的居民,相比其他区域的居民有较少的转移成本支出,这部分减少的转移成本使得经济主体获得了较多的外在收益。另一方面,城市轨道交通可以吸引大量的人流,城市轨道交通沿线周围区域也因此产生人口聚集,进而吸引其他经济要素的聚集,形成聚集效应,最终产生的聚集经济效益又为其经济主体带来了更多的超额利润。由此可见,城市轨道交通不仅降低了经济主体在生产和生活中的转移成本及运营成本,也为经济主体带来了大量的超额纯收益。这部分超额纯收益使得土地级差地租上升,土地资产增值,进而促进土地价格上升。

2. 新开发区域城市轨道交通对沿线房地产价格的影响

对于单个城市轨道交通车站而言,同样存在和地租理论相似的规律。一般来说,在其他条件相似的情况下,房地产价格会随着其到城市轨道交通车站距离的增加而降低,直至平稳或者出现房价拐点,说明车站对该处房地产价格的影响消失,这反映出到达城市轨道交通车站的便捷程度与房地产价格二者之间的关系。这种规律在城市新开发区域较为明显,因为相对于车站密度高、各种用地开发密集的城市中心区,这些新开发区影响房地产价格的因素较为单一,世界各大城市及地区的地价数据也验证了这样的规律。

1)日本

(1)日本埼玉新交通线对沿线地价的影响

本案例通过比较地价上升率的方法来分析城市轨道交通对沿线地价的影响。在此,凭借经验取以沿线各车站为中心、半径为 2 km 的范围作为城市轨道交通的影响区域,并将分析对象区域分为两类,即以对象车站为中心的半径 2 km 圈范围(以下简称为"2 km 圈范围")和对象车站所在的行政区域中以车站为中心的半径 2 km 圈外的沿线附近其他区域范围(以下简称为"附近区域范围"),如图 2-4 所示。

通过调查分析与计算,得到了日本埼玉新交通线沿线 2 km 圈范围、附近区域范围地价上升指数的变化情况。由图 2-5 可见,沿线 2 km 圈范围内的地价上升速度明显高于

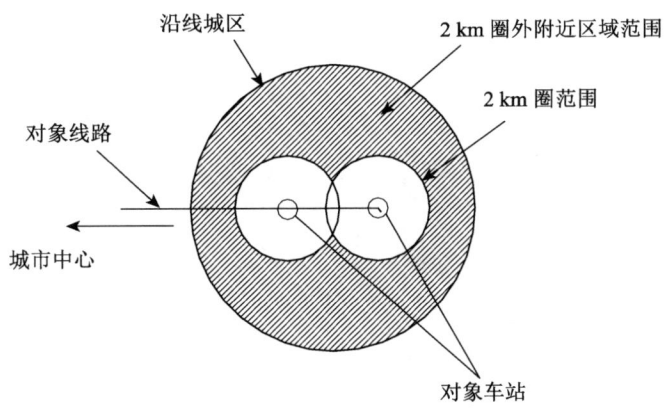

图 2-4　2 km 圈范围与附近区域范围

2 km 圈外附近区域范围的地价上升速度,说明城市轨道交通开发对沿线一定范围内的土地升值是有重要影响的。另外,日本埼玉新交通线是 1983 年 12 月才开始营业的,而图 2-5 中的地价上升现象在该线开通营业前已经出现,这说明城市轨道交通开发对沿线土地升值的影响是超前发生的。

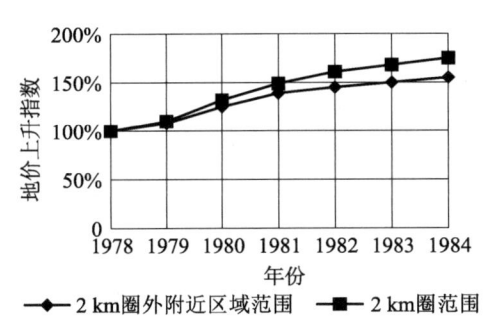

图 2-5　日本埼玉新交通线沿线 2 km 圈内外区域地价上升指数比较

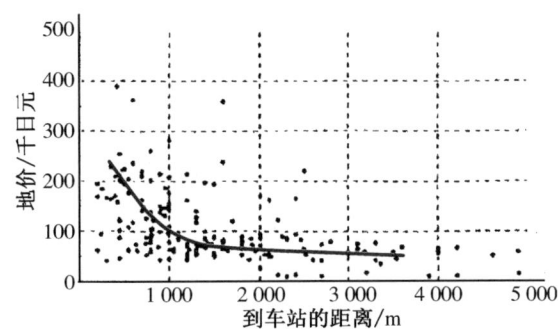

图 2-6　地价与到车站距离的关系

(2) 日本札幌都市圈城市轨道交通对沿线地价的影响

通过针对札幌市 1990 年地价与离开城市轨道交通车站距离关系的调查结果(图 2-6)分析可知,城市轨道交通沿线地价与离开车站的距离呈负相关关系。

(3) 日本东京新玉川线对沿线地价的影响

新玉川线位于轨道交通小田急线和东横线的中间,所以将上述两条线路所包围的区域作为新玉川线的车站影响范围,图 2-7 列出了日本东京新玉川线的车站影响范围,并将车站影响范围分为①～⑧共 8 个区域。

研究对象区域在 1970 年与 1988 年的实际地价情况如表 2-1 所列。由于表 2-1 中的地价包含了土地价格的正常上升部分,所以为了得到完全由新玉川线建设带来的地价上

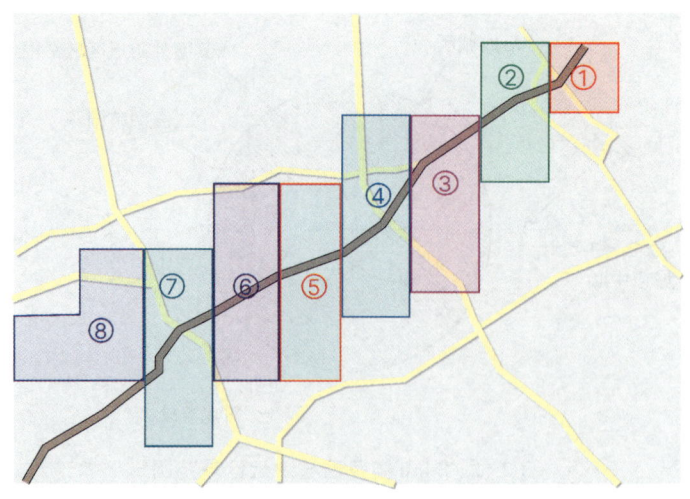

图 2-7 日本东京新玉川线的车站影响范围

升额,利用 1970—1988 年间东京都 23 区的平均地价上涨幅度(10.38 倍),将 1970 年的地价换算成 1988 年的基准价格,结果如表 2-2 所列。表 2-2 中的数字是以 1988 年为基准进行评价的,由此可知,完全由新玉川线建设带来的地价上升额为 20 兆 5 300 亿日元。而新玉川线的年运费收入也只有 61 亿 2 000 万日元。由此更进一步地表明了城市轨道交通建设对沿线地区地价的影响是巨大的这一客观事实。

表 2-1 日本东京新玉川线沿线区域平均公示地价

区域	1970 年平均公示地价 /(万日元·m^{-2})	1988 年平均公示地价 /(万日元·m^{-2})	区域面积 /km^2
①	70.70	757.50	1
②	8.20	426.80	2
③	17.50	426.50	2
④	20.00	165.00	3
⑤	7.30	151.50	3
⑥	7.45	193.70	3
⑦	6.50	157.00	3
⑧	5.00	98.30	3

表 2-2 日本东京新玉川线沿线区域地价上升额试算(以 1988 年为基准)

区域	1970 年			1988 年		地价上升额 /亿日元
	1970 年单价 /(万日元·m^{-2})	1988 年基准单价 /(万日元·m^{-2})	1988 年基准总价 /亿日元	单价 /(万日元·m^{-2})	总价 /亿日元	
①	70.70	733.90	73 390	757.50	75 750	2 360
②	8.20	85.10	17 020	426.80	85 360	68 340

(续表)

区域	1970年	1988年				地价上升额/亿日元
	1970年单价/(万日元·m^{-2})	1988年基准单价/(万日元·m^{-2})	1988年基准总价/亿日元	单价/(万日元·m^{-2})	总价/亿日元	
③	17.50	181.70	36 330	426.50	85 300	48 970
④	20.00	207.60	62 280	165.00	49 500	−12 780
⑤	7.30	75.80	22 730	151.50	45 450	22 720
⑥	7.45	77.30	23 190	193.70	58 110	34 920
⑦	6.50	67.50	20 240	157.00	47 100	26 860
⑧	5.00	51.90	15 570	98.30	29 490	13 920
总计						205 300

2）欧美国家

虽然欧美国家城市人口密度相对于亚洲城市明显偏低，且交通方式更趋向于使用小汽车，但是轨道交通（包括有轨电车、通勤铁路等带有通勤功能的大运量交通方式）对周边房地产价格的影响规律依然存在。表2-3列出了部分发达国家典型轨道交通对沿线房地产价格变动影响的研究情况，其主要结论都是"距离轨道交通车站近的住宅及房地产价格上升幅度较大"。

表2-3 部分发达国家轨道交通沿线房地产价格变动的研究

研究者，时间	研究城市/地区	交通设施	房地产类型	研究结论
Chesterton, 2002	伦敦	地铁	商业、住宅	在交通基础设施不发达的地区对房地产价格影响最大
Pharaoh, 2002	伦敦	地铁	商业、住宅	靠近车站的区域对商业和商住两用的开发更具吸引力，而在稍微远离车站的区域对住宅的开发更具吸引力
Hack, 2002	多伦多	地铁	商业	相对于全市平均租金而言，车站旁的写字楼租金提高30%，距离车站500 m处的租金提高10%
Hack, 2002	多伦多	地铁	住宅	邻近车站周边地区增值最大可达20%
TRL, 1993	泰恩-威尔	地铁	住宅	每接近车站200 m，平均房价提高2%
Laasko, 1992	赫尔辛基	地铁	住宅	在可接受的步行距离范围内的住宅市场价格比研究区域外的要高出7.5%以上，增值最显著的区域为距离车站500~700 m范围
AL-Mosaind, et al., 1993[9]	波特兰	MAX轻轨、东线	住宅	距离车站500 m范围内的独立式住宅总价上涨10.6%

(续表)

研究者，时间	研究城市/地区	交通设施	房地产类型	研究结论
Lewis Workman, Brod, 1997	波特兰	MAX轻轨、东线	住宅	轻轨车站2 500～5 280 ft(约760～1 600 m)半径内的住宅，到车站的距离每减少100 ft(约30 m)，平均价格上涨75美元，约2.5美元/m
Chen, et al., 1998	波特兰	MAX轻轨、东线	住宅	轻轨车站100 m以外，远离车站的独立式住宅总价下降32.20美元/m，到车站距离的正面影响大于轨道线的负面影响
Landis, et al., 1994	圣克拉拉圣何塞	轻轨	住宅	远离车站的独立式住宅总价下降1.97美元/m
Cevero, Duncan, 2002[10]	洛杉矶	两条轻轨：蓝线、绿线	住宅	距离车站0.25～0.5 mile(约0.4～0.8 km)的环内，独立式住宅、普通公寓总价上涨1%～3.5%，酒店式公寓(蓝线附近)总价下降6%
Landis, et al., 1994	旧金山	湾区捷运系统	住宅	阿拉米达县(Alameda county)远离车站的独立式住宅总价下降2.29美元/m；康特拉科斯塔县远离车站的独立式住宅总价下降1.96美元/m
Cambridge, 1988	旧金山	湾区捷运系统	住宅	独立式住宅，市区到车站距离0.25～1 mile(约0.4～1.6 km)的总价上涨5 700～49 000美元，郊区上涨5 000～9 000美元；公寓只有在1 300 ft(约396 m)范围内的租金上涨50美元/月
Dam, et al., 1980	华盛顿特区	地铁(通车前后)	住宅	到车站的距离每减少100 m，独立式住宅总价上涨6%～13%，这有可能是政府推行TOD的影响
Benjamin, Sirmans, 1996[11]	华盛顿特区	地铁	住宅	到车站的距离每增加0.1 mile(约0.16 km)，公寓租金下降2.4%～2.6%
Gatzlaff, Smith, 1993[12]	迈阿密	地铁	住宅	对高价独立式住宅有微弱影响，对低价独立式住宅影响不明显
Nelson, McClesky, 1992	亚特兰大	通勤铁道	住宅	低收入住宅区，到轨道交通车站距离每减少100 ft(约30 m)，总价上涨1 045美元，约34.26美元/m；高收入住宅区，到轨道交通线路距离每增加100 ft(约30 m)，总价下降965美元，约31.64美元/m
Bowes, Ihlanfeldt, 2001[13]	亚特兰大	通勤铁道	住宅	距离车站0.25～0.5 mile(约0.4～0.8 km)的环内有正面影响，距离车站太近[小于0.25 mile(0.4 km)]则有负面影响
Voith, 1993	费城	快铁	住宅	车站服务范围内的独立式住宅总价比平均价格高7.5%～8.0%

(续表)

研究者，时间	研究城市/地区	交通设施	房地产类型	研究结论
Gruen, 2001	芝加哥	通勤铁道	住宅	距离车站 300 ft～1 mile(91～1 600 m)范围内的独立式住宅，距离每减少 1 ft(0.3 m)，总价上涨 0.01%
McDonald, Osuji, 1995	芝加哥	通勤铁道	住宅	从1980年至1990年，距离车站 0.5 mile(约 0.8 km)范围内住宅用地的土地价值净增 17.4%
Armstrong, 1994[14]	波士顿	通勤铁道：费区堡线(Fitchburg line)	住宅	有铁路站的社区的独立式住宅比没有车站的价格高约 6.7%，距离通勤以及货运轨道线 400 ft(约 122 m)内的住宅贬值 20%，轨道线的负面影响主要由货运轨道线产生

资料来源：(1) RICS policy Unit. Land value and public transit, stage1-summary of findings, 2002. (2) Lee Cockerill, Denise Stanley. How will the centerline affect property values in orange county? Institute of Economic and Environmental Studies, California State University-Fullerton, 2002(3).

3) 中国上海

以上海轨道交通1号线南段线路为研究对象，分析其对沿线房地产价格的影响。上海轨道交通1号线在1995年5月通车前后，沿线房地产价格发生了明显变化(图2-8)。从1994年起，上海轨道交通沿线房地产就已经形成了有力的竞争优势，房地产价格开始超过其他地区同类房地产的价格。以梅陇地块附近的长桥地区为例，1991年长桥地区每平方米房价比梅陇地区高出1 100～1 200元，但由于长桥地区远离城市轨道交通，而梅陇地区靠近1号线，因此从1994年开始，长桥地区的房价出现了低于梅陇地区房价的现象，且梅陇地区房价的平均涨幅也远远超过上海市区房价的平均涨幅。

通过进一步调查分析1991—2000年1号线南段莘庄站至漕宝路站线路沿线的房价资料可以发现，1号线对城市边缘沿线车站2 km圈内的房价产生了巨大影响，其中莘庄站是影响最大的区域。图2-8给出了1991—2000年间，1号线莘庄站2 km圈内外多层住宅平

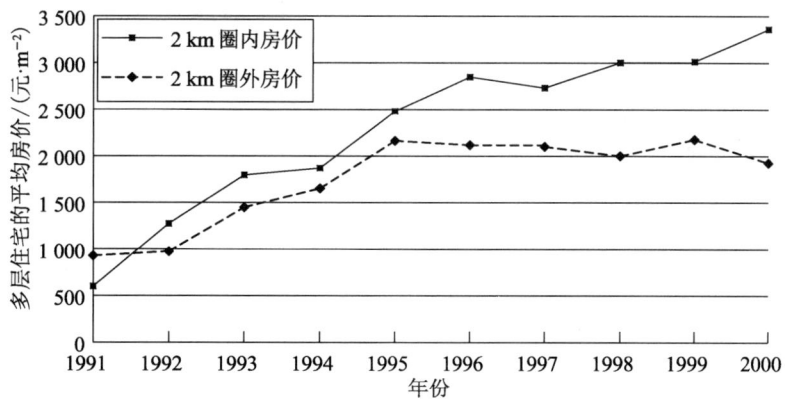

图 2-8　1991—2000年莘庄站附近2 km圈内外多层住宅的平均房价

均房价的变化情况。由图可见,1991年莘庄站附近2 km圈内多层住宅的平均房价为600元/m²,而2 km圈外平均房价为929元/m²,即当时莘庄站附近远离城市轨道交通的地块房价高于城市轨道交通附近的地块房价。但从1992年开始,莘庄站2 km圈内的多层住宅平均房价开始显著高于圈外房价,且二者呈现出不同的上升规律,圈内平均房价的上升趋势要强于圈外。由此可以认为,1号线的建设及运营对莘庄站附近的地块房价产生了重要影响。同时,结合1号线莘庄站的开工建设时间(1995年)可以看出,图2-8中的房价上升现象在该线路开通运营前已经出现,说明城市轨道交通对沿线房价的影响在时间上是超前发生的。

相关统计资料表明:上海市中心区的城市轨道交通车站周边的楼盘价格涨幅与同期其他区域房价的涨幅相差无几;在次中心区,城市轨道交通对周边的楼盘价格影响就大得多。例如,位于上海市中心区黄浦区的8号线某车站的周边楼盘,在城市轨道交通建设前后的房价涨幅为19.3%,而同期该区域其他楼盘的涨幅为16%,二者差异并不明显。但在次中心区的杨浦区,8号线某车站周边楼盘在城市轨道交通建设前后的房价涨幅达到了39%,该区域其他楼盘同期涨幅仅为11%,影响差异之大一目了然。

综上所述,上海轨道交通1号线对沿线房产价格的影响规律与国外典型城市轨道交通对沿线地价的影响规律是基本一致的,即:①城市轨道交通对沿线房地产价格升值是有重要影响的;②城市轨道交通对沿线房地产价格的影响具有一定的空间范围;③城市轨道交通对沿线房地产价格的影响在时间上是超前发生的。

图2-9、图2-10分别为2002年上海轨道交通1号线莘庄站、莲花路站沿线房价与离车站距离之间关系的初步调查结果。从图中可以看出,城市轨道交通对沿线房价的影响是有一定空间范围的;在城市轨道交通车站影响范围内,沿线房价随着到车站距离的增加而减少。

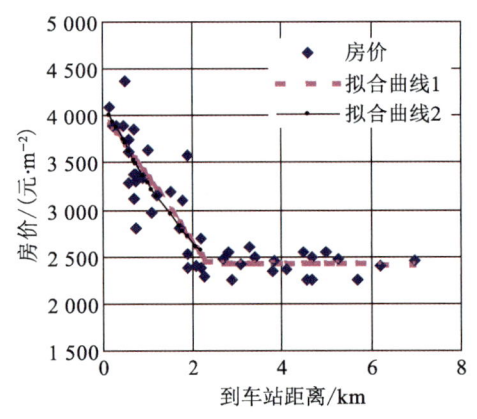
图2-9 莘庄站沿线房价与到车站距离的关系

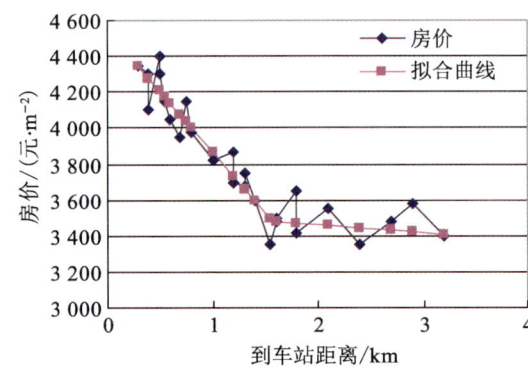
图2-10 莲花路站沿线房价与到车站距离的关系

图2-9和图2-10中拟合曲线斜率的含义为单位距离房价变化量,斜率发生明显变化的曲线点所对应的距离可以基本判定为该城市轨道交通车站的影响范围。从图2-9和图

2-10 可以看出,莘庄站的影响范围约为 2.1 km,莲花路站的影响范围约为 1.6 km。

2.1.3 交通接驳合理范围法

从交通功能的角度进行分析,城市轨道交通车站影响范围应为其所有乘客的最远接驳点连线所覆盖的区域,但个别乘客的特殊性可能会导致按此方式确定的车站影响范围过大,并且想要确定所有乘客中的最远接驳点也存在一定的难度。一般来说,乘客都会遵循就近出行原则,且既有研究表明,距离城市轨道交通车站越近的区域,乘客对车站吸引量的贡献率越大,因此可以设定一个目标值,如覆盖 90% 的乘客,并以覆盖该比例乘客的影响范围近似作为城市轨道交通车站的影响范围。在城市综合交通体系中,城市轨道交通的接驳方式较为多样,且不同类型的城市轨道交通车站、各种接驳方式的分担率也存在很大差异,因此,以各种交通方式的综合接驳范围作为城市轨道交通车站的合理影响范围,相比单一的步行接驳范围来说更加接近实际的影响范围。无论城市轨道交通车站所在区位、国家和地区有何不同,"步行合理区"的范围相对稳定,这点可在国内外各种研究成果中得到证实。随着线路网络的加密及运营水平的提高,各接驳方式的分担率在各车站将发生变化,测算的合理交通区也将随之变化。因此,城市轨道交通车站的影响范围需要在进行接驳客流规律调查分析后才能确定。

鉴于上述分析,基于本书的研究目标,再结合既有研究成果,初步拟采用以下方案确定城市轨道交通车站的影响范围:在进行"城市轨道交通沿线区域土地合理开发规模"研究时,以城市轨道交通车站开发利益影响范围作为车站影响范围;在进行"城市轨道交通车站交通衔接规划"研究时,选取乘客接驳距离 90 分位值对应的距离值作为该车站的客流吸引范围。

2.2 城市轨道交通车站交通接驳范围实证研究

根据上海和日本大阪城市轨道交通车站各类接驳交通方式的数据,统计分析城市轨道交通车站交通合理的接驳范围,为确定广州轨道交通车站影响范围提供参考。

2.2.1 上海轨道交通车站交通接驳范围实证研究

基于调查数据,获取城市轨道交通乘客的出发位置和第一个城市轨道交通上车站点。利用 Python 软件爬取两点间的接驳距离。

1. 接驳距离分布特征

不同接驳交通方式的接驳距离分布特征如图 2-11 所示,所有接驳交通方式的接驳距离分布特征如图 2-12 所示。可以发现,在达到一定接驳距离之前,接驳频数不断增加,当接驳距离超过此距离之后,频数不断降低,且距离越长,降低幅度越大。

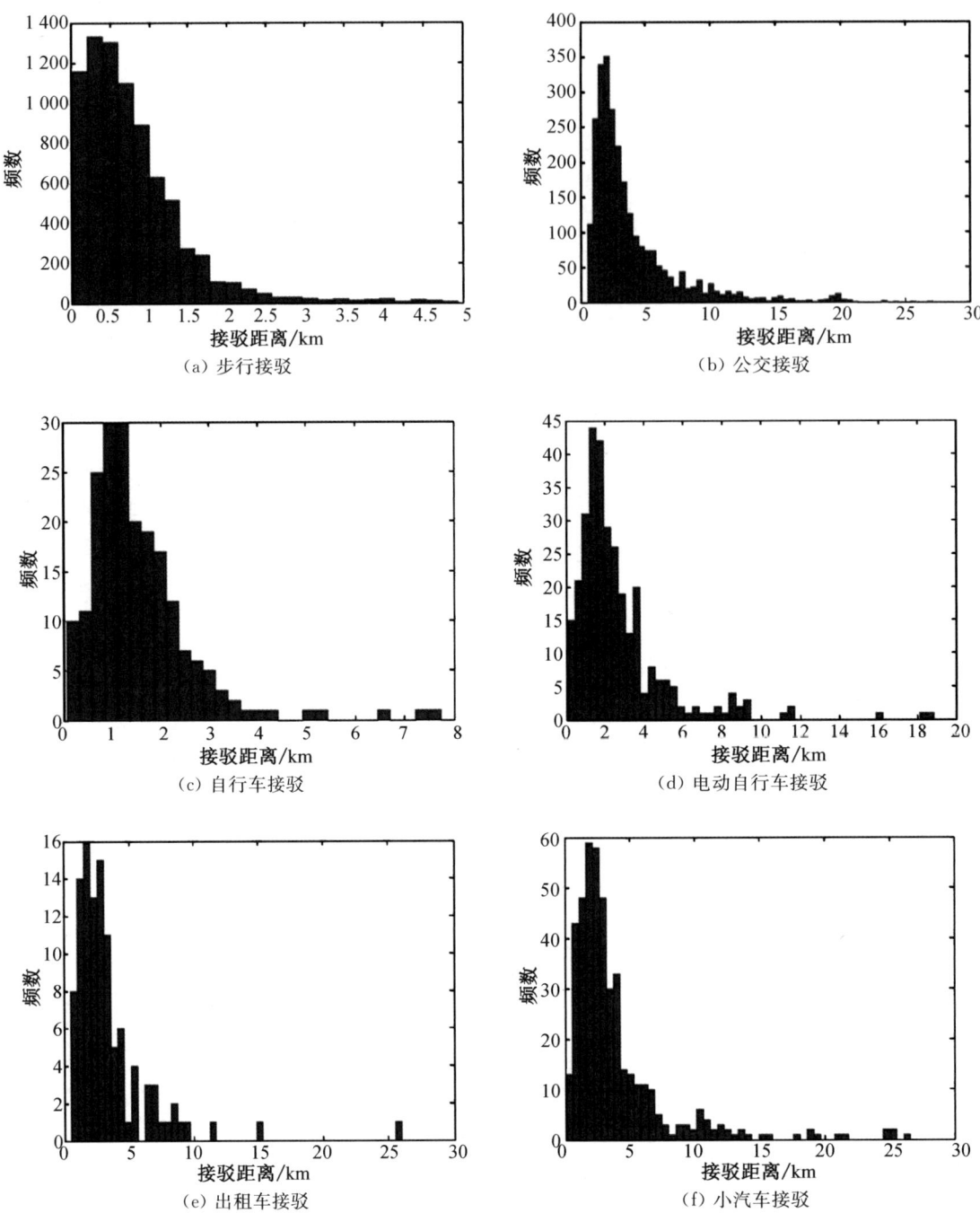

图 2-11　不同交通方式的接驳频数分布

从图 2-11 可以发现,步行接驳距离集中在 0～1.5 km,频数峰值出现在 0.4～0.5 km,最大接驳距离为 4.9 km;公交接驳距离集中在 2～6 km,频数峰值出现在 2～2.5 km,最大接驳距离为 26.5 km;自行车接驳距离集中在 0～3 km,在 1 km 左右达到了频数峰值,最

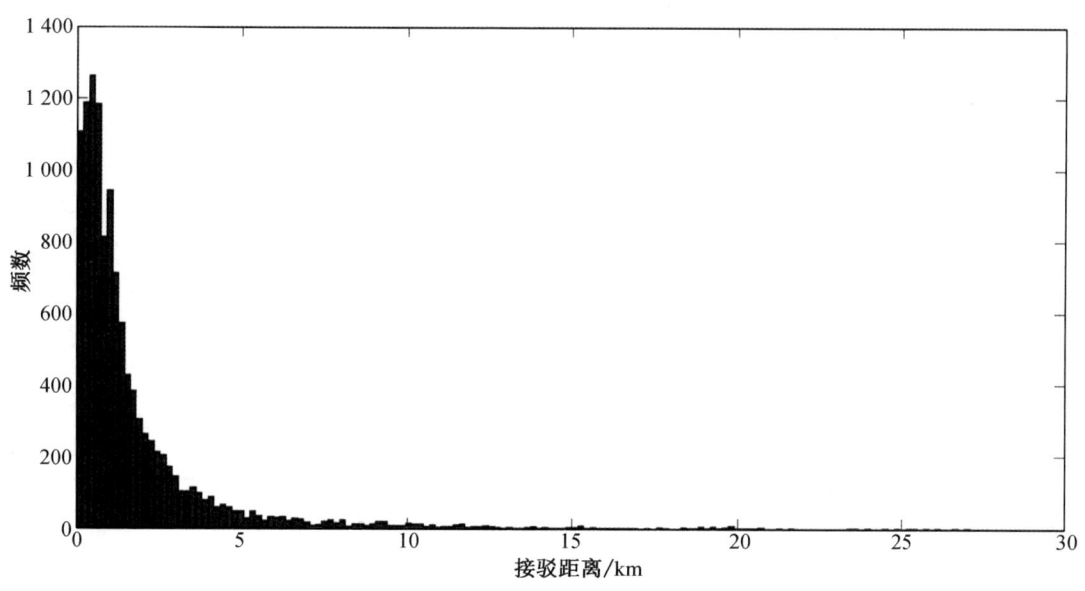

图 2-12 全交通方式的接驳频数分布

大接驳距离为 7.9 km;电动自行车接驳距离集中在 0~4 km,频数峰值出现在 2 km 前后,最大接驳距离为 19.06 km;出租车接驳距离集中在 1~5 km,频数峰值出现在 2 km 前后,最大接驳距离为 28.8 km;小汽车接驳距离集中在 0.5~6 km,频数峰值位于 2~3 km,最大接驳距离为 28.7 km。可以发现,较长距离的接驳出行主要由机动化接驳交通方式承担。

2. 城市轨道交通车站客流吸引范围

由于实际调查数据必然存在一定的误差,因此接驳频数直方图即图 2-11 和图 2-12 仅用以定性分析。依据数据进一步构建各个车站的接驳距离累计分布函数,以此量化并确定各车站的客流吸引范围。

从接驳频数分布直方图即图 2-11 和图 2-12 可以发现,接驳距离分布表现出类似伽马函数的特征。结合相关研究,选取双参数韦布尔分布进行拟合,其概率密度函数和累积分布函数标准式如下:

$$f(x;\alpha,\beta)=\frac{\alpha}{\beta}\cdot\left(\frac{x}{\beta}\right)^{\alpha-1}\cdot\exp\left[-\left(\frac{x}{\beta}\right)^{\alpha}\right] \quad (2-4)$$

$$F(x;\alpha,\beta)=1-\exp\left[-\left(\frac{x}{\beta}\right)^{\alpha}\right] \quad (2-5)$$

式中 α——形状参数;

β——尺度参数。

概率密度函数和累积分布函数如图 2-13 所示,当形状参数 α 相同时,尺度参数 β 越大,概率密度函数曲线越平缓,表现为顶点到 x 轴的距离越小。当 $1<\alpha<3.6$ 时,韦布尔分布呈山形正偏曲线;当 $\alpha=1$ 时,为指数分布;当 $\alpha=3.6$ 时,近似为正态分布;当 $\alpha>3.6$

时,为山形负偏曲线。由此可知,通过形状参数 α 的改变,韦布尔分布可以拟合成各种形式的分布。

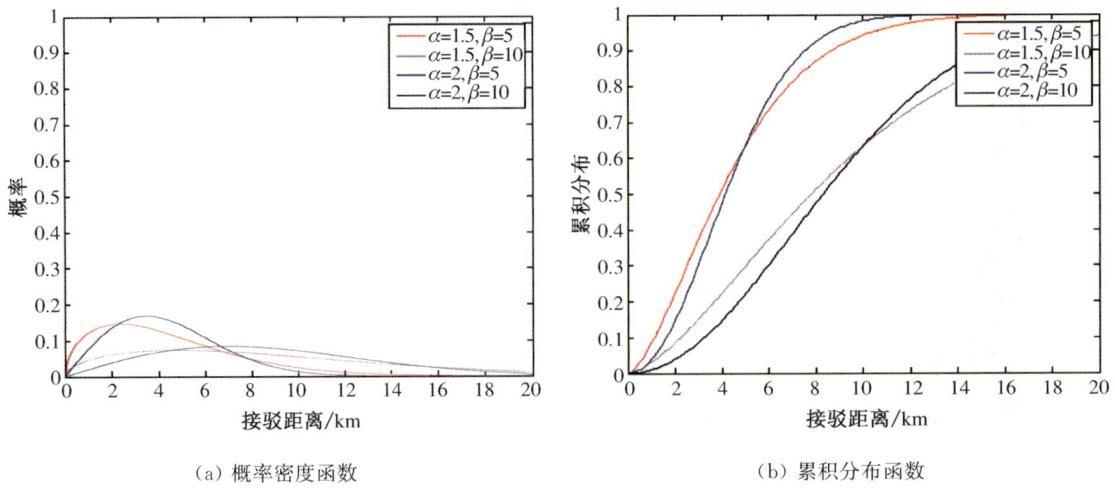

(a) 概率密度函数　　　　　　　　(b) 累积分布函数

图 2-13　双参数韦布尔概率密度函数和累积分布函数

对于研究数据涉及的所有车站,利用 MATLAB 软件编写程序,以分布函数的形式对各车站全交通方式的接驳距离分布数据进行拟合,可以标定得到车站的形状参数和尺度参数,进而绘制该车站接驳距离的概率密度函数和累积分布函数,选取 90 分位值对应的接驳距离值作为该车站的客流吸引范围。

以上海轨道交通 1 号线共康路站为例,标定得到其形状参数和尺度参数见表 2-4,标定结果的修正 R^2 为 0.875 8,函数拟合度较好。根据形状参数和尺度参数绘制概率密度函数和累积分布函数,如图 2-14 所示。计算 90 分位值下的接驳距离,并把该值作为共康路站的客流吸引范围,如表 2-4 所列,共康路站的客流吸引范围为 1.48 km。

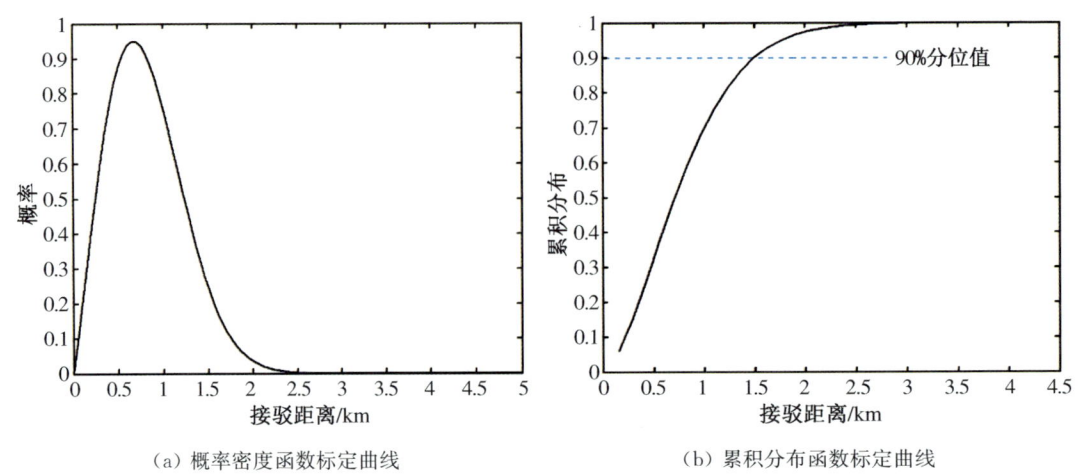

(a) 概率密度函数标定曲线　　　　　　　　(b) 累积分布函数标定曲线

图 2-14　共康路站接驳距离标定结果

表 2-4 共康路站标定结果和客流吸引范围

车站名	形状参数	尺度参数	修正 R^2	90 分位值下的接驳距离/km
共康路站	2.084	0.928	0.875 8	1.48

2.2.2 日本大阪市轨道交通车站交通接驳范围实证研究

城市轨道交通车站的交通辐射范围受土地规划、道路条件、车站分布、乘客偏好等多种因素影响,目前难以通过纯理论方法进行精确计算,且对于同一乘客而言,不同的出行目的、出行时刻等也会影响其对接驳方式的选择甚至对城市轨道交通站点的选择,这给确定城市轨道交通车站的交通辐射范围带来了不确定性。因此,想要获得精确的城市轨道交通车站交通辐射范围是非常困难的。从工程实际角度出发,通过乘客接驳数据来确定一个比较接近实际接驳客流总量(例如 90%、95% 等)的大致辐射范围相对可行。因此,本书依照此技术路线开展城市轨道交通车站交通接驳范围的实证研究。由于目前国内缺乏详细的乘客接驳数据,因此采用日本大阪市轨道交通车站客流接驳数据进行研究。由于大阪的城市规模、市区人口密度等指标均与广州较为接近,故研究结论有一定的参考价值。

1. 数据构成与处理

1) 数据构成

根据《平成 22 年第五次大阪都市圈个人出行调查》可获得大阪轨道交通及接驳客流相关数据,具体包括车站名称、车站所属公司、出行目的、接驳方式、对应的接驳时间等。

(1) 接驳方式:包括步行、自行车、公交车、出租车、私家车、二轮车、汽车类、其他、不明共 9 种。由于数据来自日本大阪,我们将二轮车理解为电动自行车,汽车类这一项在大多数车站都没有统计数据,故可不考虑。

(2) 接驳时间:通过接驳时间段表示,将时间段分为 0~5 min、5~10 min、10~15 min、15~20 min、20~25 min……,统计各个时间段的人数,并且将乘车侧与下车侧的数据分开统计。

(3) 出行目的:包括上班、上学、自由、业务、回家、不明 6 种。

2) 数据处理分析方法

筛选出一个车站的数据以后,先不考虑出行目的,计算每种出行方式的接驳范围,按照接驳方式分类(按接驳方式降序分类),可以得到 9 种接驳方式对应的数据。通过对每种接驳方式的接驳时间段旅行次数累计求和,可得到不同接驳时间段内旅行次数占总次数的比值,最后运用比差法求得累计旅行次数占总次数 90% 时所对应的接驳时间,将其作为该车站一种接驳方式的接驳时间。

下面以北花田站的自行车接驳方式为例,说明计算方法。

(1) 将每组时间段对应不同出行目的的数据进行求和。

(2) 计算每组时间段人数的累计占比,例如 0~5 min 时间段人数的累计占比为

2.00%,5~10 min 时间段人数的累计占比为 33.10%。

(3) 计算 90 分位值接驳时间,首先找到累计占比刚刚超过 90% 的时间段,如 10~15 min,然后假定接驳时间与接驳人数的占比关系在这个区间内线性变化,即可得到 90 分位值接驳时间为 17.3 min[90 分位值接驳时间=(90%－83.75%)/(94.86%－83.75%)×(20－15)+15=17.3 min]。其中,83.75% 表示接驳时间在 15 min 以内的占比,94.86% 表示接驳时间在 20 min 以内的占比,通过线性关系易得此计算式。

3) 关于 90 分位值接驳时间的选择

对于任意一个城市轨道交通车站,因为各种复杂的外在因素,在统计接驳时间的时候都可能存在异常值。比如一个城市轨道交通车站 99% 的乘客都选择步行接驳到该车站,且其接驳时间都在 10 min 以内;另有 1% 的乘客选择私家车接驳,且其接驳时间的最大值达到了 60 min。在这种情况下,显然 10 min 的步行接驳时间更能反映该车站的接驳范围,因此将 1% 的私家车接驳客流剔除而不予考虑。

上述例子说明若考虑车站所有乘客的接驳时间,则对车站实际接驳范围的确定会造成很大的误差。因此,在这个基础上提出在只考虑满足车站大部分乘客接驳需求的情况下计算车站实际接驳范围的方法,而其中"大部分乘客"的概念即用满足 90% 乘客的接驳需求的形式来体现。因此,在本节中后续提到的车站接驳时间、接驳距离、接驳范围这些概念都是在考虑满足 90% 乘客的接驳需求这一条件下计算得到的。

(1) 关于估算方法,假定接驳范围是一个以车站为圆心、以接驳距离为半径的圆,原则上接驳时间随接驳人数占比的变化不是线性的,但考虑到所取区间范围较短,以及实际情况下接驳范围的分布无法完全等价为圆,因此暂时当作线性关系来考虑。

(2) 关于 90 分位值的选择,其目的是剔除统计数据末端接驳时间过大的异常值,这些异常值会对接驳范围的确定产生很大影响。虽然 90% 仍旧存在误差,不一定能准确反映车站的接驳范围,但相较于 100%(即考虑调查结果中所有乘客的接驳时间),其在一定程度上减小了误差。

4) 全方式接驳范围的计算

由于本次数据仅给定了不同接驳方式下各接驳时间段的统计人数,考虑到不同接驳方式的旅行速度均不同,故在将接驳时间转化为接驳距离时,暂取步行的旅行速度为 4 km/h、自行车的旅行速度为 12 km/h、公交车的旅行速度为 15 km/h、出租车和私家车的旅行速度为 20 km/h。将接驳时间转化为接驳距离,可得到全方式下接驳距离的 90 分位值。

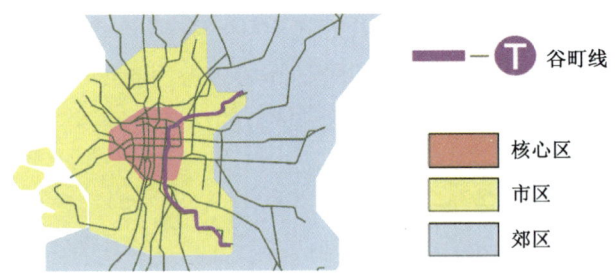

图 2-15 大阪市区域划分与谷町线走向

2. 研究对象选择

研究时通过简单的行政划分,如图 2-15 所示,可以将大阪市分为郊区、市区和核心区。首先,选择一条贯穿三个区域的线路进行分析,本次选择了谷町线,即左图中紫线。

通过上述分析方法,计算该线路上所有车站的步行、自行车、公交车的接驳分担率与接驳时间,得到其分布规律,如图2-16—图2-18所示。其中,黄色、橘色折线对应左侧坐标轴,表示接驳距离;蓝色、灰色折线对应右侧坐标轴,表示接驳分担率。

从图2-16可以观察到,步行的接驳分担率总体呈现从核心区向市区、郊区递减的趋势。步行的接驳时间同样是核心区低于市区、郊区。由于位于核心区的车站密度大,乘客可以在核心区通过步行快速接驳到城市轨道交通车站,因此步行是核心区车站的主要接驳方式,接驳分担率一般在90%以上,且接驳距离也较短。

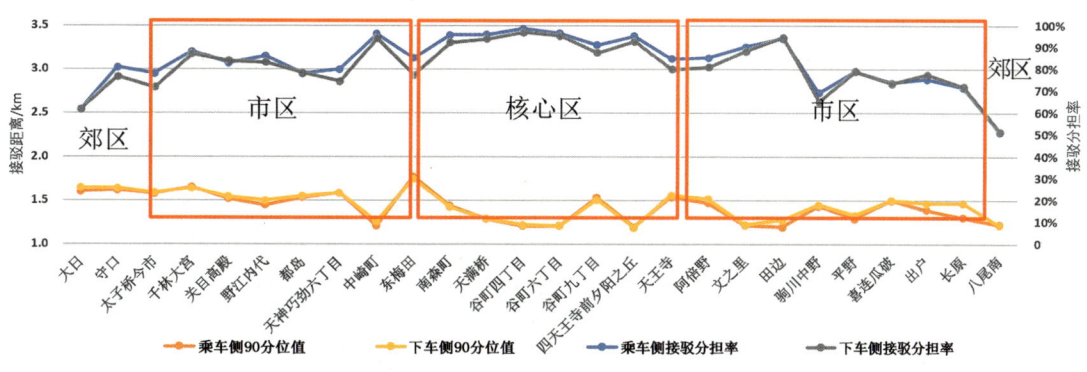

图2-16 谷町线步行的接驳距离与接驳分担率

从图2-17可以观察到,自行车的接驳距离主要在4~5 km范围内波动。核心区的自行车接驳分担率占比很低,一般低于5%,在由核心区进入郊区后才呈现出上升趋势,郊区有些站点的自行车接驳分担率在20%以上。

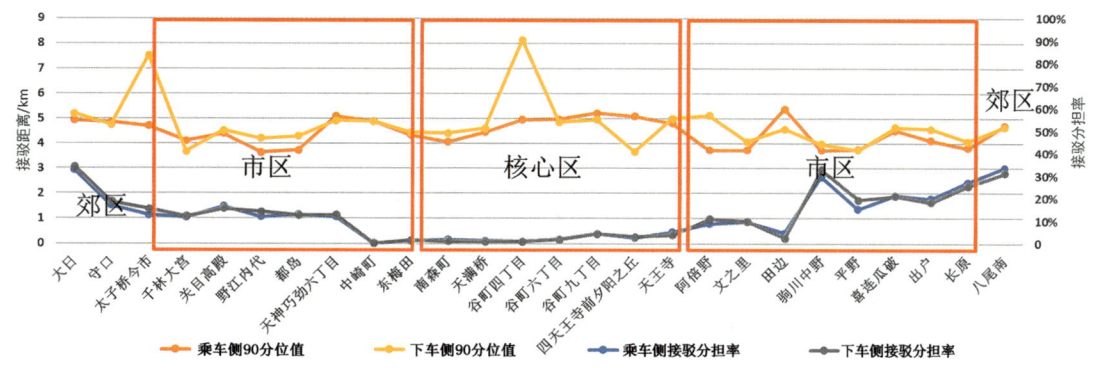

图2-17 谷町线自行车的接驳距离与接驳分担率

从图2-18可以观察到,不同于步行与自行车这两种接驳交通方式,常规公交接驳范围的变化情况更加复杂,也会受到实际车站周边配线数量的影响。这里简单取八尾南车站进行分析,如图2-19所示,该站位于谷町线终点站,处在八尾市,末端无直通线路,该站主要服务八尾市与大阪市区的连接,公交车的接驳分担率达到了7.5%,步行分担率降至

51%,因此对于公交车的接驳更应考虑车站周边的实际情况作特殊分析。

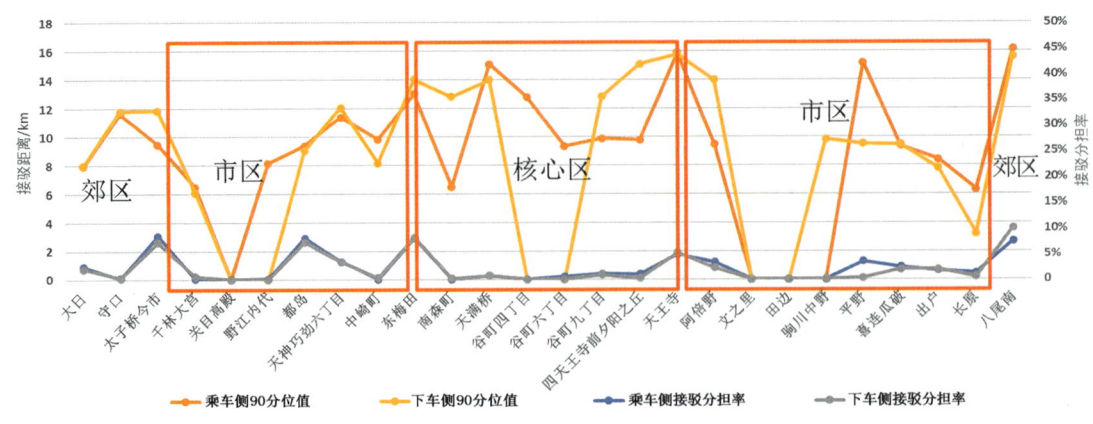

图 2-18　谷町线公交车的接驳距离与接驳分担率

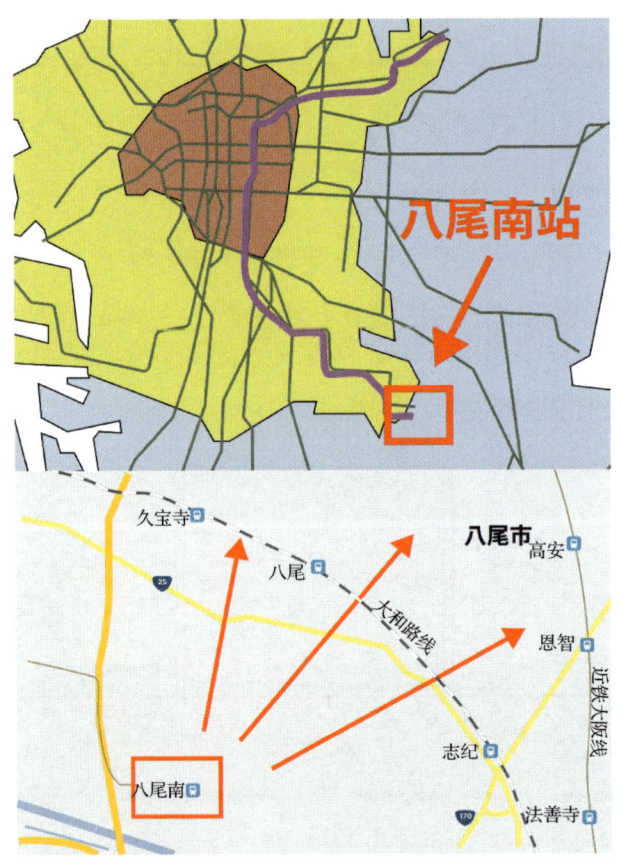

图 2-19　谷町线八尾南站周边情况

此外从这3种接驳方式的数据分析结果可以观察到,多线换乘的车站,尤其是属于换乘枢纽的车站,一般接驳方式都更为丰富,并且接驳范围同样也会增大。大阪市的交通枢纽大多设置在环线上,这也使得线路在经过环线的时候会出现接驳分担率突变的情况,如

图2-20所示,谷町线上作为换乘枢纽的东梅田站与天王寺站,步行接驳分担率较相邻车站均有所降低,而公交车的接驳分担率都升高了。

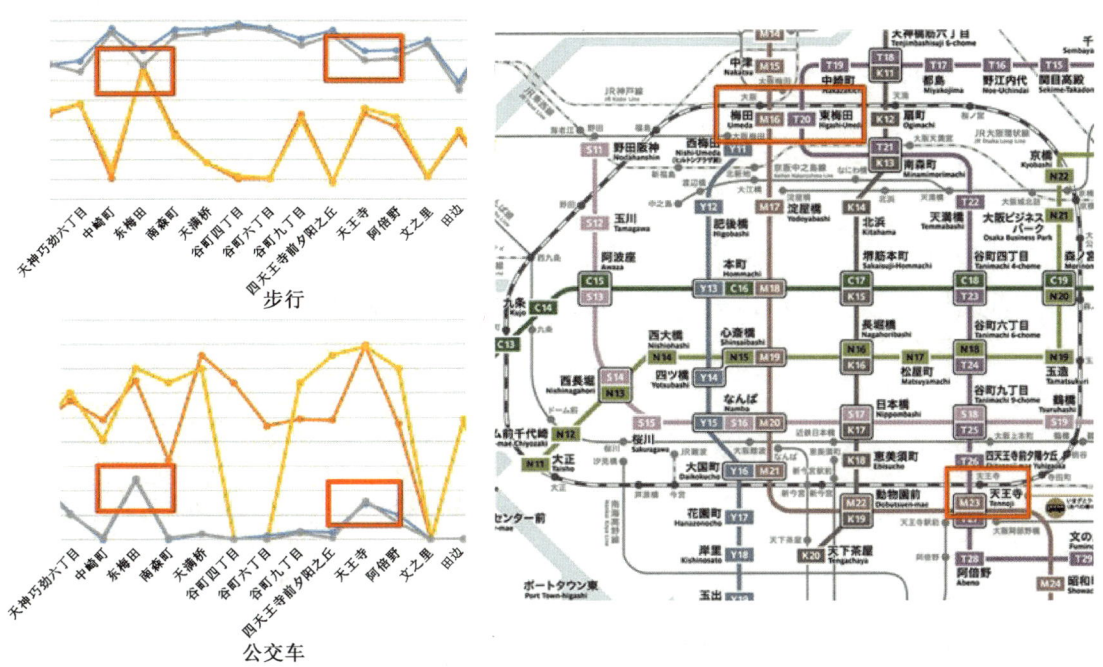

图2-20 换乘枢纽步行和公交车接驳分担率的变化

考虑到本章的研究目标是希望能够为广州地铁的接驳范围提供参考,而本次涉及的广州地铁车站主要位于郊区,并且外围车站受到的影响因素较少,可能可以找到比较明显的规律,因此,将本次的研究目标限定为大阪市的郊区车站,尽量避开大型换乘枢纽,寻找周围用地开发比较均匀、影响因素相对单纯的郊区车站。

大阪都市圈内的轨道交通网络较为发达,针对图2-15中蓝色区域即郊区进行分析,郊区线路一般都会延伸至大阪周围的城市,满足周边城市与大阪的通勤需求。如图2-21所示,根据方向可以将位于郊区的线路分为以下几部分考虑:①向北至山区的线路;②向西至神户的线路;③向东北至京都的线路;④向东至奈良的线路;⑤向东南至榛原的线路;⑥向南至和歌山的线路。

上述6个方向中,②③④⑤分别联系的是大阪市与周边经济水平比较高的区域,因此,其间郊区的定义比较模糊,并且一般都有多条线路连接,

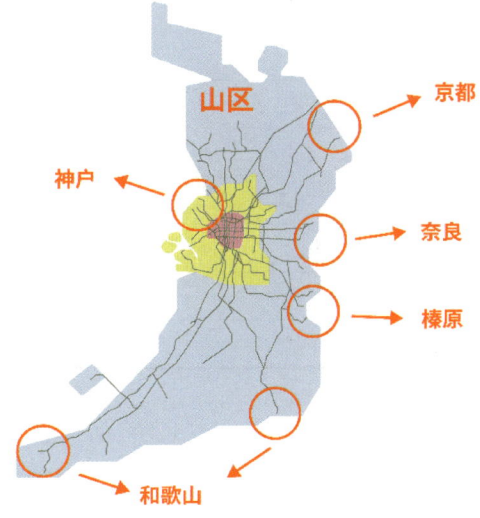

图2-21 大阪市郊区线路连接的主要城市

很难找到符合上述条件要求的郊区车站去做类比,也就无法为广州地铁郊区车站接驳范围提供参考。因此,选择方向①中北部山区的两条线路进行分析,原因主要是这两条线路的一端都位于郊区,而不是作为两个大城市间的过渡区域,与核心区的区别比较明显。方向①中的一条线路虽然周围还有两条线路同样通向北部山区,但它们的走向大致平行,比较容易分析彼此间的影响情况。

3. 研究目标分析

1) 妙见线

妙见线位于大阪市北部,由核心区通向郊区,如图 2-22 所示,由于再往北没有可供城市发展的平原,因此基本可以判定该条线路的郊区车站完全属于外围车站,且该条线路周围干扰线路较少,仅有一条支线(如图 2-22 中红线所示),这与广州地铁车站有类比的可能性。求得该条线路车站的接驳范围如表 2-5 所列。

表 2-5 妙见线外围车站接驳范围

车站	接驳范围/km
①妙见口	7.36
②常盘台	2.43
③光风台	3.00
④山下	5.73
⑤畦野	2.50
⑥一之鸟居	5.78
⑦平野	4.36
⑧多田	3.00
⑨鼓泷	1.21
⑩莺之森	1.44
⑪泷山	1.41
⑫绢延桥	1.68
⑬川西能势口	8.45

图 2-22 妙见线走向示意

图 2-23 川西能势口站换乘枢纽分析

可以观察到研究对象线路两端车站的接驳距离90分位值都比较大,通过分析可知,作为线路终点站的妙见口站,由于线路不再延伸,其周边的其他乘客即使距离车站较远都只能通过该车站乘坐轨道交通,因此线路末端的终点站一般接驳距离都会更大。作为换乘站的川西能势口站,如图2-23所示,该站为妙见线第一个到达的大型换乘枢纽站,其中还包括了与相邻的川西池田站的出站换乘,这使得该站本身的规模变大了,其换乘枢纽的地位也会对周边乘客起到更大的吸引作用,因此该站的接驳范围较其他一般站大了许多,车站的影响范围同样也增大了。

2)御筋堂线

御筋堂线同样是南北走向的轨道交通线路,如图2-24中红线所示,在北部的终点站可以换乘机场线,该线路的走向较为笔直,虽然周围有其他两条线路会对其产生干扰,如图2-24中紫线所示,但由于三条线路的走向几乎平行,因此较易分析其影响,结果如表2-6所列。

表2-6 御筋堂线外围5个车站的接驳范围

车站	接驳范围/km	车站	接驳范围/km
①千里中央	6.80	④江坂	1.65
②桃山台	5.55	⑤东三国	1.42
③绿地公园	1.49		

图2-24 御筋堂线走向

图2-25 车站最大站间距确定说明

可以观察到,作为终点站的千里中央站,其影响范围相比其他站会更大。由于御筋堂线两侧都有大致与其平行的线路,因此有必要考虑相邻线路的影响,如图2-25所示。针对某个车站,分别统计在同一线路上它与相邻车站的两个站间距,以及它与相邻两条线路上距离最近的车站的两个站间距,用所得的站间距中的最大站间距来简单反映该车站能够辐射的最远范围,并将其与车站的接驳距离进行比较,最终得到表2-7的结果。从该结果可以发现,线路在往核心区方向延伸的过程中,随着车站密度的增加,车站间的最大站间距在逐渐缩小,乘客可以更好地就近进站,因此车站的接驳范围也有逐渐减小的趋势。

表 2-7 御筋堂线外围车站接驳范围与最大站间距关系

车站	接驳范围/km	最大站间距/km	车站	接驳范围/km	最大站间距/km
桃山台	1.70	5.55	一之鸟居	0.60	5.78
绿地公园	1.25	1.49	平野	0.60	4.36
江坂	1.00	1.65	多田	0.50	3.00
东三国	1.00	1.42	鼓泷	0.40	1.21
常盘台	0.50	2.43	莺之森	0.40	1.44
光风台	0.85	3.00	泷山	0.45	1.41
山下	1.30	5.73	绢延桥	0.60	1.68
畦野	0.55	2.50			

4. 考虑站间距对接驳范围的影响

受到上述分析的启示,可以发现:站间距会影响车站在沿线方向的接驳距离。从单条独立线路的角度来看,站间距越小,沿线方向的客流就被分散到越多的车站,使得每个车站的实际接驳范围变小;从受周围平行线路影响的角度来看,目标车站与相邻线路车站的距离越近,那么线路法向的影响范围就越容易被两条平行线路上的车站均分,即不同线路之间的间距越小,线路法向的影响范围就越小。因此,对上述外围车站的最大站间距与接驳范围进行分析汇总。在分析数据的时候,首先去掉换乘站和远端终点站的数据,因为根据前述分析,这些车站的接驳范围一般都比其他车站大;其次,选取的站间距为最大站间距,但不局限于一条线路上的数据,而是应该针对一个车站与其附近所有车站之间多个站间距中的最大值,这样才能充分反映出车站可能的最大影响范围。在满足上述要求后,得到如图 2-26 的结果。

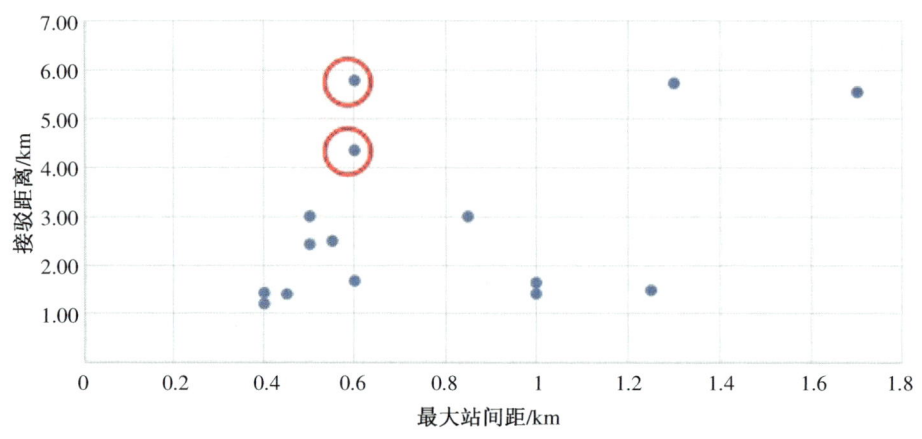

图 2-26 外围车站的最大站间距与接驳距离

可以观察到，车站的最大站间距与车站的接驳距离基本呈线性关系。以图 2-26 中圈出的两个点为例来分析异常点，它们分别对应了妙见线上的平野与多田两个车站，从用地性质角度进行分析，如图 2-27 所示，这两个车站为妙见线上的两个相邻车站，主要服务于川西市的乘客，由于地形原因，两车站东侧是山区，川西市人口主要集中在线路西侧，受到高尔夫球场与高速公路的阻隔，川西市的乘客只能由平野和多田这两个车站乘坐轨道交通。因此，虽然这两个车站的间距较近，但由于该处沿线用地开发不均，这两个车站承载了线路西侧方向上较大范围内乘客的出行功能，所以这两个站的接驳距离较大。

图 2-27　平野站与多田站周围用地分析

在去除了几个异常点后，对数据进行拟合，得到了车站接驳距离与最大站间距的线性关系(图 2-28)。

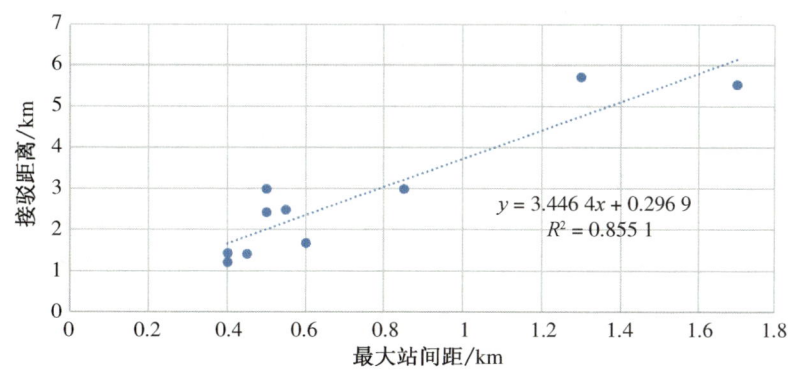

$y = 3.446\,4x + 0.296\,9$
$R^2 = 0.855\,1$

图 2-28　轨道交通车站接驳距离与最大站间距线性拟合结果

5. 主要结论

通过对日本大阪市轨道交通接驳数据的分析，主要可以得到以下结论，从而为广州轨道交通车站周边影响范围的确定提供参考。

(1) 步行的接驳分担率总体上呈现出由核心区向郊区递减的趋势，核心区的接驳距离要小于郊区的接驳距离；自行车的接驳分担率则由核心区向郊区递增，且自行车的接驳范围主要在 3.5～5 km 内波动。

(2) 针对外围车站，终点站与换乘站的接驳范围一般都比较大。对于本次分析中的终点站，一般接驳范围都可以达到 7 km，而换乘站可能由于其作为交通枢纽与周围用地开发的原因，接驳方式更加复杂，接驳条件也更加便利。因此，换乘站尤其是从郊区向市区方向的第一个换乘站的接驳范围普遍较大。

(3) 对于郊区线路的一般车站而言,其接驳范围呈现出与最大站间距比较明显的相关性,可以假定为线性关系,即站间距越大,车站的接驳范围越大。但该结论需要与车站周边的实际用地情况联系起来,在本次分析中线性关系只存在于车站周边用地相似且均匀开发的情况;若车站周边用地受地形或发展政策等影响呈现出很明显的不均匀发展现象,则需要联系实际分析该车站可能的影响范围与一般车站的区别。

2.2.3 广州轨道交通车站交通接驳范围实证研究

利用问卷调查所得的广州轨道交通车站进站乘客数据,对南村万博站、汉溪长隆站、同和站与石牌桥站进站乘客的接驳范围进行实证研究。

根据受访者对接驳时间、接驳方式和出发地的回答,利用在线地图对受访者的接驳距离进行推算,得到早高峰这4个轨道交通车站进站客流接驳距离分布,如表2-8所列,其中接驳距离是指地块形心到轨道交通车站的路网距离。

表2-8 早高峰各轨道交通车站进站客流接驳距离分布

轨道交通车站	接驳距离			
	<1 km	1~3 km	3~5 km	>5 km
南村万博站	34.5%	57.6%	2.4%	5.5%
汉溪长隆站	34.1%	13.0%	37.5%	15.4%
同和站	72.4%	17.9%	4.5%	5.2%
石牌桥站	84.9%	9.4%	5.7%	0

另外,为了进一步研究进站客流出发地的区域分布及对应的用地属性,以便为下一步接驳设施的布置提供研究基础,须对车站周围的地块进行划分,地块划分的原则有以下几点:

(1) 根据地块所处象限及车站周围主要道路的走向对地块进行初步切割。

(2) 依据用地属性对地块进行划分。原则上,不同类型的用地隶属于不同地块,但划分后的地块面积不能过小。

(3) 依据问卷调查样本中距离轨道交通车站较远地块的出现频率框定地块划分的边界。若问卷调查中存在一定数量的样本来自该地块,则应将该地块加以划分。

(4) 若存在大面积同类型地块,应依据乘客实际的出行路径对大面积地块进行适当分割。例如,若站点附近存在较大面积的住宅用地,应根据各小区的出入口、乘客汇入轨道交通站点的主要道路对大型地块进行划分。

划分结果如图2-29—图2-32所示。

对站点周围地块进行划分之后,根据本次问卷调查的数据,对有效样本中来自各个地块的样本数进行统计,以同和站为例,有效样本的出发地、对应的用地属性和接驳距离汇总结果见表2-9。

表 2-9　同和站早高峰进站客流出发地调查结果汇总

地块	用地性质	接驳距离/km	样本数
合一国际	住宅	0.50	14
同和金铂天地、怡莱酒店	商业、住宅	0.34	14
握山富华新村 1 区	居住	0.51	11
握山富华新村 2 区	居住	0.79	10
斯文井	居住	2.20	9
同和站东侧	住宅	0.28	9
君立国际公寓	住宅	1.40	8
同和白山社区	居住	1.40	5
蟹山村	居住	0.64	5
倚山翠庭、怡园居	住宅	0.64	5
犀牛角	居住	2.20	3
蟾蜍石社区	居住	1.20	3
蟹山社区	居住	0.62	3
时代天朗花园	住宅	0.93	2
半山雅墅、白云山制药厂前山宿舍	住宅	1.00	2
同和倚绿公园、西侧足球场	休闲	0.82	2
天健家居装饰广场北区	商业、居住	1.10	2
同和中学	教育	0.62	2
富和花园、云裳丽影	住宅	0.39	2
握山小学、白云行知职业技术学校	教育	0.74	2
一品湖山	住宅	1.90	1
星汇云城	住宅	1.70	1
同裕国际酒店	商业	1.50	1
云祥苑	居住	1.20	1
南方医院	医院	1.20	1
丽景雅庭	居住	0.65	1
同和联社宿舍区	住宅	0.46	1
国防科技技师学院	教育	0.31	1

由表 2-8 可知，早高峰时段，各站点进站乘客的接驳距离大多集中在 5 km 以内。其中，对于南村万博站、同和站而言，站点周围的用地性质以居住用地为主，如图 2-29、图 2-31 所示，故接驳距离在 3 km 以内的样本数超过总样本数的 90%；对于靠近核心区的石牌桥站而言，由于其所在区域轨道交通车站密度较大，车站之间的吸引范围相互重叠，故对该站而言，接驳距离小于 1 km 的样本数量占总样本数的 84.9%(图 2-32)；对于汉溪长

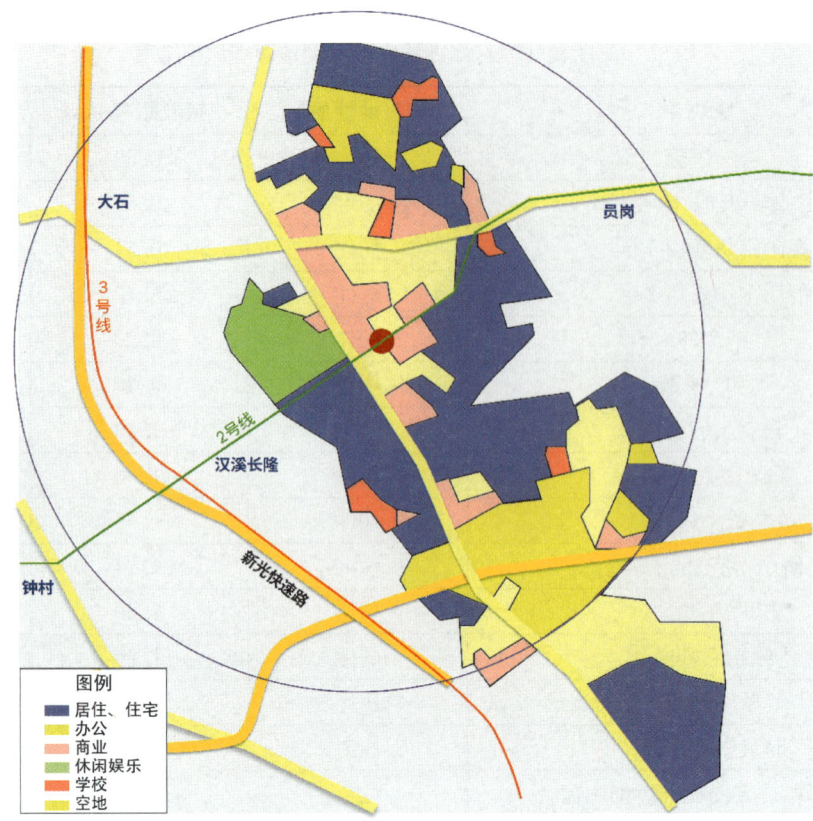

图 2-29　南村万博站客流影响范围内用地属性（图中圆的实际半径约为 3 km）

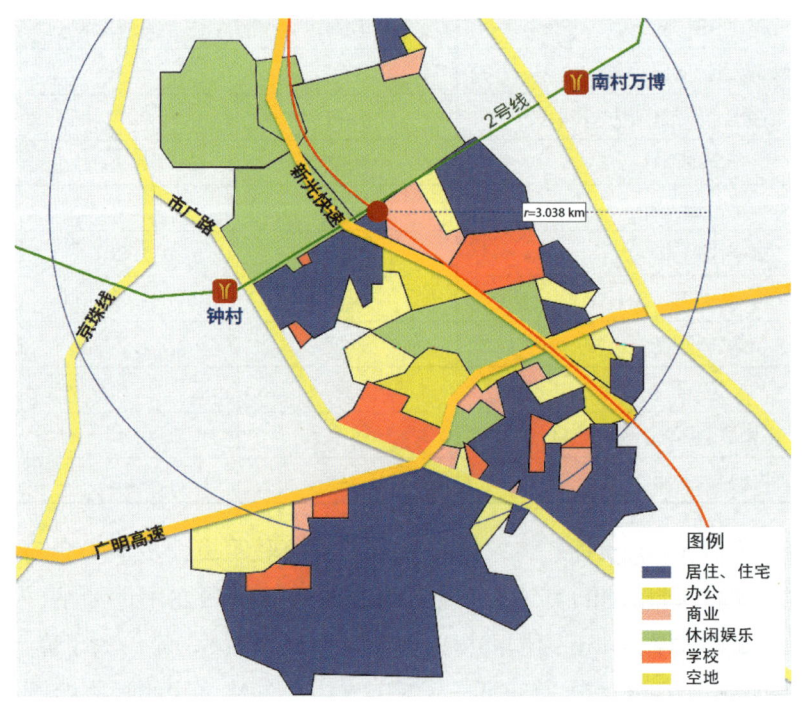

图 2-30　汉溪长隆站客流影响范围内用地属性（图中圆的实际半径约为 3 km）

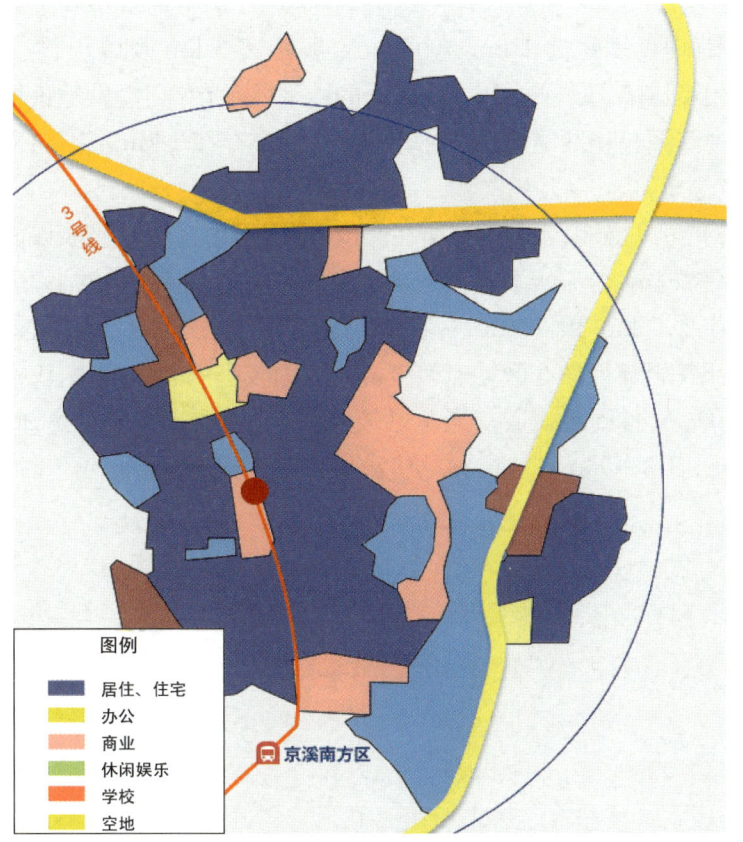

图 2-31　同和站客流影响范围内用地属性（图中圆的实际半径约为 2 km）

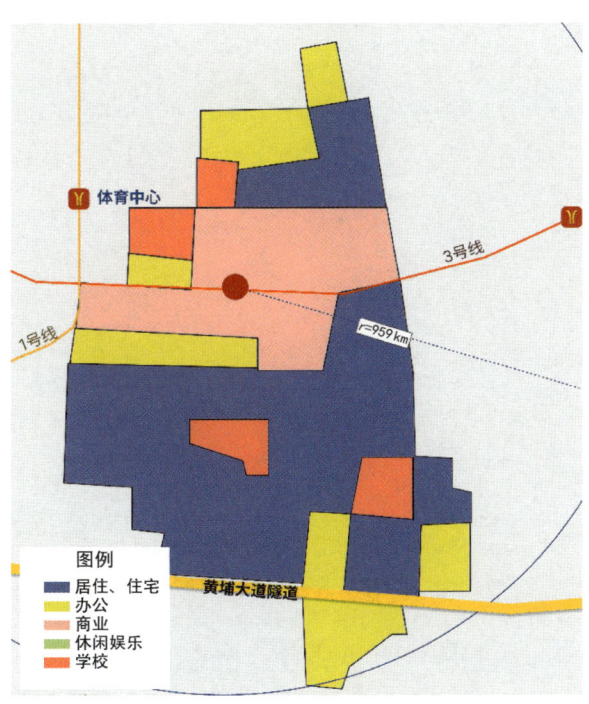

图 2-32　石牌桥站客流影响范围内用地属性（图中圆的实际半径约为 1 km）

隆站而言,站点南侧直线距离 1 km 范围内、直线距离 3 km 及以上均有居住用地分布(图 2-30),且对于距离汉溪长隆站 3 km 以上的社区,设有专门提供地铁接驳服务的短驳车,故调查样本中汉溪长隆站早高峰进站客流接驳距离存在 1 km 范围内及 3~5 km 范围占比更大的特点。

  基于上述研究可以得知,各个站点所在区位、周围用地属性及接驳设施服务水平的差异,均会导致早高峰进站客流接驳距离分布的不同。对于南村万博站、同和站,90% 客流接驳距离分别为 2.5 km 和 3 km;石牌桥站由于靠近核心区,90% 客流接驳距离为 1.5 km,这个结果符合靠近核心区站点客流影响范围较小的潜在规律;汉溪长隆站由于接驳公交系统较为成熟,且周围轨道交通车站较为稀疏,故乘客接驳距离 90 分位值对应的距离值超过 5 km,且 3~5 km 适宜公交接驳的距离范围比例最高。

3 城市轨道交通车站的接驳交通设施配置

3.1 城市轨道交通车站接驳交通方式类型

为充分发挥各种接驳交通方式与城市轨道交通的衔接换乘功能,需要将各种接驳交通方式在城市中的使用特征研究清楚,并充分认识各种接驳交通方式与城市轨道交通的接驳特征。目前,常用的城市轨道交通接驳交通方式包括:步行、自行车(含电动自行车,以下同)、常规公交、出租车和私人小汽车(以下简称私家车)。

在这些接驳交通方式中,私家车接驳方式又可细分为两类:一类是私家车接送换乘,即私家车不在城市轨道交通车站停放,只是在临时停靠点短暂停留以便接送城市轨道交通乘客(K+R);另一类是私家车停车换乘,即私家车在城市轨道交通车站或周边配置的停车场停放,乘客换乘城市轨道交通(P+R)。从接驳交通设施及布局角度来看,私家车接送换乘与出租车接驳都需要依靠临时停靠点和候车区来完成接驳换乘行为,又称接送车接驳。而这些接驳交通设施与私家车停车换乘所需要的接驳设施,在规模计算和布局方法上有较大的不同。为了更好地对接驳交通设施进行规模和布局设计,本章把城市轨道交通车站的接驳交通方式所涉及的接驳交通设施划分为步行接驳交通设施、自行车接驳交通设施、常规公交接驳交通设施、接送车接驳交通设施和停车换乘接驳交通设施。其中,接送车接驳交通设施包含出租车和私家车所涉及的接驳交通设施;停车换乘接驳设施仅指私家车停车换乘城市轨道交通所需的接驳交通设施。

本章所涉及的各种接驳交通方式类型及其主要接驳交通设施参见图3-1。

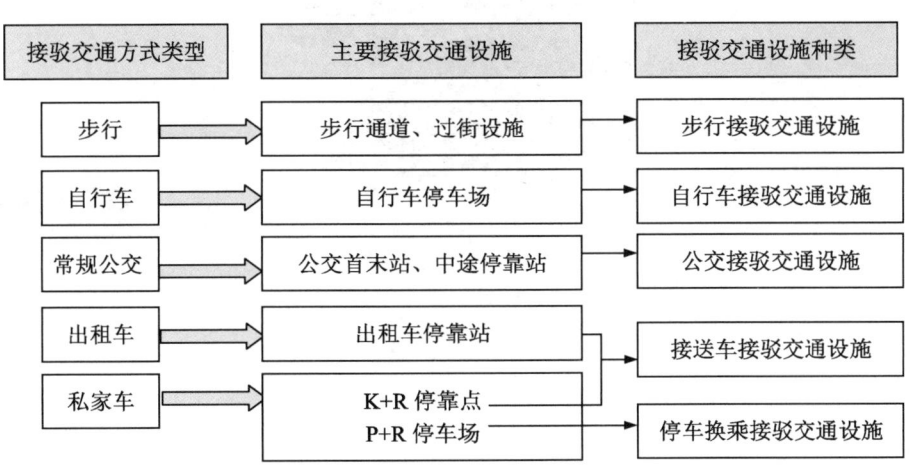

图3-1 城市轨道交通车站的各类接驳交通方式及其设施

3.2 国内外典型城市轨道交通车站接驳交通设施配置案例

3.2.1 英国伦敦

1. 伦敦轨道交通网络概况

伦敦是具有悠久历史的世界著名大城市之一,由内伦敦和外伦敦组成,又称大伦敦,面积1 572 km²,总人口在880万人左右(图3-2、表3-1)。伦敦建造了世界上最早的地铁,经过一个多世纪的努力,形成了较为完善的公共交通体系,拥有世界上先进的自成体系的地铁网络、庞大的市郊铁路网和公共汽车线路网。伦敦交通当局认识到,在一个拥有庞大、复杂的交通网络的特大型城市中,要保证公共交通的优先发展,首先要安排、组织、设计好一个良好的换乘系统,将各种交通工具(地铁、轻轨、公共汽车、郊区铁路等)及各条线路有效地连接起来,为乘客提供方便、快速、舒适、安全的服务。

图3-2 伦敦区域图

(资料来源: https://redian.news/wxnews/47312)

表 3-1　伦敦区域面积及人口

区域	面积/km²	人口/万人	平均人口密度/(万人·km⁻²)
内伦敦	319	340	1.066
外伦敦	1 253	540	0.431
大伦敦(含内、外伦敦)	1 572	880	0.560

伦敦的城市轨道交通网络是环状放射形的,按照区域划分为9个区(图3-3)。其中,1区、2区基本在城市核心区,3区、4区是中心城区,5区、6区及其以外的区域基本就是郊区。

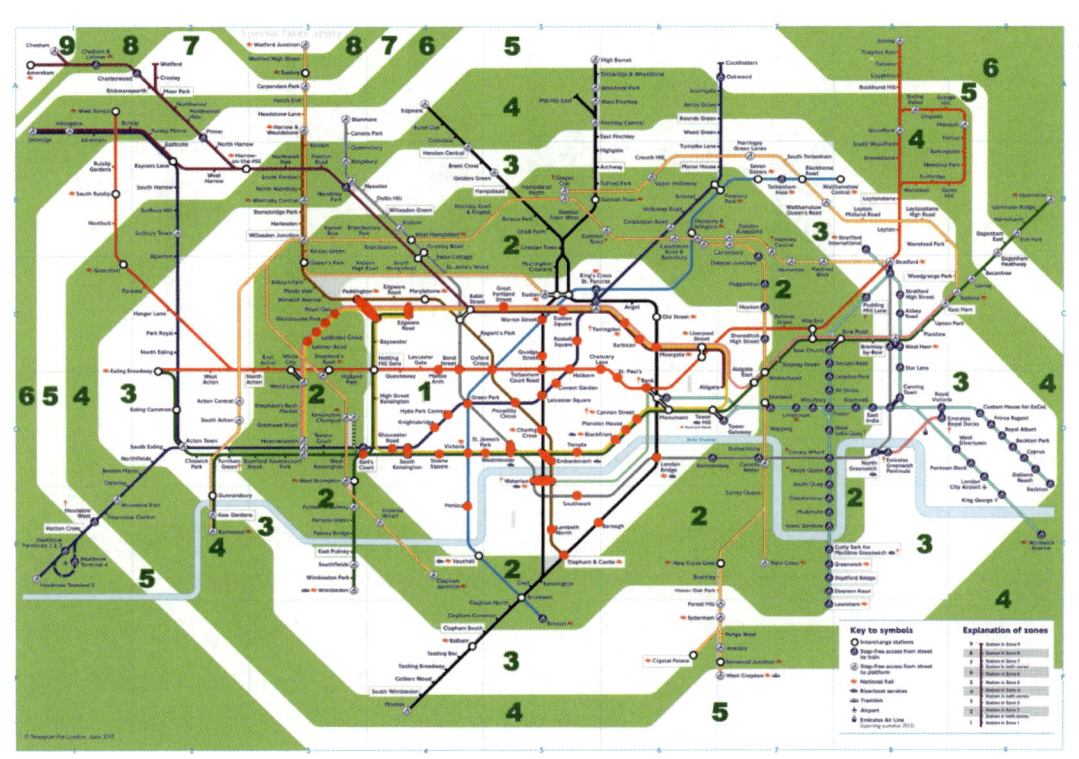

图 3-3　伦敦轨道交通网络

(资料来源：https://tfl.gov.uk/maps/track/tube)

2. 伦敦轨道交通车站的接驳交通方式

在步行接驳交通方面,伦敦正在逐步建设适宜步行的环境,步行在接驳交通方式中的比例较高,许多城市轨道交通车站出入口就设置在人流较为集中的大商店或办公楼的底层,构成了一个十分方便的步行接驳通道。

从伦敦城市轨道交通车站配置的自行车停车场设施来看,自行车停车场在3区、4区的配置比例较高(超过80%的轨道交通车站提供自行车停车场),而在1区、2区和5区、6区的配置比例相对较低(图3-4)。这主要是因为1区、2区的城市轨道交通车站密度较高且公交网络较为密集,采用自行车接驳的需求相对于步行和公交要少一些,因此自行车停车场的配置比例不高;位于3区、4区的城市轨道交通车站,因为车站密度和车站周边的公交网络密度有所降低,非常适合采用自行车接驳,因此自行车停车场的配置比例很高;而5区、6区及其以外的区域由于车站密度和公交网络密度进一步降低,接驳距离加大,部分区域不适合采用自行车接驳,因此私家车停车场的配置比例增加,自行车停车场的配置比例降低。

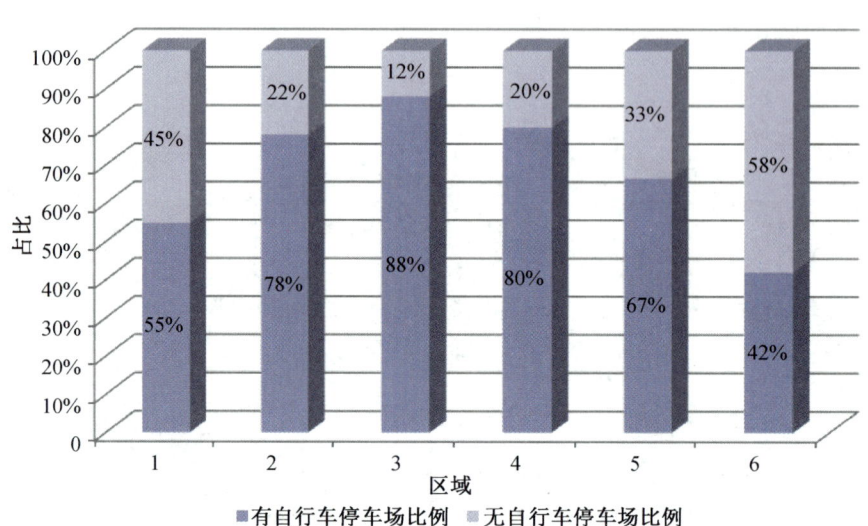

图3-4 伦敦轨道交通车站自行车停车场的分布趋势

常规公交接驳是城市轨道交通车站普遍存在的一种接驳交通方式,目前伦敦市中心区有60%的市民使用城市轨道交通出行,其中9%的乘客需要进行城市轨道交通与常规公交之间的换乘。为了配合换乘的需要,一些重要的城市轨道交通车站与公交车站在同一幢建筑里紧密结合,形成十分便捷的换乘体系。中心区域城市轨道交通车站周围均有密集的公交线路作支撑,外缘区域公交线路数量则有所下降。当城市轨道交通车站站间距较小时,垂直于城市轨道交通线路的公交线路较多。通常,公交车站的设置均靠近城市轨道交通车站出入口,但在重要干道附近,公交车站的设置会考虑道路交叉口的交通安全和拥堵情况,离城市轨道交通车站出入口稍远。

在出租车接驳方面,因为人们可以在路上直接扬招或电话预订出租车,所以城市核心区的出租车接驳分担率相较于中心城区和郊区要高一些。

在私家车接驳方面,由于私家车进入市区需缴费,因此位于市中心的城市轨道交通车站均未设置相应的停车场。而在外伦敦区域有三分之一的城市轨道交通车站与私家车停车场结合在一起,以鼓励私家车车主通过停车换乘城市轨道交通进城,从而有效地减少了私家车进入市中心的数量,减轻了市中心的交通压力。从图3-5所示的城市轨道交通私家车接驳停车场分布来看,几乎所有的私家车接驳停车场都分布在4区以外的城市轨道交通车站附近,而且越往外停车场的规模越大。

图 3-5　伦敦城市轨道交通车站私家车接驳停车场分布图

(资料来源:https://tfl.gov.uk/maps/track/tube)

除了以上各种接驳交通设施外,伦敦的即时旅客信息指引服务和多种公共交通工具共用的智能检票系统也是伦敦城市轨道交通与其他交通方式衔接的主要内容,它们有效地节省了乘客的换乘时间和交通费用。

3.2.2　日本东京

1. 东京轨道交通网络概况[15]

东京是日本的首都,也是日本的政治、经济、文化和交通中心,以及全球最大的经济中心之一。东京占地面积为 2 193.96 km²,总人口为 1 404.8 万人,大致分为区部和市郊区域,如图 3-6 所示(数据截至 2020 年 10 月 1 日)。区部是整个东京的核心地区,一般习称东京 23 区,占地面积为 627.53 km²,总人口为 973.3 万人。市郊区域是除东京 23 区以外的部分,相当于东京的郊区。

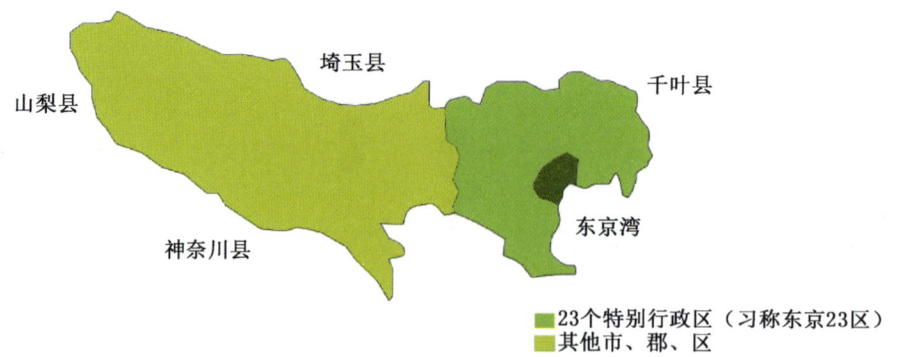

图 3-6　东京区域

东京轨道交通系统作为世界上最繁忙的轨道交通系统(图 3-7)，主要由 JR 铁路、私铁和地铁三部分组成①。其中，JR 山手线为环状运营线路，环线内面积约 63 km²，该范围内主要为地铁，JR 铁路较少，不存在私铁；JR 山手线以外、区部以内的范围内，三类轨道交通均存在，且比例相当；多摩部②主要为 JR 铁路和私铁，不存在地铁(表 3-2)。

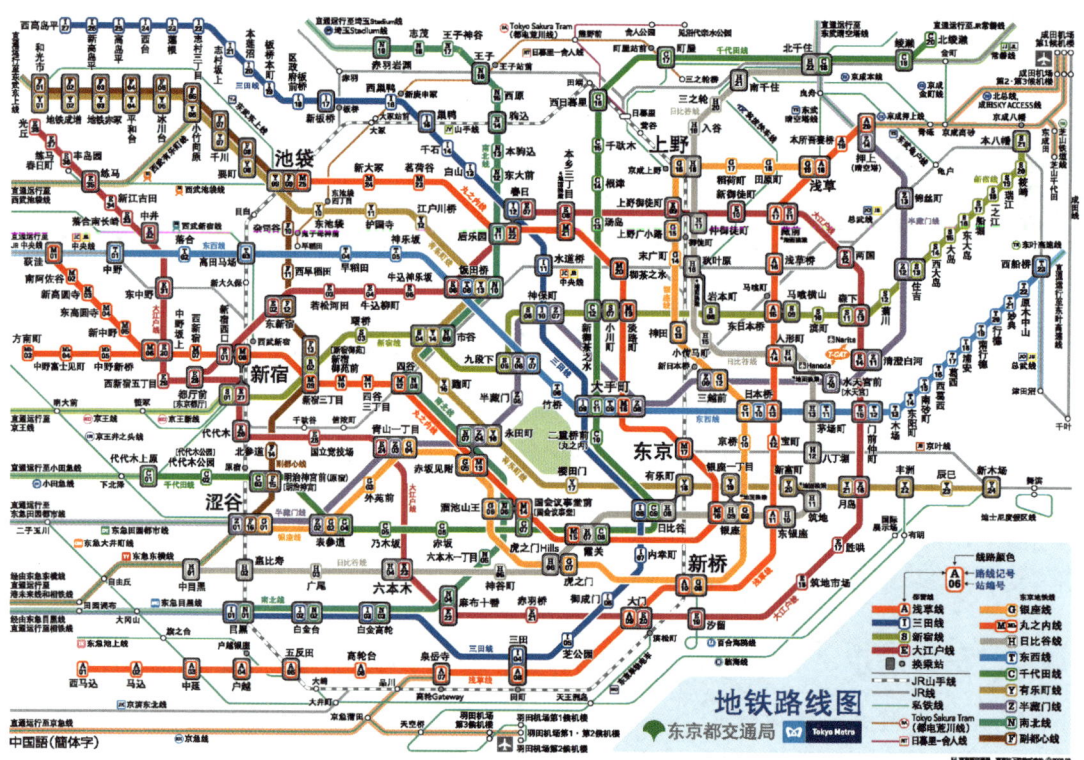

图 3-7　东京地铁线路图

(资料来源：https://www.tokyometro.jp/cn/subwaymap/index.html)

---

①　东京轨道交通除 JR 铁路、私铁和地铁外，还存在新交通系统[羽田线(跨坐式)、东京临海新交通临海线"百合鸥号"、多摩都市单轨电车线]。

②　多摩部为东京行政区划的郊区部分，如图 3-6 中左侧被埼玉县、山梨县、神奈川县包围住的浅灰色区域。

表 3-2　日本东京都轨道交通分区域线路长度及比例

轨道交通类型	JR山手线以内		JR山手线以外、区部以内		多摩部	
	线路长度/km	占总长度比例	线路长度/km	占总长度比例	线路长度/km	占总长度比例
地铁	128.3	92.6%	156.6	27.2%	0.0	0.0
私铁	0.0	0.0	224.0	38.9%	123.9	48.8%
JR铁路	10.3	7.4%	162.0	28.2%	113.8	44.9%
新交通	0.0	0.0	32.5	5.7%	16.0	6.3%

2. 东京城市轨道交通车站的接驳交通方式

为了具体分析东京不同区域城市轨道交通车站接驳交通的比例,以东京城市轨道交通系统中的环线——JR山手线为基准,把东京的城市轨道交通车站按区域划分为4个部分,分别是JR山手线以内的区部、被JR山手线切割区域位于JR山手线以外的区部、未被JR山手线穿过的区域位于JR山手线以外的区部和市郊区域。通过调查各个车站各种接驳交通方式的客流比例,统计得到各区域城市轨道交通车站进出站各类接驳交通的平均比例(表3-3)。

表 3-3　东京城市轨道交通车站接驳交通比例

区域	步行	自行车	步行+自行车	公交车	出租车	私家车
JR山手线以内的区部	96.1%	0.9%	97.0%	2.3%	0.6%	0.1%
被JR山手线切割的区域位于JR山手线以外的区部	91.6%	3.6%	95.2%	4.1%	0.6%	0.1%
未被JR山手线穿过的区域位于JR山手线以外的区部	87.2%	7.1%	94.3%	4.8%	0.6%	0.3%
市郊区域	69.3%	14.0%	83.3%	12.7%	2.1%	1.9%

注:数据为各统计区域所有车站各种接驳交通客流的平均值,其中自行车包含"自行车、轻骑和摩托车"。

在步行接驳方面,由于东京的城市轨道交通车站密度较高,故步行接驳总体比例较高,并呈现由中心向外围比例缓慢降低的趋势。步行接驳是各种接驳交通方式中最重要的一种接驳交通方式。从站点密度来看,以山手线及山手线内车站站点为中心,500 m和800 m为半径,计算其站点覆盖率(图3-8),500 m范围的站点覆盖率可达75.6%,800 m范围的站点覆盖率可达98.3%。可以说,在JR山手线以内的东京都区域,基本上都位于城市轨道交通车站的合理步行接驳范围内。因此,其步行接驳比例可达97.0%。在JR山手线之外,随着站点密度的降低,步行接驳比例也逐步降低,但与其他接驳交通方式相比,仍然保持较高的比例。即使在东京的市郊区域,其步行接驳比例也达到了69.3%。

在自行车接驳方面,从接驳交通客流比例的统计结果(表3-3)来看,在东京各区域的城市轨道交通车站中,随着区域从内向外推移,自行车接驳的比例在逐渐增大,市郊区域

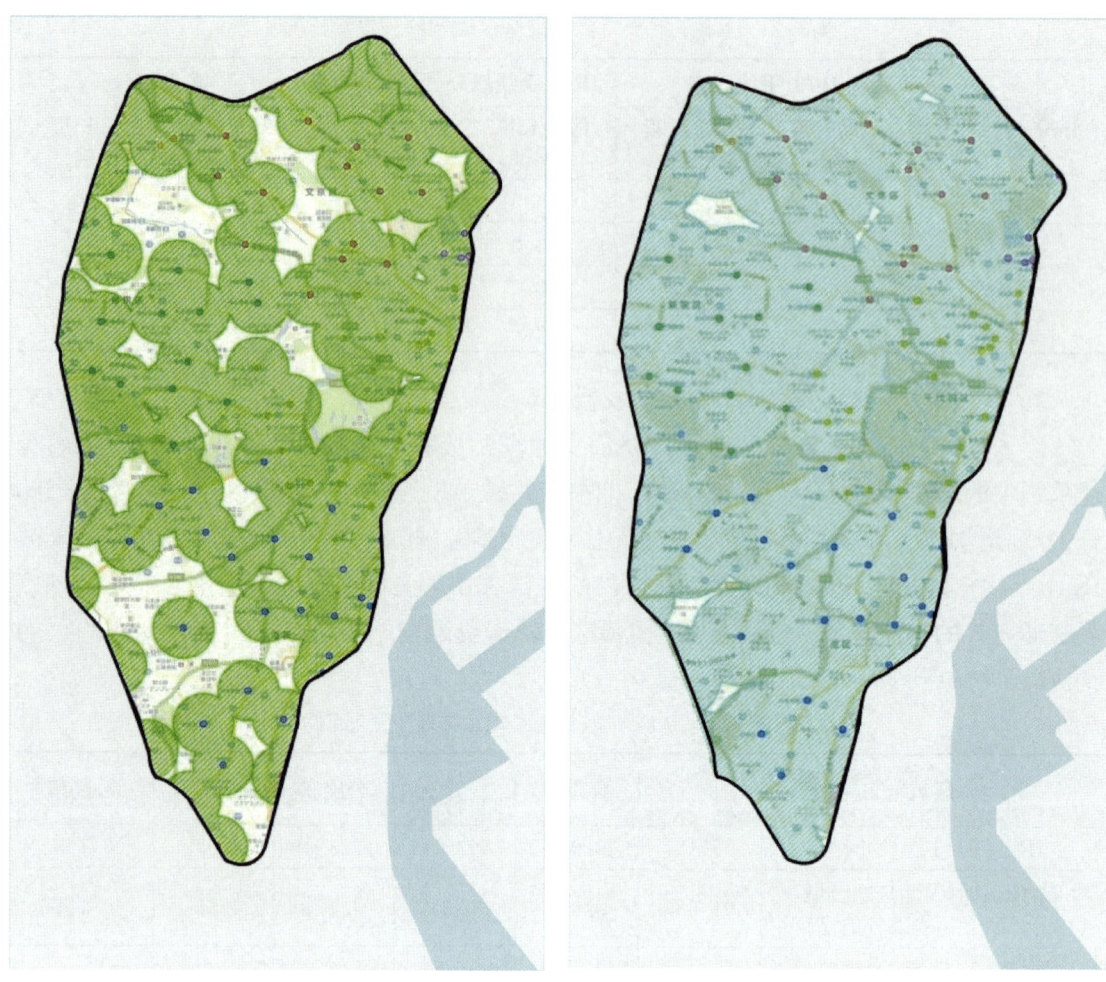

图 3-8 东京 JR 山手线及 JR 山手线内车站站点按半径 500 m(左)、800 m(右)范围的站点覆盖情况

明显高于区部。在 JR 山手线以内的东京都区域,城市轨道交通车站自行车接驳的比例很小,不到 1%;被 JR 山手线切割的区域,其在 JR 山手线以外的城市轨道交通车站的自行车接驳比例达到 3.6%;在 JR 山手线以外的区部,轨道交通车站的自行车接驳比例达到 7.1%;而位于郊区的城市轨道交通车站,其自行车接驳比例已经达到了 14.0%。总体来说,在东京区部,自行车和步行这两种慢行接驳交通比例占 95% 左右,在郊区也占到了 83% 左右,可以说步行和自行车是东京城市轨道交通车站最重要的两种接驳交通方式。

为了具体分析自行车停车场及其他接驳交通方式相关设施的分布情况,本节主要调查了东京轨道交通的 5 条线路(共 132 个车站)的接驳交通设施分布。其中,配置有专用自行车停车场的轨道交通车站共 63 个。图 3-9 中实心红圈为配备有自行车停车场的轨道交通车站。可以发现,中心区域车站的自行车停车场配置率很低,但在各条线路的尾端,即区部外围的车站,自行车停车场配置率明显提高。其中,需要指出的是,在与铁路线路衔接的对外交通枢纽站(如涩谷、新宿、池袋等),均设置了自行车停车场。自行车停车场的布置形式较为多样,有立体布置和平面布置等,并且一个车站周边通常有不止一个自行车停车场,许多车站往往在各个出口处均设置了自行车停车场以供不同方向的乘客停放自行车。

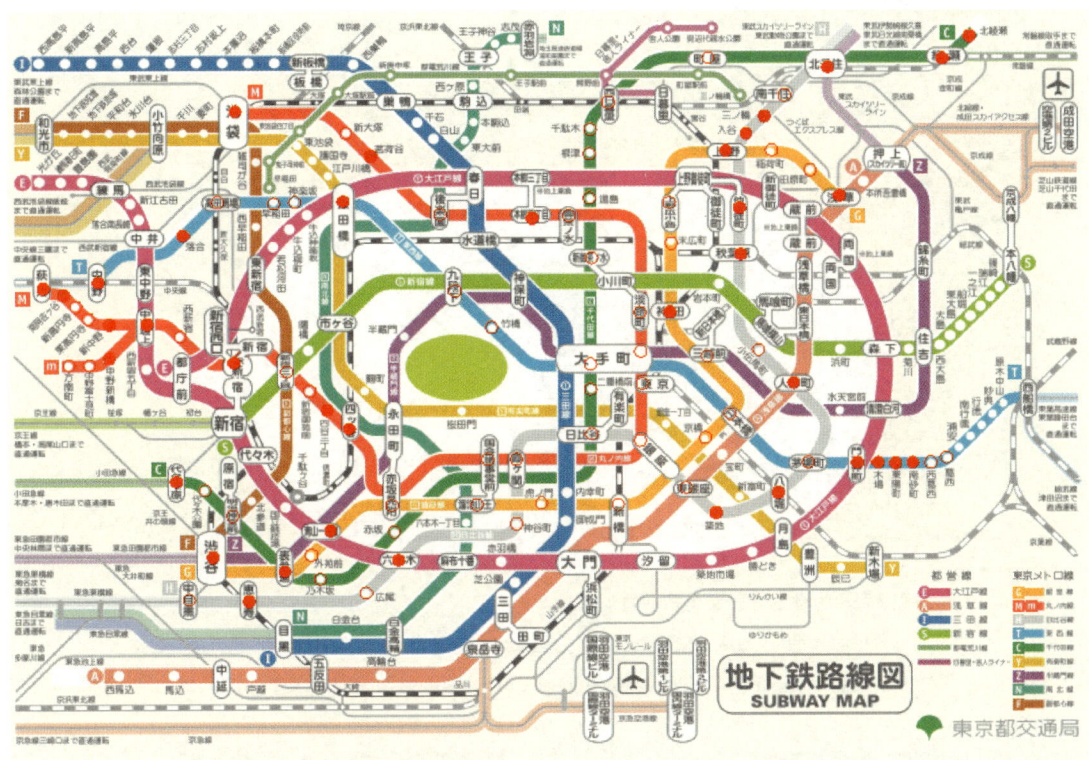

注:图中实心红圈表示设置有自行车停车场的轨道交通车站。

图 3-9　东京地铁部分线路自行车停车场分布

(资料来源:https://www.tokyometro.jp/cn/subwaymap/index.html)

从公交接驳客流来看,随着区域从内向外延伸,以及站点密度的逐步降低,公交接驳的客流比例逐步升高,市郊区域明显高于区部;在JR山手线以内区部,公交接驳客流比例大约为2.3%,而在市郊区域其比例达到了12.7%。从公交接驳车站设置情况来看,除部分政府机构附近交通受到管制外,区部内常规公交基本覆盖区部所有城市轨道交通车站。在区部外围,虽然公交线路数有所降低,但基本能保证城市轨道交通车站附近设有公交车站(图 3-10)。

在私家车接驳换乘方面,总体私家车接驳客流比例很低,最低的在0.1%,最高的也不过1.9%,由中心向外围比例逐渐升高(图 3-11)。私家车接驳换乘停车场的设置主要分布在市郊区域;58%的区部城市轨道交通车站附近(100 m以内)也有私家车停车场,但是这些停车场并非城市轨道交通车站的专用接驳换乘停车场,而是一些与商业、公共设施、对外交通等结合在一起的公共停车场。

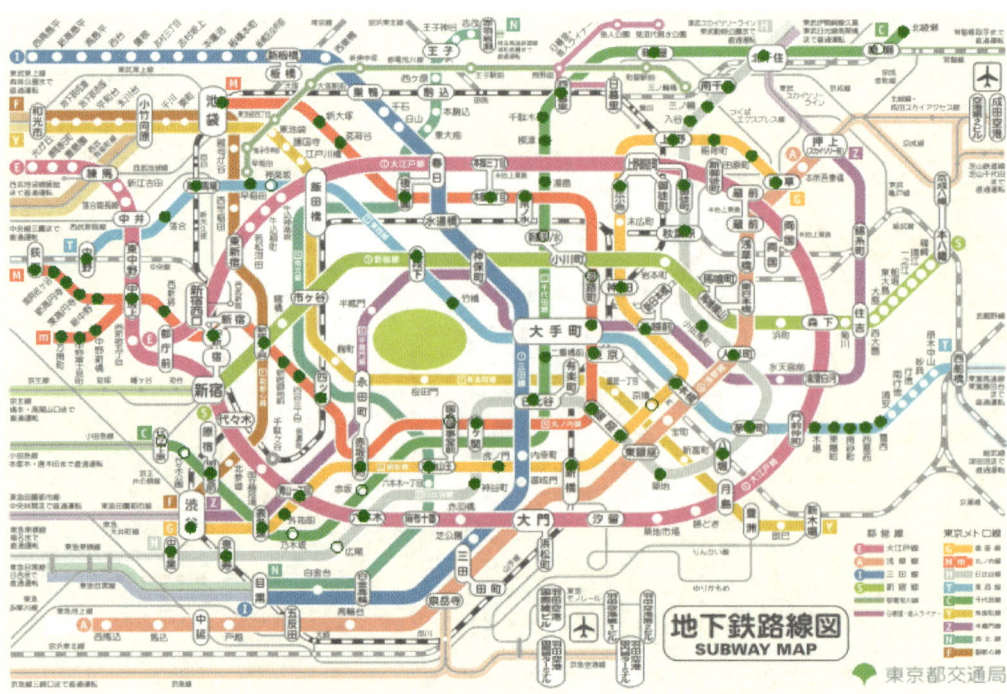

注：图中实心绿圈表示为设置有公交车站的轨道交通车站。

图 3-10　东京地铁部分线路公交接驳车站分布

（资料来源：https://www.tokyometro.jp/cn/subwaymap/index.html）

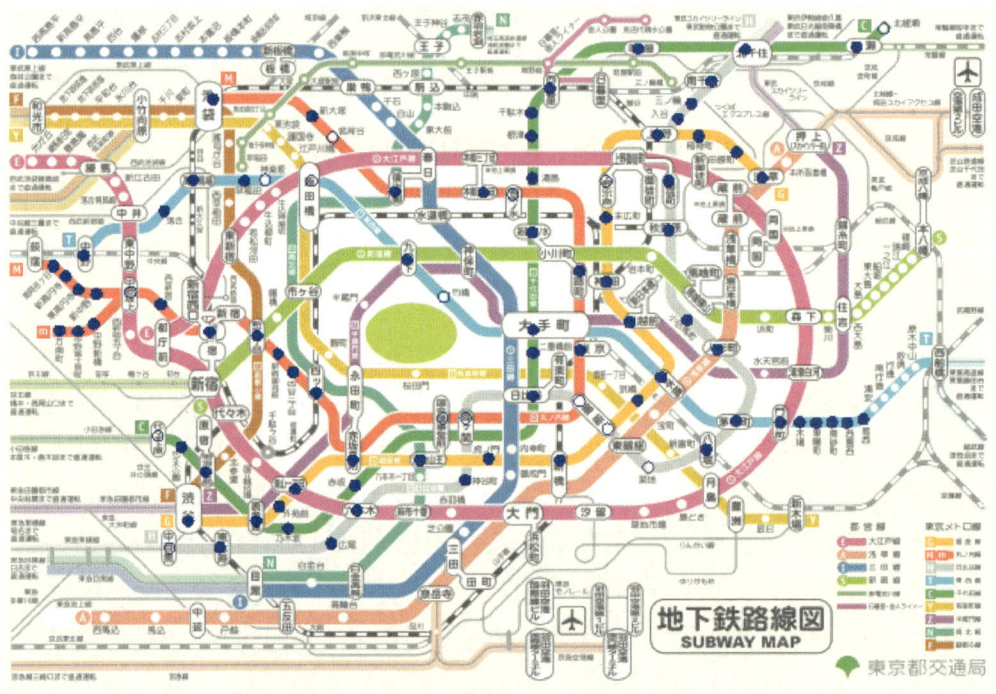

注：图中实心绿圈表示为设置有私家车停车场的轨道交通车站。

图 3-11　东京地铁部分线路私家车停车场分布

（资料来源：https://www.tokyometro.jp/cn/subwaymap/index.html）

3. 东京城市轨道交通车站密度与接驳交通方式分担率

对于城市轨道交通的乘客而言,换乘距离是影响其选择接驳交通方式的主要因素之一。从网络层面来看,换乘距离可以用车站密度来反映。为了进一步掌握城市轨道交通车站密度与各类接驳交通方式分担率之间的关系,以便为城市不同区域的接驳设施配置提供支持,故对东京 49 个行政区的 616 个城市轨道交通车站各种接驳交通方式的进出站客流进行调查,并对不同车站密度下各类接驳交通方式的分担率进行拟合分析(图 3-12—图 3-15)。

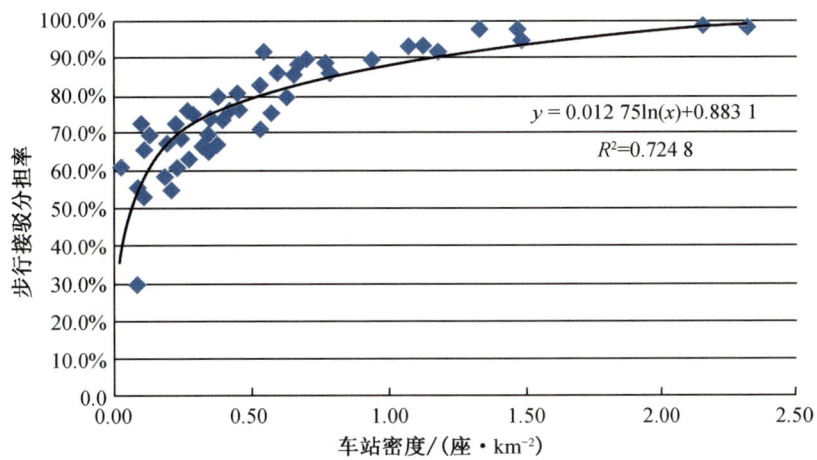

图 3-12　东京城市轨道交通站点密度与步行接驳分担率的关系

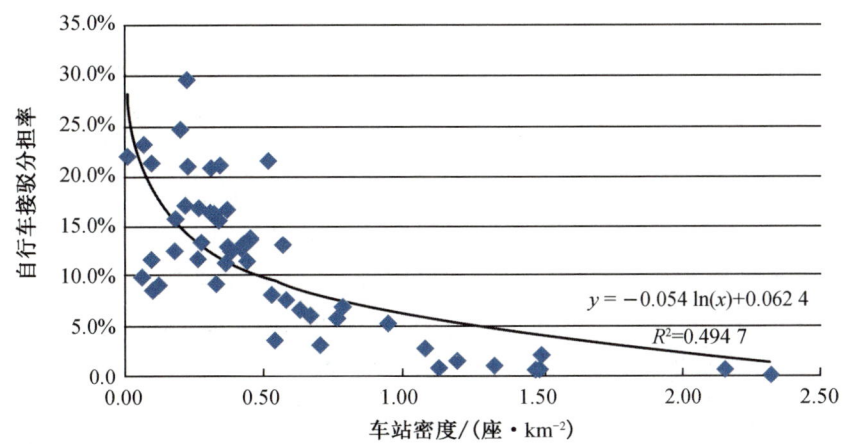

图 3-13　东京城市轨道交通站点密度与自行车接驳分担率的关系

图 3-12—图 3-15 可以说明,在城市轨道交通车站的接驳交通中,车站密度与各种接驳交通方式的分担率有一定的关系。从图 3-12 可以发现,步行接驳的客流比例与车站密度有显著的正相关关系。随着站点密度的提高,步行接驳的客流比例逐步提高。同时,步行接驳的客流比例始终保持在较高水平,当站点密度达到 2.5 座/km² 时,步行接驳的分

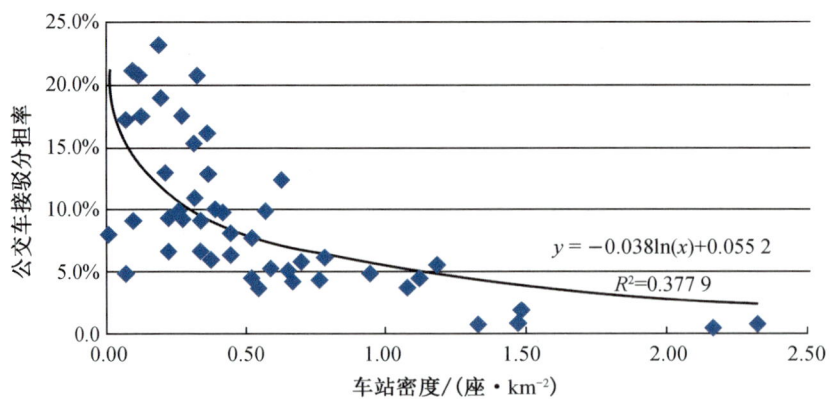

图 3-14　东京城市轨道交通站点密度与公交接驳分担率的关系

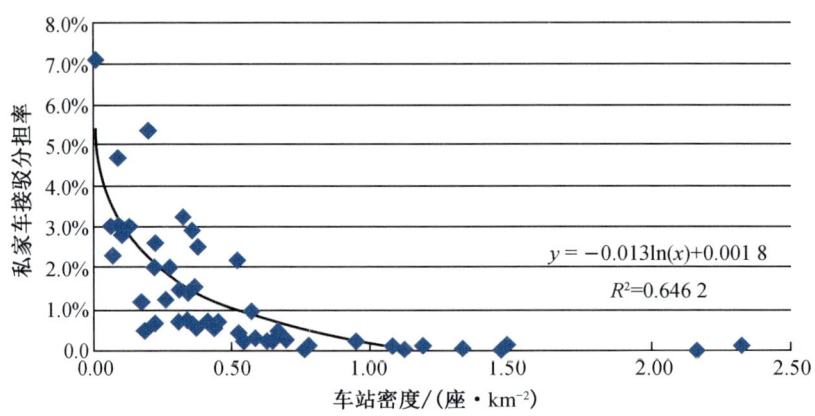

图 3-15　东京城市轨道交通站点密度与私家车接驳分担率的关系

担率接近100%。与步行接驳交通方式的规律相反,随着站点密度的提高,自行车接驳的分担率是逐步降低的,当站点密度达到2.5座/km² 时,自行车接驳的分担率接近0;当站点密度低于0.5座/km² 时,自行车接驳的分担率则快速上升。公交接驳交通方式的规律与自行车接驳交通方式类似,随着站点密度逐步提升,公交接驳的分担率逐步下降;当站点密度低于0.5座/km² 时,公交接驳的分担率则快速上升。同样地,私家车接驳的分担率也是随着站点密度的提升而降低的,当站点密度超过1.0座/km² 时,私家车接驳的分担率基本接近0。

3.2.3　中国香港

1. 香港轨道交通网络概况[16,17]

香港由香港岛、九龙、新界内陆地区及262个大小离岛组成(图3-16),设有18个行政区,陆地总面积为1 114.35 km²,总人口为741.3万人,平均人口密度为0.665万人/km² (数据源于2021年香港人口普查报告)。其中,人口密度最大值超过5万人/km²。由于香港为岛屿城市,因此按照其经济商业发展水平划分核心区、中心城区和郊区。核心区是指中环、铜锣湾(这两个在香港岛),以及尖沙咀、旺角、九龙塘(包括深水埗)区域;香港岛和九龙两区为中心城区,包含了核心区;其余区域为郊区。

图 3-16　香港特别行政区地图

港铁(中国香港特别行政区境内城市轨道交通系统)是香港市区内最主要的公共交通工具,其运营线路共 10 条(含机场快线,不含轻铁),连通港岛、九龙、新界的荃湾、东涌、将军澳、上水、马鞍山、元朗、屯门等地,运营里程为 237 km,车站数共 98 个(图 3-17)。

2. 香港城市轨道交通车站的接驳交通

在自行车接驳方面,由于受到地形因素的影响,香港的自行车出行比例较低,因此,在城市轨道交通车站较少设置自行车停车场。

香港的常规公交分为巴士和小巴,配有常规公交接驳的城市轨道交通车站的比例参见图 3-18。核心区城市轨道交通车站的巴士接驳设施和小巴接驳设施的配备率基本上都可以达到 100%;中心城区城市轨道交通车站的巴士接驳设施的配置比例也接近 100%,但是小巴接驳设施的配置比例略低,只有 90% 左右;郊区城市轨道交通车站的巴士接驳设施配置比例也是 100%,但小巴接驳设施的配置比例只有 50% 左右。香港除了常规的公交服务外,还提供有轨电车接驳服务,有轨电车主要分布在核心区和中心城区,有轨电车接驳

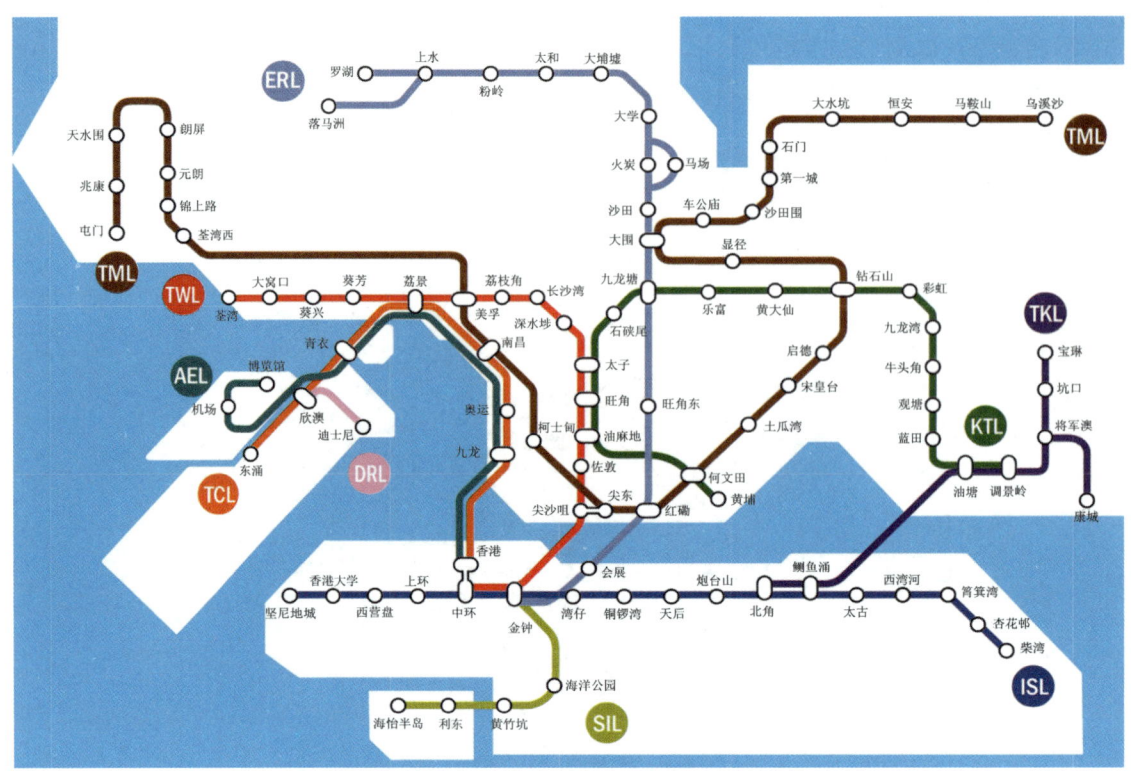

图 3-17 香港城市轨道交通线路图

（注：图中不含轻铁）

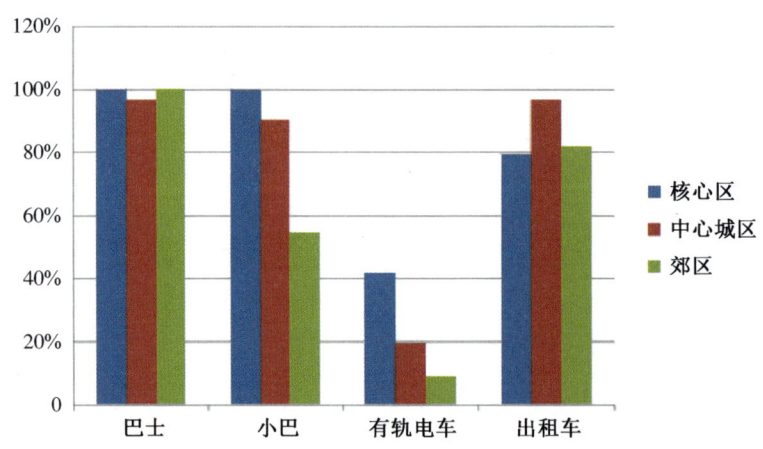

图 3-18 香港城市轨道交通车站的接驳交通设施配置比例

设施的配置比例大部分在 40% 以下。

同样，对城市轨道交通接驳起到辅助作用的出租车，其在整个香港城市内的分布也较为均匀，大约有 2/3 以上的城市轨道交通车站配备了出租车接驳。

香港轨道交通车站共设有 10 个私家车接驳换乘停车场，其中有一半布置在郊区；中心城区设有私家车停车场的 3 个轨道交通车站均在中心城区边缘；核心区 2 个设有私家车停车场的轨道交通车站均有对外交通功能，其中真正用于私家车停车换乘轨道交通的比例并不高(图 3-19)。

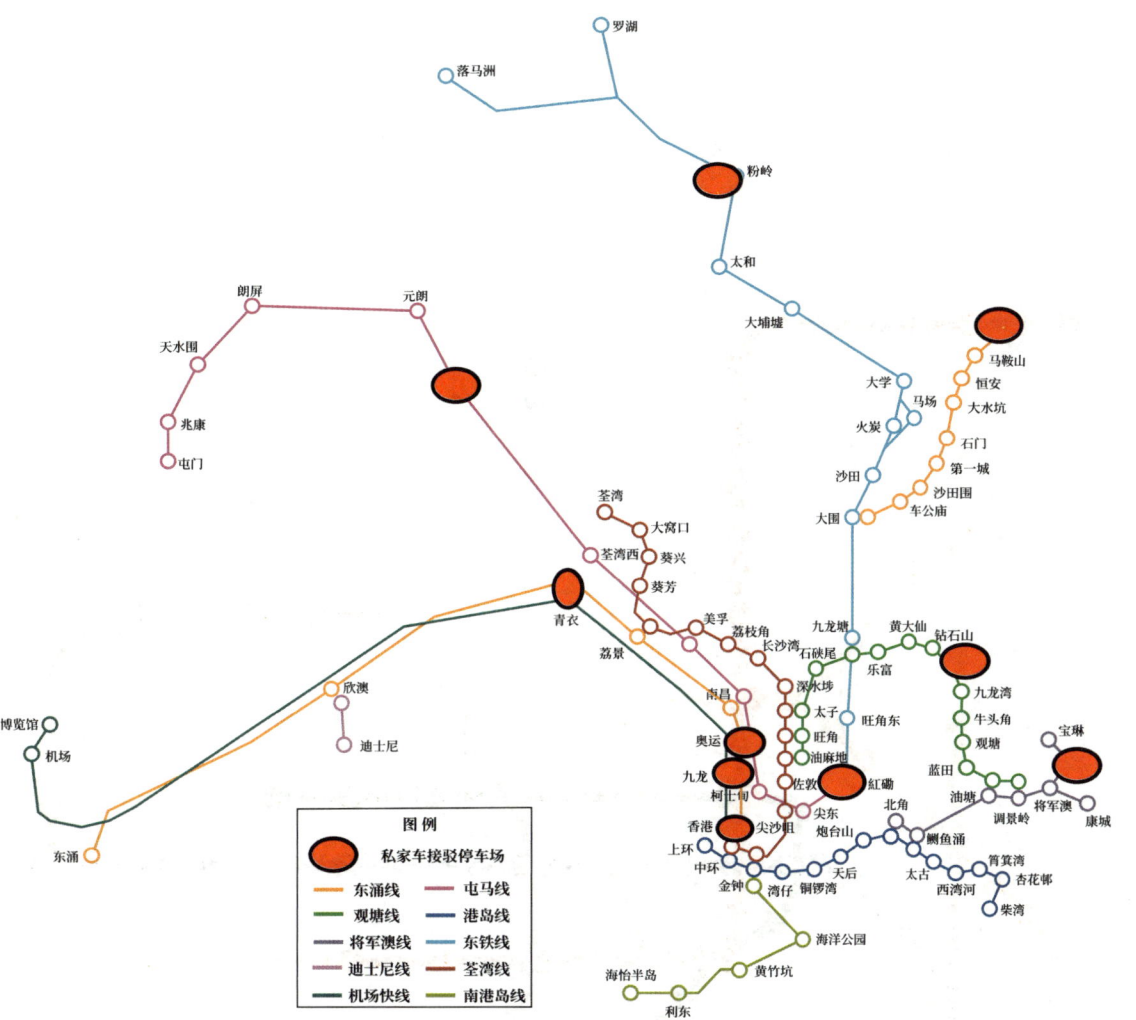

图 3-19 香港城市轨道交通车站的私家车接驳停车场分布

3.2.4　中国台北

1. 台北轨道交通网络概况

台北市共分为 12 个行政区，总面积为 271.8 km²，总人口为 260.2 万人，平均人口密度为 0.957 万人/km²(数据源于 2020 年台北市普查报告)。其中，人口密度最大可达到 2.7 万人/km²。新北市是台北县的前身，是环绕台北市的一个县，2010 年升级为新北市，由于城市地域关系紧密，新北捷运系统与台北捷运系统线路联通；同样地，桃园捷运机场线与台北捷运系统线路联通，因此将这些线路全部视作台北捷运系统的一部分作为研究对象。

台北大都市轨道交通网络共有 9 条线路(其中两条线路有支线,但支线不能作为单独的线路统计线路数),运营里程为 225.69 km,车站数共 162 个(共线运营区段的里程和车站数均重复计算),涵盖包括台北市和新北市在内的整个台北大都市。根据台北大都市的城市特征和城市轨道交通车站的所在位置,把台北大都市的城市轨道交通车站按区域划分为三部分:台北大都市核心区车站(涵盖台北市的大同、中山、中正、大安、信义、万华和松山 7 个区)、台北大都市中心区车站(涵盖除核心区以外的 5 个区)和台北大都市外围区车站(主要覆盖新北市),如图 3-20 所示。

图 3-20　台北大都市轨道交通

2. 台北大都市轨道交通车站的接驳交通方式

在公交接驳方面,台北大都市轨道交通的每个车站均设有公交接驳交通设施。

在自行车接驳方面,大部分城市轨道交通车站都设有自行车停车场,且自行车停车场的分布较为广泛(图3-21),停车场规模总体呈现出由内向外逐渐增大的趋势。另外,城市轨道交通车站的自行车停车场在中心区的比例最高,规模也最大(表3-4)。

表 3-4　台北大都市轨道交通车站的自行车停车场统计

区域	车站数/个	自行车停车场配置比例	自行车停车场平均规模/(位·个$^{-1}$)
核心区	34	73%	116
中心区	32	90%	172
外围区	35	82%	168

注:此表中统计的车站及相关数据仅包括台北捷运自己的6条线路,新北捷运和桃园捷运的数据未包含在内。

图 3-21　台北大都市轨道交通车站的自行车停车场

由于机车(即摩托车)在当地的使用率较高,因此,很多城市轨道交通车站设置了专门的摩托车停车场,城市轨道交通车站的摩托车停车位共有 4 343 个,其中 90%以上位于非核心区,核心区仅占 8%。摩托车停车场主要分布在城市外围区(图 3-22),规模总体呈现出由内向外逐渐增大的趋势(表 3-5)。

表 3-5 台北大都市轨道交通车站的摩托车停车场统计

区域	车站数量/个	摩托车停车场配置比例	摩托车停车场平均规模/(位·个$^{-1}$)
核心区	34	8%	118.7
中心区	32	62%	199.0
外围区	35	37%	368.0

图 3-22 台北大都市轨道交通车站的摩托车停车场

出租车招呼站的分布未显示出明显的规律性,这与城市出租车招手即停的载客方式有关。台北市内设有专用出租车候车点的城市轨道交通车站只有 7 个(图 3-23),它们主要分布在非核心区,但是因为数量较少,因此趋势性并不明显。

图 3-23 台北大都市城市轨道交通车站的接驳出租车站

在私家车接驳方面,城市轨道交通车站的私家车停车场主要分布在核心区以外;核心区内仅 1 个车站设置了私家车停车场,且位置靠近非核心区(图 3-24)。一般在线路端点附近的车站会设置规模较大的停车场。

图 3-24 台北大都市轨道交通车站的私家车停车场

3.2.5 案例小结

通过对以上国内外典型城市轨道交通车站接驳交通的方式、客流、设施等几方面的调查和分析,我们初步得到以下三方面的普遍规律。

1. 城市轨道交通车站的接驳交通方式

几乎所有城市的轨道交通涉及的接驳交通类型都是步行、自行车、常规公交、出租车和私家车,**各种交通方式的良好衔接有助于更好地发挥城市轨道交通在城市公共交通系统中的骨干作用**。很多典型的城市轨道交通车站的出租车接驳交通设施和私家车K+R

接驳交通设施是联合设置的,从而形成接送车接驳交通设施。因此,从接驳交通方式涉及的设施来看,主要的接驳交通设施是步行接驳交通设施、自行车接驳交通设施、公交接驳交通设施、接送车接驳交通设施和停车换乘接驳交通设施。

在一些国家和地区,城市轨道交通的接驳交通还有摩托车和电动自行车。摩托车作为机动车存在占用道路资源大、环境污染大等缺点,国内外各大城市目前对摩托车进入市区均采取了各种限行政策,摩托车在城市交通中逐渐成为一种小众交通方式,因此本章不推荐把摩托车作为一种接驳交通方式进行研究。而电动自行车的交通特征与自行车类似,因此本研究把电动自行车接驳交通归纳到自行车接驳交通中进行统一调查,本书中的自行车接驳交通包含电动自行车接驳交通。

2. 城市轨道交通车站的接驳交通客流分担率

从已有的典型城市轨道交通车站案例分析来看,**城市轨道交通车站所处区域位置与接驳交通客流比例有密切关系**。由于较难取得各个典型城市轨道交通车站接驳交通客流的具体数据,因此,在本研究中对已取得的东京城市轨道交通车站接驳交通客流数据进行了较为详细的分析,以下有关接驳交通客流分担率的规律总结主要是基于东京城市轨道交通车站接驳交通的具体客流数据,同时结合了其他典型城市轨道交通车站的普遍规律来进行分析的。

在国内外所有车站的接驳交通客流中,步行接驳的客流比例是最高的。以东京为例,步行接驳的客流比例虽然随着车站从核心区向外围拓展的过程中会逐步降低,但是不论在哪个区域都占有绝对优势,基本在60%以上。这说明,城市轨道交通车站的接驳交通在设计时要充分优先考虑步行接驳客流,并为大部分的步行接驳客流创造舒适、安全、便捷的步行环境。

自行车接驳的客流比例从核心区到外围区总体呈现逐步增加的趋势,对于一些适合自行车出行的城市(如日本东京、中国台北等),这种增长趋势是非常显著的。在核心区,由于大部分城市的轨道交通车站较为密集,常规公交网络也较为健全,因此自行车接驳的客流比例都很低(低于1%,东京);在中心城区和外围区,随着城市轨道交通站点密度的下降,自行车接驳的客流比例逐步增加。在一些郊区城市轨道交通站点,自行车接驳的客流比例甚至超过了公交接驳的客流比例,占10%以上(东京)。

常规公交接驳交通的客流比例与自行车接驳交通的客流比例相近,从核心区到外围区呈现逐步增加的趋势,从东京城市轨道交通接驳交通客流数据来看,总体比例在2%~12%。在核心区,常规公交接驳的客流比例一般低于步行接驳的客流比例,但是高于自行车和其他接驳交通方式;随着区域外延,以及城市轨道交通站点密度的下降,常规公交接驳的客流比例也有所上升,但总体上升速度不如自行车和其他接驳交通方式。

出租车接驳的客流比例与私家车接驳的客流比例都不大,可以说出租车和私家车是步行、自行车和常规公交之外的补充接驳交通方式。出租车接驳客流和私家车接驳客流的比例也是从核心区向外逐步增加的,但是最高一般也不会超过2%(东京)。

同时,本章对东京城市轨道交通车站密度与接驳交通客流数据进行了拟合,初步证明城市轨道交通站点密度与各接驳交通方式的接驳客流比例之间存在密切的关系。一般来说,**步行接驳的客流比例与站点密度呈正相关的关系,自行车、常规公交、出租车和私家车接驳的客流比例与站点密度都是呈负相关的关系**。

3. 不同区域城市轨道交通车站接驳交通设施分布

从各国城市轨道交通车站的接驳交通设施分布情况来看,一般有以下特点:

(1) 城市核心区的城市轨道交通站点密度高,步行接驳客流比例很高,其次是常规公交接驳客流和出租车接驳客流,而自行车接驳和私家车停车换乘接驳的客流比例都较小。该区域的接驳交通设施设置要充分考虑步行接驳交通设施和常规公交接驳交通设施,并根据实际情况在适当位置考虑接送车接驳交通设施和自行车接驳交通设施。

(2) 城市中心区(核心区除外)的城市轨道交通车站覆盖密度较高,车站周边人口密度也很高。在该区域,步行、常规公交和自行车接驳交通客流都有一定的比例。城市轨道交通车站要考虑步行、常规公交和自行车接驳交通设施的合理布局,并根据实际情况设置接送车接驳交通设施和停车换乘接驳交通设施。

(3) 城市郊区的轨道交通车站覆盖密度低。城市轨道交通车站除了需要继续提供步行和常规公交接驳交通设施外,还要适当考虑自行车和私家车等私人交通工具的停车换乘接驳交通设施。

3.3 城市轨道交通车站接驳交通方式优先级别及设施配置原则

2012年《广州交通发展白皮书》中提出的一体化发展战略,即"通过交通与土地、各交通系统之间、交通系统内部的整合,实现交通资源配置的最优化",交通发展的目标是"构建开放、畅达、低碳、智慧、公平、安全为特征的现代化服务型综合交通运输体系",加快公共交通建设的措施为积极构建以轨道交通为骨干、公共汽电车为主体、出租车等为补充的多模式、多层次城市公共交通系统,发挥轨道交通对城市空间拓展的引导作用。从《广州交通发展白皮书》来分析,未来轨道交通与土地利用、接驳交通要进行有机整合,通过轨道交通建设服务沿线土地开发,在城市轨道交通车站影响范围内,主要的接驳交通方式依次为步行、自行车(含电动自行车、电动车)、常规公交,通过优化接驳交通设施的配置来提高接驳交通与城市轨道交通换乘的便捷性,增强城市轨道交通的吸引力,强化城市轨道交通的骨干作用,实现公交优先发展战略。

国内外典型的城市轨道交通车站案例为广州市城市轨道交通车站的接驳交通设施配置提供了很多有价值的参考经验。在这些案例中,接驳交通设施的配置情况与接驳交通本身的特性及车站所在区域、车站本身的功能有很大关系。通过对比研究并结合广州市城市交通的总体规划和定位,对广州市城市轨道交通车站接驳交通方式的优先级别和接驳交通设施配置原则进行分析和研究。

3.3.1 城市轨道交通车站接驳交通方式优先级别

步行和自行车的特点是方便灵活、低碳环保,它们是公众出行不可缺少的交通方式。改善步行和自行车的出行环境,对倡导绿色出行、建设宜居城市均具有重要意义。从国内外典型的城市轨道交通车站接驳交通案例中可以发现,步行与自行车这两种慢行接驳交通的组合占据了绝对的主导地位。因此,从各种接驳交通方式的便捷性、环保性以及合理分担率等角度来看,广州市城市轨道交通车站的接驳交通方式的优先级别从高到低依次为步行、自行车、常规公交、出租车和私家车。优先级别的确定确保了各种接驳交通方式与城市轨道交通车站出入口连接的便捷性。一般来说,应该确保优先级别高的接驳交通方式能更加便捷地到达城市轨道交通车站。

(1)步行。步行是进出城市轨道交通车站最直接、最便捷的接驳方式,即使在使用其他交通工具的情况下,最终都将转化为步行方式进出车站,是车站接驳交通规划中应考虑的最基本的接驳交通方式,具有最高优先级别。为了乘客的安全,在城市轨道交通车站接驳交通规划设计中,应给予行人最高的优先级。

(2)自行车。自行车作为一种绿色、环保、节能的交通方式,在相当长的一段时间内仍是人们短距离出行的主要交通方式之一。尤其是随着近几年租赁自行车的迅速发展,"城市轨道交通+租赁自行车"的出行方式日益受到人们的青睐。租赁自行车在短距离出行方面具有使用便捷、费用低廉的优点,且无须考虑购车、维护、防盗等事宜,故受出行者欢迎,且吸引了部分常规公交接驳乘客转变接驳交通方式。为鼓励人们使用这种绿色、环保的接驳交通方式,自行车应优先于所有机动车接驳方式。在接驳交通规划中,应通过完善自行车停车设施、提高对停车场的管理水平来引导人们采取自行车换乘城市轨道交通的方式出行。

(3)常规公交。在城市轨道交通车站的接驳客流中,常规公交的接驳比例是比较高的。在机动化的接驳交通方式中,由于常规公交接驳交通设施占用土地资源少、人均道路资源占用率较低,故应成为首要提倡的机动车接驳交通工具,优先级别仅次于步行和自行车接驳交通。为了提高接驳效率,在城市轨道交通车站接驳交通规划中,应做好常规公交与轨道交通车站的"无缝"衔接,提高乘客的出行效率。

(4)出租车。城市轨道交通车站的接驳交通规划要适当设置出租车停靠站,以鼓励出租车定点停靠,从而满足多层次的服务需求及方便部分乘客。

(5)私家车。私家车作为客运系统的必要补充,也是城市轨道交通车站的接驳交通方式之一,应通过完善城市轨道交通车站的停车换乘体系来吸引一部分私家车使用者换乘城市轨道交通出行,从而提升公共交通的吸引力,减轻城市中心区域的机动车交通压力。私家车接驳城市换乘轨道交通有两种方式:一种是 K+R(私家车接送换乘),另一种是 P+R(私家车停车换乘)。

3.3.2 城市轨道交通车站接驳交通设施配置原则

通过对国内外典型城市轨道交通车站的接驳交通设施配置案例进行分析后发现,影响城市轨道交通车站接驳交通设施配置的主要因素为车站的区域位置和车站本身的功能。[18]

对于车站的区域位置,根据城市轨道交通线网特征、区域的车站密度、土地利用形态、人口密度、岗位密度等特征,按核心区、核心外围区和郊区三种类型对城市轨道交通车站分别配置接驳交通设施类型。以广州轨道交通车站为例进行分析,核心区车站是指在广州轨道交通 11 号环线以内的车站(不含 11 号环线车站);核心外围区车站是指广州轨道交通 11 号环线以外的主城核心区的车站(含 11 号环线车站),同时包括主城核心区以外的副中心、新城所在区域的车站;郊区车站是指主城核心区以外除副中心、新城所在区域的车站。

对于车站本身的功能,在对车站进行区域划分的基础上,根据车站接驳交通设施的服务等级和车站的规模,把城市轨道交通车站划分为一般车站和对外交通枢纽站。其中,一般车站是指以城市轨道交通为主体的车站;对外交通枢纽站是指除了有城市轨道交通车站外,还有铁路、公路或机场等对外交通枢纽的车站。

不同区域不同类型车站的具体配置原则如表 3-6 所列。

表 3-6 不同车站接驳交通设施配置原则

区域	车站类型	步行	常规公交	自行车	接送车	停车换乘
核心区	一般车站	√	○	×	○	×
	对外交通枢纽	√	√	×	√	○

(续表)

区域	车站类型	步行	常规公交	自行车	接送车	停车换乘
核心外围区	一般车站	√	√	√	√	×
	对外交通枢纽	√	√	○	√	○
郊区	一般车站	√	√	√	√	○
	对外交通枢纽	√	√	○	√	√

注："√"代表必须设置；"○"代表可以结合车站实际情况等因素考虑设置；"×"代表不推荐配置。

1. 核心区车站

在核心区，城市轨道交通车站的覆盖密度和车站周边的岗位密度均很高，车站周边用地较为紧张。接驳交通以步行接驳为主，常规公交和接送车接驳为辅。

核心区一般车站：主要设置步行接驳交通设施；在主要出入口附近地形、用地条件许可的前提下，可以间隔设置常规公交接驳交通设施和接送车接驳交通设施；原则上不设置自行车和停车换乘接驳交通设施。

核心区对外交通枢纽站：主要设置步行接驳交通设施；原则上不设置自行车接驳交通设施；在各出入口附近设置常规公交接驳交通设施；在主要出入口附近设置接送车接驳交通设施；在主要出入口附近地形、用地条件许可的前提下，可以结合枢纽站整体设计，在主要出入口附近设置停车换乘接驳交通设施。

2. 核心外围区车站

在核心外围区，城市轨道交通车站的覆盖密度较高，车站周边的人口密度也较高。城市轨道交通车站的接驳交通在优化步行接驳交通的基础上，宜重点设置自行车和常规公交接驳交通设施；接送车接驳交通为辅；在用地、交通组织和客流需求等条件许可的前提下，在道路环线外附近区域设置停车换乘接驳交通设施。

核心外围区一般车站：主要设置步行接驳交通设施；主要出入口附近设置自行车、常规公交、接送车接驳交通设施；原则上不设置停车换乘接驳交通设施，在核心外围区与郊区接合区域，可以结合用地条件、道路条件和接驳客流需求等设置停车接驳换乘交通设施。

核心外围区对外交通枢纽站：主要设置步行接驳交通设施；在客流需求、用地和交通组织等条件允许的前提下可以考虑在某些出入口设置自行车接驳交通设施；各出入口附近设置常规公交接驳交通设施；主要出入口附近设置接送车接驳交通设施；在主要出入口附近地形、用地条件、交通组织可行的前提下，结合枢纽站整体设计，可以在主要出入口附近设置停车换乘接驳交通设施。

3. 郊区车站

在郊区，城市轨道交通车站的覆盖密度低，用地紧张程度相对核心区域要缓和很多。

城市轨道交通车站接驳交通在优化步行和自行车接驳交通的基础上，宜重点发展常规公交和接送车接驳交通设施；适当考虑停车换乘接驳交通设施。

郊区一般车站：主要设置步行接驳交通设施；各出入口附近设置常规公交、自行车接驳交通设施；主要出入口附近设置接送车接驳交通设施；在有接驳客流需求和用地、交通组织条件允许的出入口附近，间隔设置停车换乘接驳交通设施。

郊区对外交通枢纽站：主要设置步行接驳交通设施；各出入口附近设置常规公交接驳交通设施；主要出入口附近设置接送车接驳交通设施；结合枢纽站整体设计，可以在主要出入口附近设置自行车和停车换乘接驳交通设施。

4 城市轨道交通车站接驳交通方式客流需求确定方法

4.1 确定各接驳交通方式设施规模所需客流数据

4.1.1 步行接驳

步行接驳客流较为集中的时段是城市轨道交通乘客进、出站的高峰时段,而与步行联系较为紧密的接驳设施主要是通道,由于进、出站的步行接驳客流均需经由相应的通道集聚或者疏散,故需要将进站与出站的步行接驳客流结合起来考虑,二者的需求量均需通过客流预测方法获取。

4.1.2 自行车接驳

自行车接驳设施主要包括接驳自行车停车场及其进出通道,由于自行车在停车场的存放是一个逐步累积的过程,自行车停车高峰时段与城市轨道交通车站进、出站客流高峰时段并不吻合。例如,文献[19]中得到的城市轨道交通车站接驳自行车停车场中自行车存量的峰值出现在 13:00—14:00。

预测自行车最大停车需求量的一种理想方法是,以一定的时间为间隔(例如 1 h),分别对进站客流及出站客流进行接驳交通方式划分,综合各个时段内的停车以及取车需求,累计得到一个自行车停放数量的峰值,并将此值作为设施规模估算的依据。但这样做的前提是需要知道每个时段内的进、出站自行车接驳客流量,这个参数在客流预测中是难以获取的,而且本书中还涉及基于家的接驳客流和非基于家的接驳客流(见本书 4.2.1 节)的区分,对某一时段内的客流量进行这样详细的区分也不太现实。

因此,本章中引入了停车峰值系数的概念。将某一城市轨道交通车站的接驳自行车停车场内单日累计停车数量最大值与其早高峰时段自行车停车数量的比值称作该车站的自行车停车峰值系数,即

$$\delta_b = \frac{BP'}{BP} \tag{4-1}$$

式中 δ_b——自行车停车峰值系数;

BP'——接驳自行车停车场内单日累计停车数量最大值,辆;

BP——早高峰时段自行车停车数量,辆。

对某一城市轨道交通车站远期早高峰进站客流量进行接驳交通方式划分,可以获得该车站接驳自行车的早高峰停车需求量,结合自行车停车峰值系数 δ_b 就可以换算出该车站远期单日累计停车量的峰值。不同性质城市轨道交通车站的自行车停车峰值系数,应当根据实际调查进行取值。

租赁自行车可参考上述类似的设计计算思路,在停车峰值系数、车辆周转率等参数取值上需单独研究确定。

4.1.3 电动自行车接驳

电动自行车接驳可参照自行车的方法进行处理。

4.1.4 常规公交接驳

常规公交接驳主要涉及公交站台停车泊位数量、线路配置以及进出公交站台连接通道的设置。常规公交接驳客流较为集中的时段与城市轨道交通进、出站客流的高峰时段相一致,接驳公交车的需求量取决于进、出站客流中的较大值。因此,进站与出站的常规公交接驳客流量均需通过客流预测方法获取。

4.1.5 P+R接驳

P+R接驳可参照自行车的方法进行处理,其停车峰值系数记作δ_c。

4.1.6 K+R接驳

K+R接驳方式需要临时的停车场所供接送小汽车上下客以及短暂停留使用,其需求高峰时段一般与城市轨道交通客流高峰时段一致,且K+R接驳的进站客流量与出站客流量均需通过客流预测方法获取,二者共同决定了其临时停车场所的规模。

4.1.7 出租车接驳

出租车接驳与K+R接驳类似,同样需要临时停车场。但不同的是,高峰时段出租车将乘客送至城市轨道交通车站后可以就地等待下一个乘客,因此,进站与出站的出租车接驳客流量均需获取,并根据二者中的较大值来配置临时停车场的规模即可。

根据上述分析,估算各种接驳交通方式的设施规模所需客流数据及处理方法见表4-1。

表4-1 估算各种接驳交通方式的设施规模所需客流数据及处理方法

接驳交通方式	需要预测的客流数据	取值	数据进一步处理方法
步行	高峰时段进、出站量	取二者之和	
自行车	高峰时段进站量		利用停车峰值系数转化
电动自行车	高峰时段进站量		利用停车峰值系数转化
常规公交	高峰时段进、出站量	取二者中较大值	
P+R	高峰时段进站量		利用停车峰值系数转化
K+R	高峰时段进、出站量	取二者之和	
出租车	高峰时段进、出站量	取二者中较大值	

此外，就目前我国城市轨道交通的客流特征而言，早高峰的进、出站客流量普遍比晚高峰要大。因此，表 4-1 中所指的高峰时段进、出站量一般为早高峰时段进、出站量，即只需预测早高峰时段的进站客流和出站客流对应的各种接驳交通方式的客流分担量即可。

综上所述，各种接驳交通方式的客流需求预测问题就转换成了早高峰时段各种接驳交通方式进、出站接驳客流量的预测问题。由于在城市轨道交通工程设计阶段已经对各条线路、各个车站的远期早晚高峰上下客流量以及换乘客流量进行了预测，故城市轨道交通车站的接驳客流总量即认为是已知条件，因此，为了获得远期城市轨道交通车站各种接驳交通方式所承担的接驳客流量，只需构建城市轨道交通车站接驳客流方式划分模型便可实现。

4.2 接驳交通需求预测时重点考虑的两个问题

虽然，城市轨道交通车站的接驳客流方式划分与城市轨道交通客流预测中的方式划分同属交通方式划分问题，但前者的划分对象只涉及某一城市轨道交通车站的早高峰进、出站客流量，研究范围也仅局限于该车站及其客流影响范围，要注意的细节也更多一些。如果直接将城市轨道交通客流预测方式划分的方法应用在城市轨道交通车站的接驳客流方式划分问题上，可能会产生一些适用性方面的问题。因此，针对方式划分，在选择具体的方法之前，本节提出两个在接驳交通需求预测中容易被忽视的问题。它们不一定是接驳领域所独有的问题，但对于接驳交通规划工作的影响却是不容小觑的。

4.2.1 进站客流与出站客流接驳特征的差异性

城市轨道交通车站的早高峰客流可以分成两部分——进站客流和出站客流。之所以要分开说明是因为二者的接驳特征不一样，因此不可一概而论。

早高峰以通勤通学客流为主，其中进站客流主要由居住在车站附近居民以家为起点的出行乘客构成，而出站客流则主要由工作地点在车站附近的乘客构成。倘若统一处理，例如用分担率曲线进行方式划分，那么进、出站客流中各种接驳交通方式的分担率取值将会一致，也就是认为他们的接驳特征相同，然而事实并非如此。

以我国较为常见的一种接驳交通方式——自行车为例，出站乘客中几乎就没有人可以使用自行车，因为乘客很少携带自行车乘坐城市轨道交通。在不考虑公共租赁自行车的情况下，即使乘客本人有意愿使用自行车进行接驳，周边也没有这种交通工具可供选择；私家车接驳存在同样的问题。

因此，在进行城市轨道交通车站接驳客流方式划分时，进站乘客与出站乘客必须区别对待，基于家出行和非基于家出行应分开考虑。

4.2.2 天气情况对出行者的接驳交通方式选择影响

天气情况对接驳交通方式划分的影响是一个被研究者们普遍忽略的问题。仍以自行车接驳乘客为例,在雨雪天气情况下,由于自行车这种接驳交通方式会将出行者置于一个非常糟糕的出行环境中,所以那些晴天选择自行车接驳的乘客中可能会有一部分人在雨天放弃这种接驳交通方式,转而使用其他接驳交通方式。日本学者家田仁和加藤浩德[20]在调查中发现,相较于晴天,雨天的自行车接驳交通量会大规模减少,下降近20%,其中大部分转移到了步行或者常规公交接驳中。

对于接驳交通设施规划而言,各种接驳交通方式的接驳客流量发生变化会对接驳设施的规模产生直接影响。例如,雨雪天自行车的停车需求将明显降低,而常规公交所承担的客流量会显著上升,那么雨雪天就需要提高常规公交的接驳能力,譬如说提高公交车的发车频率等;同时,公交车站的规模有可能也需要随之调整。对于同一种接驳交通方式,不同天气条件下的客流需求是不同的,在进行接驳设施规划时需要针对各种天气条件下的客流需求进行测算,然后取最不利条件下的接驳客流需求进行设施规模的估算,这样才能保证所有情况下接驳设施都有充足的服务能力。

需要说明的是,以上两个问题之所以都以自行车为例,一方面是因为我国非机动车(自行车、电动自行车等)保有量非常大,在城市轨道交通接驳交通中占有不小的比例;另一方面是因为这类自有交通工具在完成接驳任务之后需要一个停放的场所,在我国城市"寸土寸金"的背景之下,必须做好停车场的用地规划,既要避免预留场地过小,导致拥挤,甚至影响车站周边交通;又要防止预留场地过大,造成土地资源的严重浪费,这也是接驳交通规划的一个重要背景。

4.3 接驳客流方式划分方法

本节旨在针对上述两个问题,对现有的客流方式划分方法中比较实用、可靠的方法加以改进,并将其应用于城市轨道交通车站接驳客流方式划分问题中。

在传统的四阶段客流预测方法中,方式划分可以采取多种方法来完成,例如分担率曲线法(或转移曲线法)、函数模型法、最小损失模型等。但这些方法或多或少地都存在一些不尽合理之处,例如分担率曲线法中假设各种交通方式的分担率不随车站、时间的改变而发生变化;函数模型法不能保证所有交通方式的分担率之和为100%,且其调整修正过程没有明确的依据;等等。

近年来,非集计方法因其效率高、成本低、说服力强、操作简单、可移植性强等优点逐渐兴起,成为学术领域众多研究者们解决方式划分问题的首选方法。所谓非集计方法,是一种与集计方法相对的方法。在集计方法中,出行者的交通活动被人为地以交通小区作为单位进行统计处理,进而用于分析;每个交通小区的出行者被视作一个交通属性相同的整体。集计方法的代表是经典四阶段法。而非集计方法与之相反,出行者的交通活动以个人为单位,不进行任何统计处理,保留所有个体的原始信息,并直接用于建模。

非集计模型认为,出行者是交通决策行为的最基本单位,出行者在每次交通方式选择中总会选择对自己而言效用最大的选择肢(效用最大化行为假说),而出行者关于每个选择肢的效用值是由出行者个人特性、选择肢特性以及出行特性共同决定。这里所谓的选择肢,也就是可供出行者选择的交通方式,而效用是指某个选择肢具有的令人满意的程度。

用 U_{in} 表示选择肢 i 对于出行者 n 的效用,那么当

$$U_{in} > U_{jn}, \quad \forall j \neq i \in A_n \tag{4-2}$$

时,出行者 n 将会选择选择肢 i,其中 A_n 为出行者 n 的选择肢集合。U_{in} 通常被进一步分成两部分,即

$$U_{in} = V_{in} + \varepsilon_{in} \tag{4-3}$$

式中,V_{in} 表示可以观测到的效用确定项,也就是通常所指的效用函数;ε_{in} 表示由不能观测到的要素向量以及出行者个人特有的不可观测的喜好造成的效用的概率随机项。

因此,任意出行者 n 选择选择肢 i 的概率可以表示为

$$\begin{aligned} P_{in} &= Prob[U_{in} > U_{jn}, \ \forall j \neq i \in A_n] \\ &= Prob[V_{in} + \varepsilon_{in} > V_{jn} + \varepsilon_{jn}, \ \forall j \neq i \in A_n] \\ &= Prob[\varepsilon_{jn} < V_{in} + \varepsilon_{in} - V_{jn}, \ \forall j \neq i \in A_n] \end{aligned} \tag{4-4}$$

如果假设效用的概率随机项向量 $\boldsymbol{\varepsilon}_n = [\varepsilon_{1n}, \varepsilon_{2n}, \varepsilon_{3n}, \cdots, \varepsilon_{jn}]$ 服从某种概率分布,那么选择概率 P_{in} 就可以用 $\boldsymbol{\varepsilon}_n$ 的分布函数及效用确定项向量 $\boldsymbol{V}_n = [V_{1n}, V_{2n}, V_{3n}, \cdots, V_{jn}]$ 来表示。具体而言,如果假定 $\boldsymbol{\varepsilon}_n$ 的各分量服从相互独立的二重指数分布,可以推导出 Logit 模型;如果假定 $\boldsymbol{\varepsilon}_n$ 的各分量服从多元正态分布,则可以推导出 Probit 模型。

接驳交通方式的选择是个多元选择问题,假定 $\boldsymbol{\varepsilon}_n$ 的各分量服从相互独立的二重指数分布,那么可以推导得出:

$$P_{in} = \frac{e^{V_{in}}}{\sum\limits_{j \in A_n} e^{V_{jn}}} = \frac{1}{\sum\limits_{j \in A_n} e^{V_{jn} - V_{in}}} \tag{4-5}$$

式(4-5)即为应用较为广泛的多项 Logit 模型的概率表达式,详细推导过程可以参考文献[21]和文献[22]中的相关内容。

Logit 类模型当中最基本的形式就是上面所介绍的多项 Logit 模型,它数学形式简洁,

物理意义容易理解,选择概率都在 0 与 1 之间,各选择肢的选择概率之和恒等于 1,这些优点使得多项 Logit 模型在早期的非集计方法研究中独占鳌头。但它也并非没有缺点,例如推导 Logit 模型时所做的"独立同分布"假设,就会导致以"红蓝巴士"为代表的 IIA 特性(过高评价具有相似性的选择肢群)问题和"选择概率只决定于效用差"的问题[21,22]。

本书的研究重点在于突出城市轨道交通车站接驳交通规划中客流需求预测的重要性,并引入非集计模型来解决该领域的方式划分问题,解决模型具体到接驳问题上应用时产生的适用性问题,而不在于对非集计模型的基础理论方法进行改进,所以,尽管多项 Logit 模型存在一定的缺陷,但我们仍然选择这一经典基本模型进行应用说明,如有需要,可以结合 Logit 模型原理改进方面的成熟研究成果,加以应用。

若将经典多项 Logit 模型直接应用在城市轨道交通车站接驳交通方式划分问题上,其流程如图 4-1 所示。

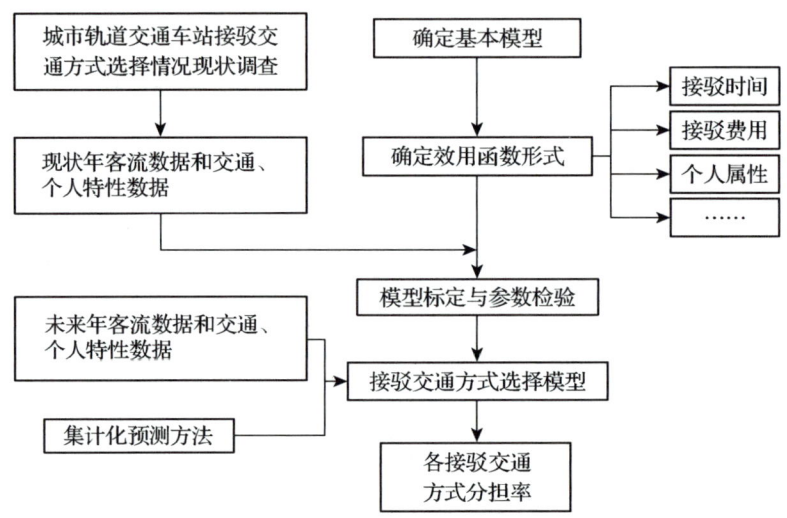

图 4-1　多项 Logit 模型直接应用于接驳交通方式划分的使用流程

4.4　基于多项 Logit 模型的城市轨道交通车站接驳客流需求预测改进模型

4.4.1　模型改进思路

1. 进站客流与出站客流接驳特征的差异性问题

进站客流与出站客流接驳特征的差异性主要体现在可供他们选择的接驳交通方式种类不同。在多项 Logit 模型中,每个出行者的选择肢集合 A_n 可以是不同的,但对于整个研究对象的母集合,则要定义一个对人人都适用的选择肢集合 A。为了囊括所有可能的选

择肢,模型采用取并集的方式,即

$$A = \bigcup_{n=1}^{N} A_n \qquad (4\text{-}6)$$

然而,这样做所带来的不利之处在于,虽然在标定模型时每个个体的选择肢是按照实际情况给出的,不会给出无效选择肢的相关数据。但在预测时,所有个体的选择肢集合都是 A,这样做可能会导致个体 n 在自身本没有某一选择肢的情况下,由于模型的计算结果致使其阴差阳错地选择了该选择肢。虽然,这样的错误在现实中究竟存在多少,其对最终得到的各接驳交通方式的分担率又有多大影响尚不得而知,但是从理论严谨性的角度而言却是不容忽视的。

为了解决这一问题,可以从效用函数的特性变量入手,例如增加"是否可能使用私人自行车"这样的参数。但是这样的处理方式,一是会增加调查难度;二是模型用于预测之时,不得不面对这样一个问题——具体到单个出行者的单次出行预测,这些参数又该如何取值。

本书尝试以客流人群的分类来解决这一问题,从源头上杜绝误判情况的发生。具体而言,在标定模型的时候,将每一个出行者按照其选择肢母集合的取值情况划归不同的群组,每个群组按照自己选择肢的实际取值情况进行标定;在模型用于预测的时候,同样地将预测对象按照可选的选择肢情况进行分组,分别利用相应的模型进行预测,最后再进行合并处理。

当出行者首次使用自有交通工具完成接驳之后,交通工具一般会被留在某个城市轨道交通车站或其附近的停车场,该出行者此后的出行活动中将不太可能再用到自有交通工具进行出行或者接驳,除非他回到停放其自有交通工具的车站。对于一般的城市轨道交通乘客而言,只有从居住地出发到某一城市轨道交通车站以及从该车站回到居住地的接驳行为中才会使用到自有交通工具。

基于以上分析,可以将接驳总客流划分为两部分——基于家的接驳客流和非基于家的接驳客流。所谓基于家的接驳,是指接驳的起、终点中,一个是城市轨道交通车站,另一个是出行者的居住地;非基于家的接驳,是指接驳行为的起、终点中,一个是城市轨道交通车站,另一个并不是出行者的居住地,例如从城市轨道交通车站前往工作单位的出行行为。

本节针对城市轨道交通乘客接驳交通方式构成问题,在广州市多个城市轨道交通车站进行了多次实地调查,由于最终需要对早高峰进、出站的客流进行接驳方式划分,故主要在早高峰时段进行调查;但考虑到采用跟踪观察的调查方式对城市轨道交通乘客接驳交通方式进行实际调查效率太低,所以本研究中采用了问卷调查方式,而对出站乘客进行问卷调查十分困难,因此,本研究中采用了以晚高峰进站乘客调查结果替代早高峰出站乘客调查结果的方式进行。

上述实地调查方法必然存在一定的误差。例如,问卷调查中发现,在晚高峰进站的乘客当中使用K+R接驳方式的有不少,他们很多是同事顺路将之带到城市轨道交通车站的;然而,可以想象,同样这批人若是在早高峰的时候出站,很少会有同事正好路过或者就地等待他们,因此他们当中很少会有人早高峰出站的时候也使用K+R作为接驳方式。

以晚高峰进站乘客调查结果替代早高峰出站乘客调查结果的处理方式,除了K+R的特殊问题外,其他几种接驳交通方式的情况总体上还是符合实际的。因为早高峰主要以通勤通学客流为主,对于同一个车站而言,早高峰出站的乘客绝大部分前往车站附近工作,而其中大部分人同样会在晚高峰时段使用相同的接驳交通方式进站,通过城市轨道交通返回居住地。

以上分析证明了区分基于家与非基于家出行的必要性以及采用晚高峰进站乘客问卷调查代替早高峰出站乘客调查的可行性。但由于现阶段采用的数据均来源于问卷调查,样本数量较少,故不能很好地呈现出统计规律,且受访者关于出发地点回答的真实性、准确性难以得到验证。因此,现阶段的模型样本暂不对基于家与非基于家的样本进行区分,仅利用早高峰、晚高峰的调查数据分别构建模型,而后续阶段,在掌握相关数据之后将着重考虑进出站客流接驳方式的差异性。

2. 天气情况对出行者选择接驳交通方式的影响

天气变化主要是改变了乘客的出行环境,即会对出行过程中的舒适性、便捷性、安全性等一些难以量化的条件产生影响,进而影响乘客对接驳交通方式的选择,尤其对步行、自行车这类将乘客暴露在恶劣出行环境中的接驳交通方式影响较大,因此有必要在客流预测模型中充分考虑天气因素的影响。

然而,天气变化并不改变多项Logit模型的基本假设或者数学原理,不会影响模型的适用性,因此只需要分别针对不同天气条件标定相应的接驳交通方式划分模型即可——从标定模型所用数据的采集到模型标定与检验,再到预测,都按照几种典型天气情况分别展开。

需要说明的是,天气变化所影响的不仅仅是车站各接驳交通方式的分担率,还影响各城市轨道交通车站的进、出站客流总量。例如,雨雪天一些休闲娱乐类的出行需求可能会减少。然而,真正影响接驳交通设施规模的因素,则是由二者共同决定的各种接驳交通方式所承担的客流量。因此,接驳总客流量,也就是城市轨道交通车站的高峰进、出站量应当根据不同的天气条件进行预测,再结合不同天气条件下各接驳交通方式的分担率,综合考虑接驳设施规模的估算问题。

4.4.2 模型构建

基于家的接驳交通方式划分模型和非基于家的接驳交通方式划分模型,其本质都是多项Logit模型,只不过二者的选择肢母集合不同,后者需舍去两种私人交通方式,而两个模型从数据采集,到参数标定和模型检验,直至集计化预测均需独立进行。本次模型构建由于数据量有限,且受访者出发地难以验证,故暂不区分基于家与非基于家的接驳特征差异,而是将两类样本合并来构建模型。后续阶段在拥有相关数据的基础上,可以依据上述模型改进思路对模型做进一步的构建和标定。

基于问卷调查的结果,本节初步选择了出行者个人特性中的 4 个特性变量即性别(Gender)、年龄段(Age)、出行目的(Purpose)和接驳距离(Distance)来构造效用函数。

特性变量的取值如表 4-2 所列。表中的年龄段(Age)、性别(Gender)以及出行目的(Purpose)三个变量被分解成了多个 0-1 变量。表中所列各特性变量只是初步选择,最终是否能够进入效用函数,还需根据现实调查数据进行的模型标定检验结果综合进行取舍。

表 4-2 模型特性变量的取值

选择肢固有变量								
出行方式	步行	公交车	私人自行车	租赁自行车	私人电动自行车	租赁电动自行车	出租车	私家车
Mode	1	2	3	4	5	6	7	8
出行者个人特性								
年龄段	12 周岁以下		12~25 周岁		26~60 周岁		60 周岁以上	
Age_2	0		1		0		0	
Age_3	0		0		1		0	
Age_4	0		0		0		1	
性别	男性				女性			
Gender	0				1			
出行特性								
出行目的	上班		上学		公务、商务	娱乐休闲		生活类
Purpose_2	0		1		0	0		0
Purpose_3	0		0		1	0		0
Purpose_4	0		0		0	1		0
Purpose_5	0		0		0	0		1
接驳距离:Distance								

年龄段变量根据有无收入、消费理念、法定行为能力等的不同划分为四档:12 周岁以下、12~25 周岁、26~60 周岁及 60 周岁以上。性别变量只有两个取值,用 0-1 变量进行离散化,男性取 0,女性取 1;出行目的按照通勤类、通学类、公务及商务类、娱乐休闲类、生活类分为五类,回程出行不额外分类。

需要说明的是,接驳距离的取值是在相关地图平台中输入受访者回答的出发地,选择对应的交通方式所得到的距离。然而,受访者真实的出发地点可能偏离地图平台定位的位置。由于无法得知受访者的真实出行地点,但在问卷调查中询问了受访者的大致接驳时间,因此,在进行模型标定前,人为地将接驳距离根据受访者回答的接驳时间进行校对和修正。

1. 参数标定与模型检验

本节中对模型的改进主要是从适用性角度出发的,即仅对模型的使用对象加以限制,而并未改变多项 Logit 模型的基本数学原理。因此,模型的参数标定与检验工作可以按照多项 Logit 模型的标定与检验方法进行。将特征变量线性组合为效用函数,然后利用调查数据对各模型分别进行标定,再根据各估计值的参数检验结果是否满足要求进行反复甄选以得到最终可以进入效用函数的特性变量,并利用极大似然比以及命中率等指标来检验各模型整体拟合水平的优劣。模型的参数标定与检验流程见图 4-2。

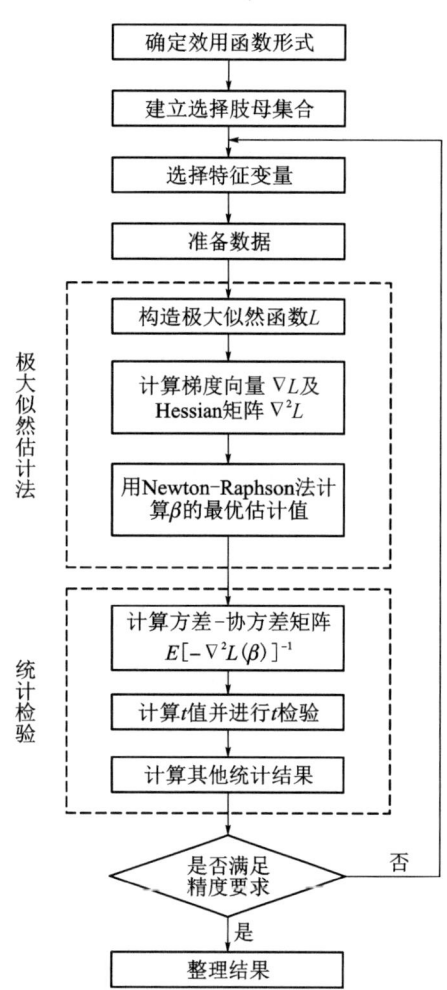

图 4-2 基于家和非基于家接驳模型的标定与检验流程

2. 集计化预测方法

在参数标定与模型检验完成之后,各效用函数的表达式也就确定下来,只要给出未来的出行者 n 所对应的各个参数的实际取值,就可以计算出出行者 n 选中各个选择肢的概率,取其中概率最大的选择肢作为出行者 n 的预测选择结果。

多项 Logit 模型标定时所用的数据是以个人为单位进行处理的,模型用于预测时,所得到的结果也是某个人的选择结果。而方式划分的最终结果是希望得到各种交通方式的客流分担量,也就是选中选择肢 i 的总人数。由于不可能对所有预测对象的接驳交通方式选择行为进行逐个预测,所以在预测阶段必须采用集计化的方法来进行。

常用的集计化预测方法有:计点法、积分法、力矩法、平均值法、分类法、启发式法和抽样法等。其中,分类法又可分为选择肢分类法(即按相同可能的选择肢集合进行分类的方法)、变量值分类法(即按照特性变量进行分类的方法)、地区分类法(即按区域进行分类的方法)、效用值分类法(即考虑各选择肢的效用值水平的组合,进行分类的方法)等。从既有研究来看,业内对分类法的评价较高。该方法只要能将客流较好地分类,就可以提高预测精度以及预测工作的效率。从实用性角度来看,考虑到自变量预测的可能性,按容易求得未来预测值的社会经济特性变量进行分类,然后采用分类法进行集计化预测,可以确保足够的精度。

本节采用集计化预测方法中的分类法,将预测对象划分成若干个群体,每个群体中个体的特征变量取值情况一致,然后分别对各个群体进行方式划分,最后进行总体分担率的综合计算,具体过程如下。

1) 确定城市轨道交通车站的客流吸引范围

城市轨道交通车站的客流吸引范围宜取为常规公交的接驳范围,可以通过实证研究方法或者理论计算模型获取。前者通过对国内外典型城市轨道交通车站常规公交接驳范围的大量调查分析,归纳得到不同区域、不同路网背景条件下的城市轨道交通车站常规公交接驳范围;后者依据可达性一致原则,以城市轨道交通车站到全市所有可达点的综合广义出行费用为考察对象,根据实际的路网形态计算接驳距离,并考虑不同人群(年龄、收入水平等)的时间价值差异,建立城市轨道交通车站常规公交接驳范围的理论计算模型,具体方法参见文献[23]。

2) 在客流吸引范围内划分地块,确定接驳交通全方式OD

以单一用地性质为单位,将城市轨道交通车站客流吸引范围划分为若干个地块,并按照一定的比例将车站的进、出站客流分配到各个地块中,形成各地块与车站之间的接驳交通全方式OD。城市轨道交通车站的进、出站客流量与车站周边的土地利用性质密切相关,某一地块的客流贡献率(该地块所产生的进、出站客流量与城市轨道交通车站的进、出站客流总量的比值)与地块内的居住人口数量、工作岗位数量、小区到车站的距离、路网密度等因素有关,其相互关系如式(4-7)和式(4-8)所示,具体的函数关系需通过大量的实证调查来确定。

$$y_1 = f_1(\boldsymbol{X}_1) \tag{4-7}$$

$$y_2 = f_2(\boldsymbol{X}_2) \tag{4-8}$$

式中 y_1——某一地块早高峰时段城市轨道交通进站客流贡献率;

y_2——某一地块早高峰时段城市轨道交通出站客流贡献率;

$\boldsymbol{X}_1$——影响地块早高峰时段城市轨道交通进站客流贡献率的主要因素,如地块内居住人口数量、接驳距离、路网密度等;

$\boldsymbol{X}_2$——影响地块早高峰时段城市轨道交通出站客流贡献率的主要因素,如地块内工作岗位数量、接驳距离、路网密度等。

各地块的早高峰时段城市轨道交通进、出站客流贡献率与车站的早高峰进、出站客流量的乘积便是各地块与车站之间的接驳交通全方式OD。

3) 单个OD点对的方式划分

按照多项Logit模型效用函数中出行者特性和出行特征相关变量的预测取值情况,对单个地块与城市轨道交通车站之间的接驳乘客进行群组再分类(例如,男性、中壮年、人均家庭年收入在4万~6万元,以上班为出行目的的人被划为一类),并计算每个群组中各种接驳交通方式被选中的概率,以此作为各种接驳交通方式的分担率。再根据每个群组的客流量,便可计算出单个OD点对中各种接驳交通方式的客流分担量,如式(4-9)所示。

$$D_{im} = \sum_{n=1}^{N_m} q_{imn} \cdot O_{mn} \tag{4-9}$$

式中　D_{im}——城市轨道交通车站第 m 个 OD 点对中第 i 种接驳交通方式的客流分担量；
　　　N_m——第 m 个 OD 点对中的人群种类数目；
　　　q_{imn}——城市轨道交通车站第 m 个 OD 点对中第 n 种人群所对应的第 i 种接驳交通方式的客流分担率；
　　　O_{mn}——第 m 个地块第 n 种人群种类的出行者总数。

4）城市轨道交通车站各种接驳交通方式的客流分担量计算

上面已经求得单个 OD 点对中各种接驳交通方式的客流分担量，进一步通过求和便可获得整个车站各种接驳交通方式的客流分担量，如式（4-10）所示。

$$D_i = \sum_{m=1}^{M} D_{im} \tag{4-10}$$

式中　D_i——城市轨道交通车站第 i 种接驳交通方式的客流分担量；
　　　M——城市轨道交通车站客流吸引范围划分成的地块总量。

如此，基于家以及非基于家的接驳模型中各种接驳交通方式的客流分担量就计算出来了，在此基础上便可构建整个改进模型的框架。

3. 构建改进模型框架

为解决上面提到的两个问题，本研究提出根据客流性质分别进行方式划分，并结合天气情况选取最不利条件下的接驳需求方法。

首先，利用晴天和雨雪天分别采集的基于家接驳以及非基于家接驳的客流数据，分别独立地标定、检验并确定四个模型——晴天基于家的接驳模型、晴天非基于家的接驳模型、雨雪天基于家的接驳模型和雨雪天非基于家的接驳模型的最终形式。

然后根据图 4-3 所示的模型框架分别获取晴天以及雨雪天各种接驳交通方式的客流

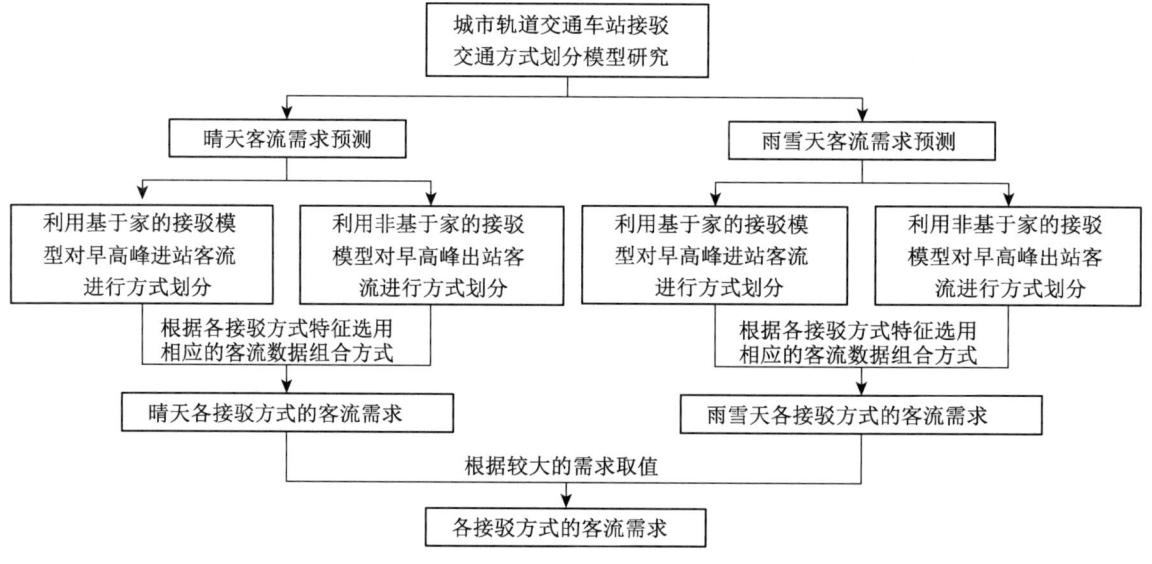

图 4-3　改进模型的整体框架

需求，综合比较二者之后选择最不利情形下的各种接驳交通方式客流需求作为各自接驳设施规模估算的依据。

至此，城市轨道交通车站接驳交通设施规划中客流预测部分的工作就完成了，设计者可以根据所获得的各种接驳交通方式的客流需求进行设施规模的估算和布局安排。

4.4.3 调查数据

本次模型构建的数据来源于问卷调查，在早、晚高峰时段询问城市轨道交通站台上的乘客其出发地、接驳方式、接驳时间等信息。问卷调查的站点、时间段和有效样本数见表4-3。

表4-3 问卷调查数据概况

站点	时间段	有效样本数
南村万博站	2021年03月31日 早高峰	165
南村万博站	2021年03月31日 晚高峰	234
同和站	2021年04月02日 早高峰	134
同和站	2021年05月19日 晚高峰	111
汉溪长隆站	2021年04月01日 早高峰	123
汉溪长隆站	2021年04月01日 晚高峰	99
石牌桥站	2021年05月20日 早高峰	65
石牌桥站	2021年05月20日 晚高峰	105

各个城市轨道交通站点问卷调查结果的数据概况如表4-4—表4-11所列。其中，在调查同和站晚高峰与石牌桥站的过程中，同时询问受访者在雨天时会选择何种接驳交通方式。

表4-4 南村万博站早高峰进站接驳调查数据统计

接驳交通方式	接驳距离/km									
	0~1		1~3		3~5		>5		合计	
	样本数	比例	样本数	比例	样本数	比例	样本数	比例	样本数	比例
步行	53	93.0%	58	61.1%	0	0	0	0	111	67.3%
公交车	0	0	2	2.1%	1	25.0%	5	55.6%	8	4.85%
私人自行车	1	1.7%	7	7.4%	0	0	0	0	8	4.85%
租赁自行车	0	0	14	14.7%	0	0	0	0	14	8.5%
私人电动自行车	3	5.3%	11	11.6%	2	50.0%	4	44.4%	20	12.1%
租赁电动自行车	0	0	0	0	0	0	0	0	0	0
出租车	0	0	2	2.1%	1	25.0%	0	0	3	1.8%
私家车	0	0	1	1.0%	0	0	0	0	1	0.6%
合计	57(34.5%)		95(57.6%)		4(2.4%)		9(5.5%)		165(100%)	

注：表中最后一行括号内的数为各接驳距离下的样本合计值占总样本数的比例。

表 4-5 南村万博站晚高峰进站接驳调查数据统计

接驳交通方式	接驳距离/km									
	0~1		1~3		3~5		>5		合计	
	样本数	比例	样本数	比例	样本数	比例	样本数	比例	样本数	比例
步行	200	99.0%	13	65.0%	0	0	0	0	213	91.0%
公交车	1	0.5%	1	5.0%	7	70.0%	2	100.0%	11	4.7%
私人自行车	0	0	0	0	0	0	0	0	0	0
租赁自行车	1	0.5%	5	25.0%	0	0	0	0	6	2.6%
私人电动自行车	0	0	0	0	0	0	0	0	0	0
租赁电动自行车	0	0	0	0	0	0	0	0	0	0
出租车	0	0	1	5.0%	3	30.0%	0	0	4	1.7%
私家车	0	0	0	0	0	0	0	0	0	0
合计	202(86.3%)		20(8.5%)		10(4.3%)		2(0.9%)		234(100%)	

注：表中最后一行括号内的数为各接驳距离下的样本合计值占总样本数的比例。

从接驳距离的角度来看，南村万博站早高峰进站乘客的接驳距离大部分为 0~3 km。其中，在 0~1 km 范围，绝大部分乘客采用步行接驳方式；在 1~3 km 范围，大部分乘客仍采用步行接驳方式，其余乘客大多采用自行车或电动自行车进行接驳，见表 4-4。对于晚高峰进站乘客，大部分乘客的接驳距离在 0~1 km，且绝大部分乘客采用步行接驳方式（表 4-5）。

表 4-6 汉溪长隆站早高峰进站接驳调查数据统计

接驳交通方式	接驳距离/km									
	0~1		1~3		3~5		>5		合计	
	样本数	比例	样本数	比例	样本数	比例	样本数	比例	样本数	比例
步行	41	97.6%	8	50.0%	0	0	0	0	49	39.8%
公交车	1	2.4%	7	43.8%	42	91.3%	12	63.1%	62	50.4%
私人自行车	0	0	1	6.2%	0	0	0	0	1	0.8%
租赁自行车	0	0	0	0	0	0	0	0	0	0
私人电动自行车	0	0	0	0	1	2.2%	1	5.3%	2	1.6%
租赁电动自行车	0	0	0	0	0	0	0	0	0	0
出租车	0	0	0	0	2	4.3%	2	10.5%	4	3.3%
私家车	0	0	0	0	1	2.2%	4	21.1%	5	4.1%
合计	42(34.1%)		16(13.0%)		46(37.4%)		19(15.4%)		123(100%)	

注：表中最后一行括号内的数为各接驳距离下的样本合计值占总样本数的比例。

表 4-7　汉溪长隆站晚高峰进站接驳调查数据统计

接驳交通方式	接驳距离/km									
	0～1		1～3		3～5		>5		合计	
	样本数	比例	样本数	比例	样本数	比例	样本数	比例	样本数	比例
步行	64	87.7%	0	0	0	0	0	0	64	64.6%
公交车	6	8.2%	7	87.5%	7	87.5%	6	60.0%	26	26.3%
私人自行车	0	0	0	0	0	0	0	0	0	0
租赁自行车	0	0	0	0	0	0	0	0	0	0
私人电动自行车	0	0	0	0	0	0	0	0	0	0
租赁电动自行车	0	0	0	0	0	0	0	0	0	0
出租车	2	2.7%	1	12.5%	1	12.5%	4	40.0%	8	8.1%
私家车	1	1.4%	0	0	0	0	0	0	1	1.0%
合计	73(73.7%)		8(8.1%)		8(8.1%)		10(10.1%)		99(100%)	

注：表中最后一行括号内的数为各接驳距离下的样本合计值占总样本数的比例。

对于汉溪长隆站，问卷调查的结果显示，早高峰进站乘客的接驳距离相对分散，其中接驳距离在 0～1 km 与 3～5 km 的乘客占比较大。接驳距离在 0～1 km 的乘客绝大部分采用步行接驳方式，接驳距离在 1～3 km 的乘客采用的主要接驳方式为步行与公交，接驳距离在 3 km 及以上的乘客绝大部分均采用公交接驳方式(表 4-6)。对于汉溪长隆站晚高峰进站乘客，大部分乘客的接驳距离在 0～1 km，接驳方式以步行为主(表 4-7)。

表 4-8　同和站早高峰接驳调查数据统计

接驳交通方式	接驳距离/km							
	0～1		1～3		>3		合计	
	样本数	比例	样本数	比例	样本数	比例	样本数	比例
步行	88	90.7%	7	29.2%	0	0	95	70.9%
公交车	2	2.1%	14	58.3%	13	100.0%	29	21.65%
私人自行车	1	1.0%	1	4.2%	0	0	2	1.5%
租赁自行车	5	5.2%	0	0	0	0	5	3.7%
私人电动自行车	0	0	2	8.3%	0	0	2	1.5%
租赁电动自行车	0	0	0	0	0	0	0	0
出租车	1	1.0%	0	0	0	0	1	0.75%
私家车	0	0	0	0	0	0	0	0
合计	97(72.4%)		24(17.9%)		13(9.7%)		134(100%)	

注：表中最后一行括号内的数为各接驳距离下的样本合计值占总样本数的比例。

表 4-9 同和站晚高峰进站接驳调查数据统计(含雨天条件的意向调查)

接驳距离		0~1 km		1~3 km		>3 km		合计	
天气		晴天	雨天	晴天	雨天	晴天	雨天	晴天	雨天
样本数		46		13		6		65	
接驳交通方式	步行	91.3%	80.5%	46.1%	46.1%	0	0	73.8%	66.1%
	公交车	2.2%	4.3%	38.5%	38.5%	100.0%	100.0%	18.5%	20.0%
	私人自行车	0	0	0	0	0	0	0	0
	租赁自行车	2.2%	0	0	0	0	0	1.5%	0
	私人电动自行车	0	0	0	0	0	0	0	0
	租赁电动自行车	0	0	0	0	0	0	0	0
	出租车	4.3%	15.2%	0	0	0	0	3.1%	10.8%
	私家车	0	0	15.4%	15.4%	0	0	3.1%	3.1%

同和站早、晚高峰进站乘客均主要采取步行接驳方式,接驳范围主要集中在0~1 km,对于接驳距离为1~3 km的乘客,步行或公交车是其首选接驳方式,见表4-8、表4-9。从受访者对雨天出行方式选择的回答结果可以看出,雨天时步行的分担率稍有下降,公交车的分担率稍有上升,出租车的分担率有明显上升,这个结果较符合雨天出行者不倾向于选择步行接驳方式的预判,如表4-9所列,但由于样本容量有限,统计规律不能很好地呈现。

表 4-10 石牌桥站早高峰进站接驳调查数据统计(含雨天条件的意向调查)

接驳距离		0~1 km		1~3 km		>3 km		合计	
天气		晴天	雨天	晴天	雨天	晴天	雨天	晴天	雨天
样本数		45		5		3		53	
接驳交通方式	步行	95.6%	93.4%	40.0%	20.0%	0	0	84.9%	81.2%
	公交车	0	2.2%	0	0	100.0%	100.0%	5.7%	7.5%
	私人自行车	0	0	0	0	0	0	0	0
	租赁自行车	4.4%	0	40.0%	20.0%	0	0	7.5%	1.9%
	私人电动自行车	0	0	20.0%	20.0%	0	0	1.9%	1.9%
	租赁电动自行车	0	0	0	0	0	0	0	0
	出租车	0	4.4%	0	40.0%	0	0	0	7.5%
	私家车	0	0	0	0	0	0	0	0

表 4-11　石牌桥站晚高峰进站接驳调查数据统计(含雨天条件的意向调查)

接驳距离	<1 km		1~3 km		>3 km		合计	
天气	晴天	雨天	晴天	雨天	晴天	雨天	晴天	雨天
样本数	51		4		0		55	
接驳交通方式 步行	92.2%	96.1%	75.0%	100.0%	0	0	90.9%	96.4%
公交车	3.9%	3.9%	0	0	0	0	3.6%	3.6%
私人自行车	0	0	0	0	0	0	0	0
租赁自行车	3.9%	0	25.0%	0	0	0	5.5%	0
私人电动自行车	0	0	0	0	0	0	0	0
租赁电动自行车	0	0	0	0	0	0	0	0
出租车	0	0	0	0	0	0	0	0
私家车	0	0	0	0	0	0	0	0

对于石牌桥站,不论是早高峰进站还是晚高峰进站,问卷调查结果均显示大部分进站乘客的接驳距离在0~1 km(表4-10、表4-11),且大多采用步行接驳方式。而对于天气条件的变化,根据受访者的回答,雨天对接驳方式的影响并不是非常显著。

4.4.4　模型标定

依据问卷调查数据,下面以同和站晚高峰为例介绍模型标定过程。

本次模型构建将以晚高峰进站的接驳数据来表征早高峰出站的接驳情况,具体原因已在本书"4.4.1 模型改进思路"中阐释。根据"4.4.3 调查数据"所展示的调查问卷数据,剔除晚高峰进站客流中少量采用私家车接驳的样本,并选取接驳距离前90%分位数的样本对模型进行构建和标定。需要注意的是,早高峰出站的选择肢相对于早高峰进站的选择肢略有差异,不包含私人交通工具。另外,由于本次问卷调查的数据有限,无法覆盖所有选择肢,故本次模型构建的结果无法体现每个选择肢的选择概率。

初步选定接驳距离、性别、年龄、出行目的这4个特征变量,用以构造效用函数。在模型标定与参数检验过程中,性别、年龄和出行目的这3个特征变量由于 t 检验值明显小于1.96(95%置信度下的 t 检验临界值),不满足显著性要求而被剔除。另外,加入接驳费用变量后会导致某些常数项的 t 检验值小于1.96或者标定系数符号错误。因此,最终模型只保留了常数项和接驳距离用以构造效用函数,具体标定结果如表4-12和表4-13所列。

由模型标定结果可知,就公交车而言,接驳距离和常数项的 $p<0.05$,通过置信水平95%的显著性检验,并且拟合系数为正值,即接驳距离越大,相较于步行选择公交车的概率就越高,满足定性判断。而对于样本数量较少的租赁自行车和出租车这两种方式,由于没有足够的样本对拟合系数进行标定,故接驳距离没有通过显著性检验,但是拟合系数均

表 4-12　同和站晚高峰晴天进站接驳模型标定结果

选择肢	变量	系数	t	p	选择肢命中率	整体命中率
1 步行	—	—	—	—	97.9%(47/48)	86.0%
2 公交车	接驳距离	6.684 4	2.553	0.011	33.3%(2/6)	
	常数项	−8.789 2	−2.959	0.003		
4 租赁自行车	接驳距离	1.343 6	0.427	0.669	0(0/1)	
	常数项	−4.851 2	−1.794	0.073		
7 出租车	接驳距离	1.632 9	0.717	0.474	0(0/2)	
	常数项	−4.393 7	−2.187	0.029		

表 4-13　同和站晚高峰雨天进站接驳模型标定结果

选择肢	变量	系数	t	p	选择肢命中率	整体命中率
1 步行	—	—	—	—	97.6%(42/43)	77.2%
2 公交车	接驳距离	4.158 4	2.722	0.006	28.6%(2/7)	
	常数项	−6.085 6	−3.368	0.001		
7 出租车	接驳距离	0.391 5	0.326	0.744	0(0/7)	
	常数项	−2.083 4	−2.227	0.026		

为正值,即接驳距离越大,选择以上方式的概率相较于步行更高,仍符合定性判断。所有常数项的显著性均通过检验。从选择肢命中率的角度来看,样本数量较多的步行有较高的命中率,其余方式由于样本数量太少,难以体现统计学规律,故命中率较低。该模型在样本数量仅有 61 个的情况下,只引入接驳距离变量,晴天和雨天情况下的整体命中率分别达到 86.0% 和 77.2%。后续阶段在掌握足够数量的样本之后,可对其他模型重新进行标定,观察其他方式的拟合系数显著性与选择肢命中率是否有所提升。

根据模型参数的标定结果,最终两个模型的概率表达式如表 4-14 所列,其中 dis 表示接驳距离。

表 4-14　两个接驳模型各选择肢的概率表达式

模型种类	选择肢	概率表达式
晚高峰晴天进站接驳模型	1 步行	$\dfrac{1}{1+e^{6.684\,4\times dis-8.789\,2}+e^{1.343\,6\times dis-4.851\,2}+e^{1.632\,9\times dis-4.393\,7}}$
	2 公交车	$\dfrac{e^{6.684\,4\times dis-8.789\,2}}{1+e^{6.684\,4\times dis-8.789\,2}+e^{1.343\,6\times dis-4.851\,2}+e^{1.632\,9\times dis-4.393\,7}}$
	4 租赁自行车	$\dfrac{e^{1.343\,6\times dis-4.851\,2}}{1+e^{6.684\,4\times dis-8.789\,2}+e^{1.343\,6\times dis-4.851\,2}+e^{1.632\,9\times dis-4.393\,7}}$
	7 出租车	$\dfrac{e^{1.632\,9\times dis-4.393\,7}}{1+e^{6.684\,4\times dis-8.789\,2}+e^{1.343\,6\times dis-4.851\,2}+e^{1.632\,9\times dis-4.393\,7}}$

(续表)

模型种类	选择肢	概率表达式
晚高峰雨天进站接驳模型	1 步行	$\dfrac{1}{1+e^{4.158\,4\times dis-6.085\,6}+e^{0.391\,5\times dis-2.083\,4}}$
	2 公交车	$\dfrac{e^{4.158\,4\times dis-6.085\,6}}{1+e^{4.158\,4\times dis-6.085\,6}+e^{0.391\,5\times dis-2.083\,4}}$
	7 出租车	$\dfrac{e^{0.391\,5\times dis-2.083\,4}}{1+e^{4.158\,4\times dis-6.085\,6}+e^{0.391\,5\times dis-2.083\,4}}$

以模型标定结果绘制分担率曲线,如图 4-4、图 4-5 所示。

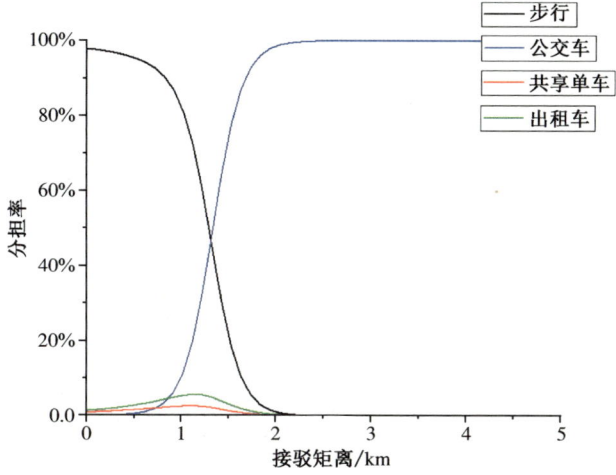

图 4-4 同和站晚高峰晴天进站接驳方式分担率曲线

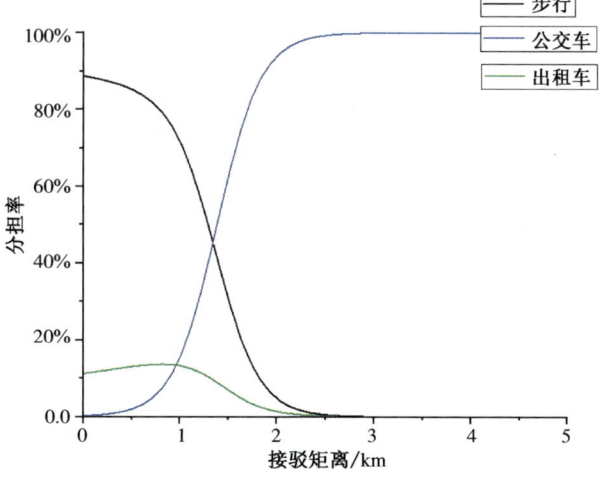

图 4-5 同和站晚高峰雨天进站接驳方式分担率曲线

虽然,问卷调查的数据量有限,但是本次模型的构建及标定结果证实了该方法的可行性,后期在掌握足够数据的情况下可对模型重新进行标定和修正。南村万博站早高峰、汉溪长隆站早高峰、同和站早高峰进站接驳模型标定结果如表 4-15—表 4-17 所列。

表 4-15　南村万博站早高峰进站接驳模型标定结果

选择肢	变量	系数	t	p	选择肢命中率	整体命中率
1 步行	—	—	—	—	100.00%(111/111)	72.3%
2 公交车	接驳距离	4.314 9	6.658	0.000	25%(2/8)	
	常数项	−10.280 9	−7.688	0.000		
3 私人自行车	接驳距离	3.160 3	4.456	0.000	0%(0/8)	
	常数项	−7.119 6	−5.716	0.000		
4 租赁自行车	接驳距离	3.485 6	5.523	0.000	0%(0/14)	
	常数项	−7.211 4	−6.658	0.000		
5 私人电动自行车	接驳距离	3.893 3	6.210	0.000	30%(6/20)	
	常数项	3.893 3	−7.203	0.000		
7 出租车	接驳距离	3.922 6	5.600	0.000	0%(0/3)	
	常数项	−9.819 6	−6.486	0.000		
8 私家车	接驳距离	4.605 8	6.518	0.000	50%(1/2)	
	常数项	−13.304 0	−5.652	0.000		

表 4-16　汉溪长隆站早高峰进站接驳模型标定结果

选择肢	变量	系数	t	p	选择肢命中率	整体命中率
1 步行	—	—	—	—	97.96%(48/49)	88.62%
2 公交车	接驳距离	3.183 0	3.837	0.000	93.55%(58/62)	
	常数项	−6.316 8	−4.392	0.000		
3 私人自行车	接驳距离	1.880 0	1.867	0.062	0%(0/1)	
	常数项	−6.132 8	−3.151	0.002		
5 私人电动自行车	接驳距离	3.452 8	3.165	0.002	0%(0/2)	
	常数项	−10.968 6	−3.012	0.003		
7 出租车	接驳距离	3.957 8	4.206	0.000	0%(0/4)	
	常数项	−12.782 4	−4.693	0.000		
8 私家车	接驳距离	4.683 5	4.869	0.000	60%(3/5)	
	常数项	−17.361 8	−5.220	0.000		

表 4-17　同和站早高峰进站接驳模型标定结果

选择肢	变量	系数	t	p	选择肢命中率	整体命中率
1 步行	—	—	—	—	96.84%(93/95)	
2 公交车	接驳距离	6.882 4	4.724	0.000	89.66%(26/29)	
	常数项	−8.989 7	−5.239	0.000		
3 私人自行车	接驳距离	6.141 7	3.843	0.000	0%(0/2)	
	常数项	−9.915 4	−4.634	0.000		88.81%
4 租赁自行车	接驳距离	1.112 5	0.700	0.484	0%(0/5)	
	常数项	−3.657 5	−3.120	0.002		
5 私人电动自行车	接驳距离	5.373 7	2.987	0.003	0%(0/2)	
	常数项	−8.743 0	−3.783	0.000		
7 出租车	接驳距离	4.069 6	1.713	0.087	0%(0/1)	
	常数项	−7.812 6	−2.883	0.004		

在完成模型标定后,可根据接驳距离推算出基于家和非基于家出行在晴天和雨天条件下选择各选择肢出行的概率。

4.4.5　利用手机信令数据标定模型

由于问卷调查的样本量较为有限,如公交车、自行车等非主要接驳方式的样本量较少,故这些选择肢对应的准确率较低。因此,可以利用手机信令数据来获取更大样本量的数据集,如表 4-18 所列。

表 4-18　南村万博站手机信令数据样本量

天气及日期	样本数量
晴天 2019-06-14	1 771
雨天 2019-06-10	1 593

基于出行者的手机信令坐标信息,可以筛选出出行者的起讫点满足接驳出行特征属性的用户,再基于年龄、起讫点属性、出行距离等信息便可得到模型所需的自变量。用户采取的接驳方式可根据用户的接驳时间和所在区域的公交线路推算,但无法区分自行车和电动自行车。接驳距离、出行方式的比例分布如表 4-19 所列。

以南村万博站为例,基于手机信令数据采用上述方法进行标定,得到的标定结果如表 4-20、表 4-21 所列。

表 4-19　南村万博站手机信令数据及问卷数据按接驳距离、出行方式的比例分布

接驳距离	出行方式	晴天手机信令（占比）	雨天手机信令（占比）	晴天问卷（占比）
0~1 km	步行	701 (39.6%)	677 (42.5%)	53 (32.0%)
	自行车、电动自行车	405 (22.9%)	282 (17.7%)	4 (2.4%)
1~2 km	步行	151 (8.5%)	87 (5.5%)	58 (35.1%)
	自行车、电动自行车	372 (21.0%)	366 (23.0%)	17 (10.3%)
	公交车	65 (3.7%)	69 (4.3%)	1 (0.6%)
2~3 km	自行车、电动自行车	68 (3.8%)	106 (6.6%)	15 (9.1%)
	公交车	—	—	1 (0.6%)
3~4 km	自行车、电动自行车	0	5 (0.3%)	6 (5.7%)
	公交车	9 (0.5%)	1 (0.1%)	6 (5.7%)

表 4-20　南村万博站手机信令数据晴天标定结果

选择肢	变量	系数	t	p	选择肢命中率	整体命中率
1 步行	—	—	—	—	83.5%	
2 公交车	接驳距离	3.020 1	14.797	0.000	12.2%	65.9%
	常数项	−7.315 0	−17.479	0.000		
3 自行车、电动自行车	接驳距离	1.682 3	15.562	0.000	51.8%	
	常数项	−2.332 6	−15.557	0.000		

表 4-21　南村万博站手机信令数据雨天标定结果

选择肢	变量	系数	t	p	选择肢命中率	整体命中率
1 步行	—	—	—	—	88.7%	
2 公交车	接驳距离	3.273 2	15.668	0.000	0	71.9%
	常数项	−7.155 0	−17.990	0.000		
3 自行车、电动自行车	接驳距离	2.510 1	18.865	0.000	62.8%	
	常数项	−3.427 4	−19.079	0.000		

由于手机信令数据出行距离参数只能精确到千米，故样本量较少的公交车选择肢存在准确率较低的情况。

5 | 步行接驳交通设施设计与布局

5.1 步行接驳交通设施规模

城市轨道交通车站的步行接驳交通设施的规模由行人流量和步行设施单位宽度通行能力共同确定。其中,行人流量不仅要考虑步行换乘城市轨道交通的乘客量,还要考虑采用其他接驳方式换乘城市轨道交通的客流在车站区域步行的乘客量。通行能力则需要结合气候条件、道路条件、拥挤程度等情况进行确定。

5.1.1 计算公式

步行接驳交通设施的宽度根据上海市地方标准《城市道路设计规程》(DGJ08-2106—2012)中9.2.3节的第2条,即按步行接驳交通设施高峰小时行人流量与单位宽度步行接驳交通设施的设计通行能力的比值来计算:

$$w_p = \frac{N_w}{N_{wl}} \tag{5-1}$$

式中 w_p——步行接驳设施宽度,m;
N_w——步行接驳设施高峰小时行人流量,P/h;
N_{wl}——1 m宽步行接驳设施的设计通行能力,P/(h·m)。

步行接驳交通设施的宽度应按照式(5-1)的计算结果取值,并符合广州市地方标准《城市道路人行道设施设置规范》(DBJ440100/T 205—2014)中5.4节的规定:新建道路通行带宽度不应小于2 m,改建道路通行带宽度不应小于1.5 m,沿车行道边的设施带宽度不应小于1.5 m。

5.1.2 参数确定

1. 步行接驳设施行人流量

城市轨道交通步行接驳交通设施主要为两类乘客提供服务:一类为采用步行接驳的乘客,这类乘客从起点到进入车站(或从车站离开到终点)只采用步行这一种接驳方式;另一类为采用其他接驳方式的乘客,这类乘客从起点到车站区域(或从车站区域到终点)采用非步行接驳方式,从车站区域进入车站(或从车站离开到达车站区域)采用步行方式,这里所指的车站区域通常为非步行接驳交通设施(如自行车停车场、公交车站)的出入口。

对于第一类乘客,步行接驳交通设施起到连接城市轨道交通车站出入口与周边道路或建筑物的作用。此部分步行接驳交通设施的规模应在考虑来自或前往周边道路或建筑的行人路径选择情况下,根据远期城市轨道交通车站高峰小时各出入口采用步行接驳的客流量计算确定。

对于第二类乘客,步行接驳交通设施起到连接城市轨道交通车站出入口与其他接驳交通设施的作用。此部分步行接驳交通设施的规模应在考虑来自或前往其他接驳方式的行人路径选择情况下,根据远期车站高峰小时其他各类接驳方式的客流量计算确定。

当步行接驳设施同时为以上两类乘客服务时,应选取远期车站高峰小时两类乘客的叠加值进行计算。

由于城市轨道交通车站接驳区域的引导设施是根据指定要求设置的,故假定乘客可以在相关标识的引导下方便快速地识别出各类设施的所在地。因此,从城市轨道交通车站出入口至周边道路、建筑物、其他接驳交通设施等的行人路径选择均遵循最短路径原则。远期车站高峰小时各出入口采用各类接驳交通方式的客流量参见本书第 4 章。

2. 步行接驳设施设计通行能力

步行接驳通道的通行能力分为三类:基本通行能力、实际通行能力和设计通行能力。

基本通行能力是指在良好的气候与道路条件下,行人以某一速度匀速行走时,单位时间内通过某一点或某一断面的最大行人数,一般以每小时每米宽道路上通过的行人数 [人/(h·m)] 表示。可根据行人的步行速度、纵向间距和占用的横向宽度,按式(5-2)计算:

$$C_p = \frac{3\,600 v_p}{S_p b_p} \tag{5-2}$$

式中 C_p ——城市轨道交通站点步行接驳通道的基本通行能力,人/(h·m);

v_p——行人的步行速度,m/s,城市轨道交通一般站取 1.00 m/s,城市轨道交通对外枢纽站取 0.50~0.80 m/s;

S_p——行人行走时纵向间距,m,城市轨道交通一般站取 1.0 m,城市轨道交通对外枢纽站取 1.5 m;

b_p——一队行人占用的横向宽度,m,城市轨道交通一般站取 0.75 m,城市轨道交通对外枢纽站取 0.90 m。

步行接驳通道的实际通行能力可通过基本通行能力乘以综合折减系数后得到,通常推荐的综合折减系数范围为 0.5~0.7。

步行接驳通道的设计通行能力通过对实际通行能力依据服务水平目标进行折减得到,折减系数可取 0.75~0.90。对于行人较多的重要区域,其步行接驳通道的设计通行能力宜采用低值,对于非重要区域宜采用高值。

3. 注意事项

(1) 城市轨道交通车站步行接驳设施除计算宽度以外,还须考虑周边市民的出行需求以及无障碍设施的设计要求,必要时需进行加宽设计。

(2) 对位于城市轨道交通车站常规公交首末站点乘客下车区域旁的平行步行接驳通道应适当加宽,避免采用常规公交接驳的下车客流对既有行人交通产生较大的冲击影响。

（3）步行接驳天桥/地道除了满足以上公式的计算结果外,还须满足《城市人行天桥与人行地道技术规范》(CJJ 69—95)中 2.2 节的相关要求。

5.2 步行接驳交通设施布局案例调查与分析

城市轨道交通车站的步行接驳交通设施布局主要体现在车站出入口如何与周边的道路、建筑物及其他接驳设施衔接。本节在广泛调查日本、新加坡的城市轨道交通车站步行接驳交通设施布局的基础上,将车站的站位分成车站主体位于道路红线范围内和位于道路红线范围外两大类,并在每一大类中挑选典型案例进行研究,以便总结经验。

5.2.1 车站主体位于道路红线范围内的步行接驳交通设施布局案例

1. 车站主体位于交叉口一侧

虎之门站是日本东京港区的地下车站,共有 11 个出入口。整个车站位于交叉口的一侧,由于该交叉口与另一个交叉口距离很近,该路段道路交通情况十分复杂。此外,交叉口中包含了双向八车道的樱田大道(图 5-1)。

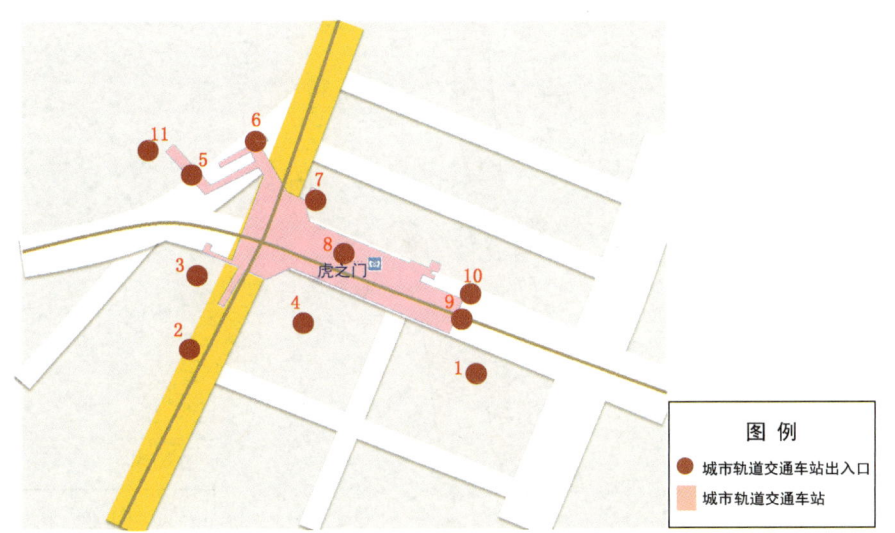

图 5-1 东京虎之门站示意图

为了保证乘客的步行过街安全,避免与路面复杂的机动车辆交织,虎之门站特地加设了地下通道连接樱田大道的另一侧(图 5-2),分别在两个不同街区设置了 2、3、5、6、11 五个出入口。

2. 车站主体位于交叉口中央

末广町站位于日本东京都千代田区,是东京地铁银座线上的一个车站。末广町站设

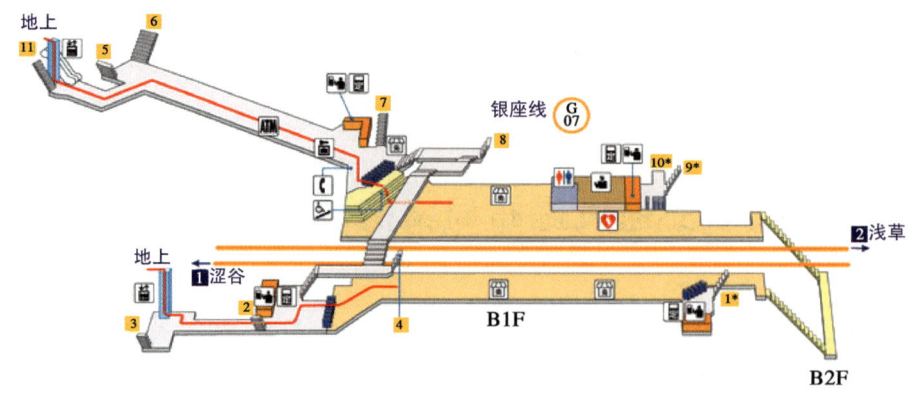

图 5-2 东京虎之门站站内示意图

(资料来源：https://www.tokyometro.jp/lang_cn/station/toranomon/index.html)

在中央大道和藏前桥大道交叉口正下方，采用侧式站台。整个车站共设 4 个出入口，其中 3 个为独立出入口，剩余 1 个出入口位于大楼中。车站的出入口分别连接交叉口的 4 个象限(图 5-3)，从而减少了进出站乘客穿越两条干道的危险，且借助地下通道而无须等候信号灯，更不存在与机动车流交织的可能。

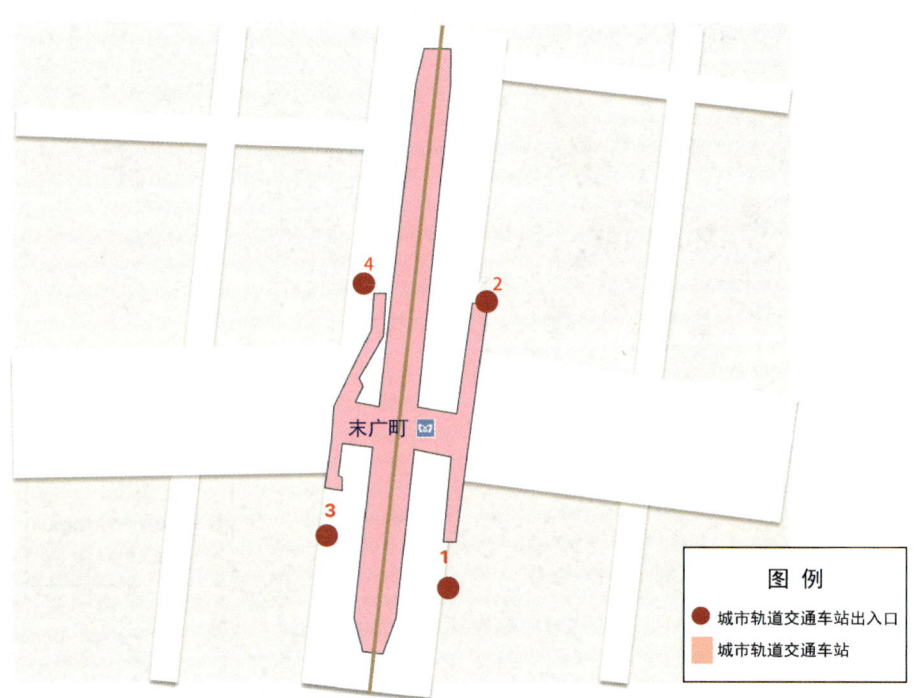

图 5-3 东京末广町站示意图

同样是车站主体位于交叉口下方的小传马町站，该站除了设置通往正上方交叉口 4 个象限的出入口外，还结合附近大多为办公楼，且早高峰交叉口通过量较大的实际情况，特意延伸了一条垂直于车站长度方向的地下通道,在通道末端设置了两架直升电梯直通地面建筑物(图5-4、图5-5)。

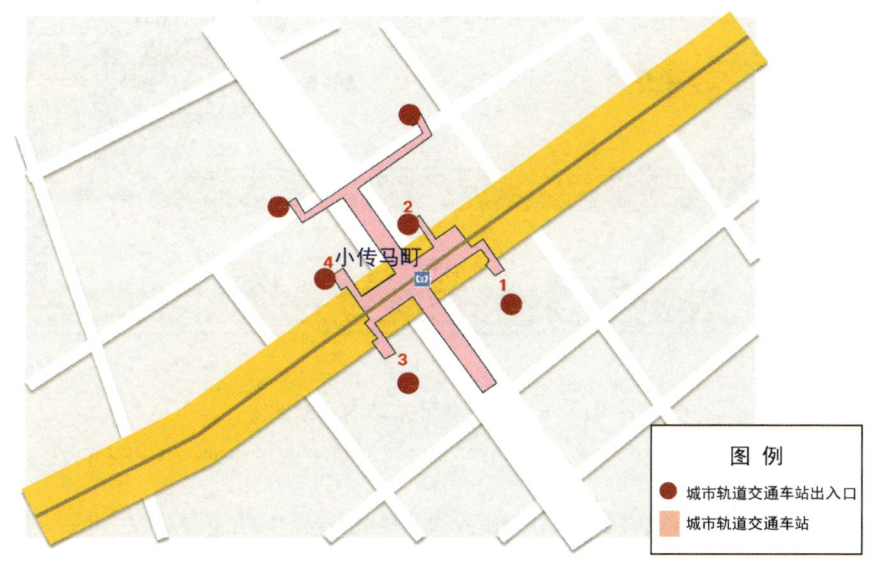

图5-4　东京小传马町站示意图

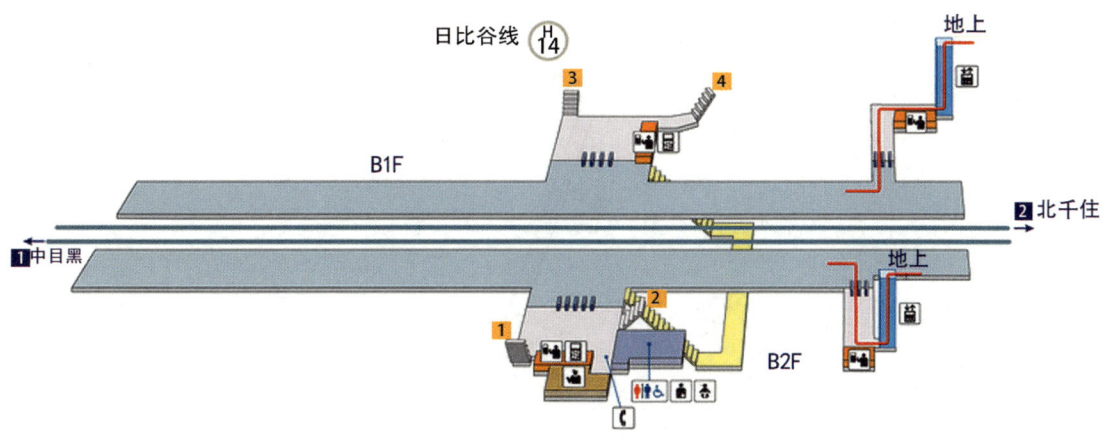

图5-5　东京小传马町站站内示意图

(资料来源:https://www.tokyometro.jp/lang_cn/station/kodemmacho/index.html)

3. 车站主体跨多个交叉口

曲町站位于日本东京千代田区,为地下三层车站,其中地下一层为站厅层,地下二、三层为有乐町线上下行站台(图5-6)。1、2号出入口可以直接通往地面,但其他的出入口则大多连接附近建筑物的地下楼层。

曲町站整个车站位于道路中央,其长度跨多个交叉口。车站共设6个出入口,充分照顾到来自或前往各个街区的乘客需要,且与相邻道路的步行设施保持良好的连通性。由

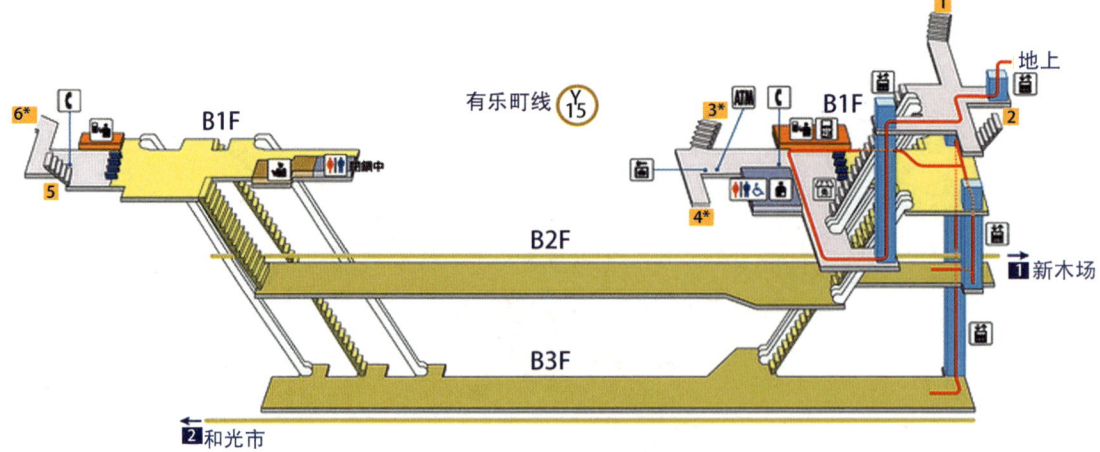

图 5-6　东京曲町站站内示意图

（资料来源：https://www.tokyometro.jp/lang_cn/station/kojimachi/index.html）

于新宿大道为双向八车道快速路，车流量较大，因此结合车站主体设计，将 1、2 号出入口设置于新宿大道另一侧，通过地下过街方式大大降低乘客过街与机动车流交织的危险（图 5-7）。

图 5-7　东京曲町站示意图

赤坂站位于日本东京核心区港区内,车站主体与曲町站相似,跨越了多个道路交叉口。该站共有9个出入口(图5-8)。由于周边地块开发强度较高,因此该站的所有出入口均与建筑物相连或紧邻出入口,这不仅满足了乘客前往两侧道路的需求,还给前往指定建筑物办公、休闲的乘客提供了许多便利(图5-9)。

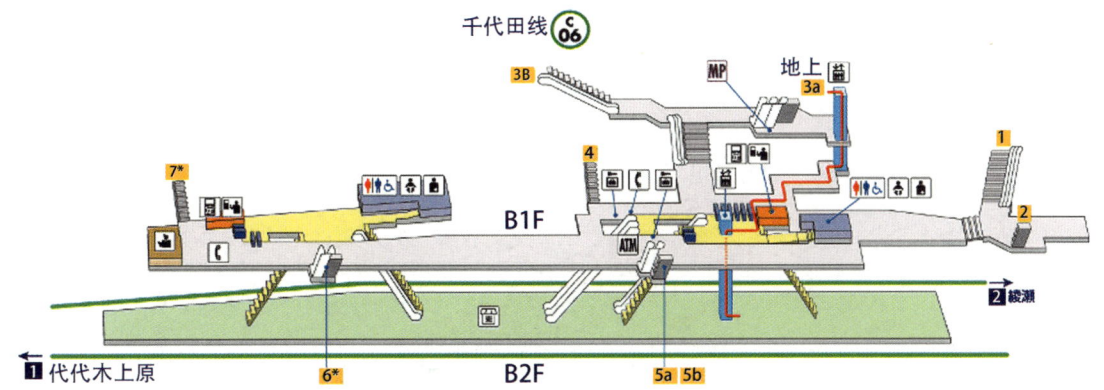

图5-8　东京赤坂站站内示意图

(资料来源:https://www.tokyometro.jp/lang_cn/station/akasaka/index.html)

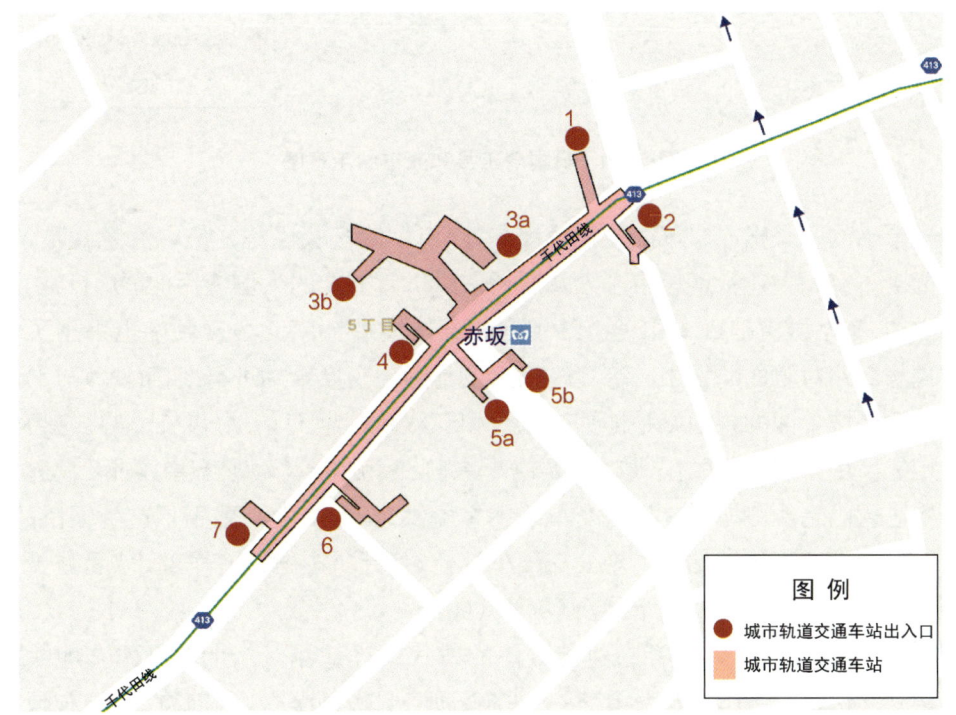

图5-9　东京赤坂站示意图

5.2.2 车站主体位于道路红线范围外的步行接驳交通设施布局案例

1. 车站主体位于路段中且平行于道路走向

和光市站位于日本埼玉县和光市,属于东武铁道和东京地下铁的换乘站。岛式站台位于地面层,站厅层位于地下一层。整个车站共设有南、北两个出入口(图5-10)。

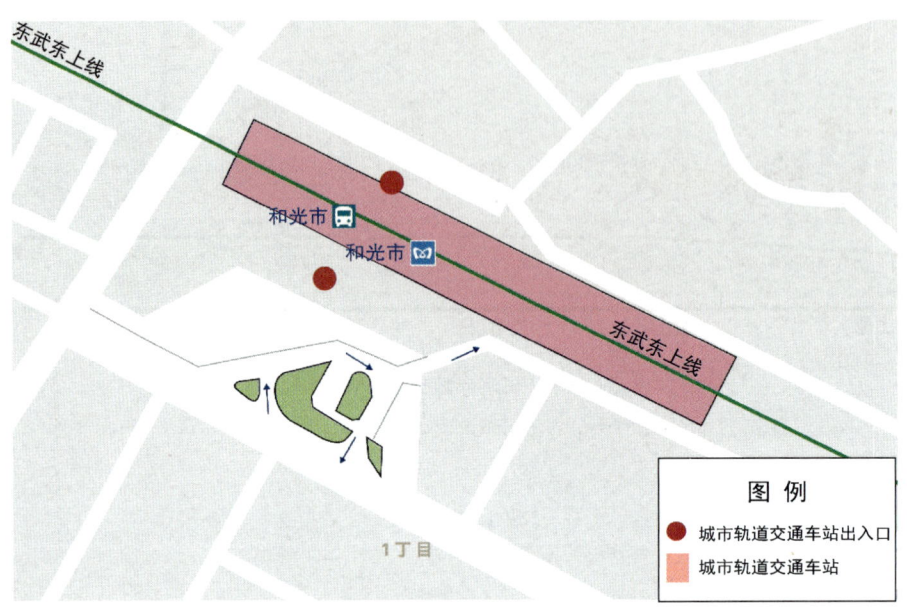

图5-10　日本埼玉县和光市站示意图

和光市站的两个出入口都衔接了公交车、出租车等接驳设施。值得注意的是,在整个地下步行接驳空间中还特意设置了无障碍通道以供有需要的人群使用(图5-11)。

同样地,车站位置与日本和光市站相似的新加坡地铁南北线义顺站也采用了地下通道的方式与道路对侧的购物中心等建筑物以及常规公交换乘站进行衔接(图5-12)。

位于新加坡中部的碧山站是地铁南北线和环线上的地面车站(图5-13),与碧山公交换乘站相邻。由于碧山站的出入口主要位于东侧,西侧的交叉口离碧山站又较远,因此,为了给到达碧山站西侧换乘其他公交车的乘客提供方便,碧山站采用了过街天桥的方式。整个天桥无缝衔接了地铁站和常规公交候车站台,且天桥上方设有雨篷,从而减少了乘客在下雨等较为恶劣的天气条件下的换乘不便(图5-14)。

当车站站侧的道路为干道时,过街天桥的方式同样适用。新加坡马西岭地铁站虽然靠近道路交叉口(图5-15),但由于交叉口的交通情况较为复杂,且前方为干道,因此设置了天桥来衔接道路另一侧的公交车站,从而大大减少了乘客的换乘时间。同样地,天桥上方也设置了雨篷(图5-16)。

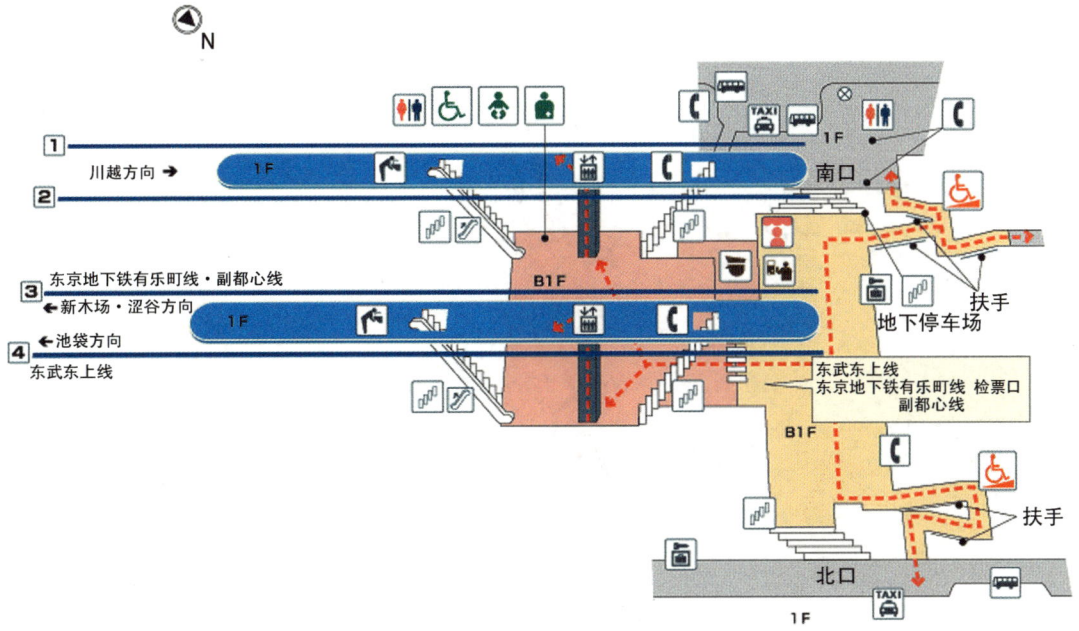

图 5-11 日本埼玉县和光市站站内示意图

(资料来源：https://www.tokyometro.jp/lang_cn/station/wakoshi/index.html)

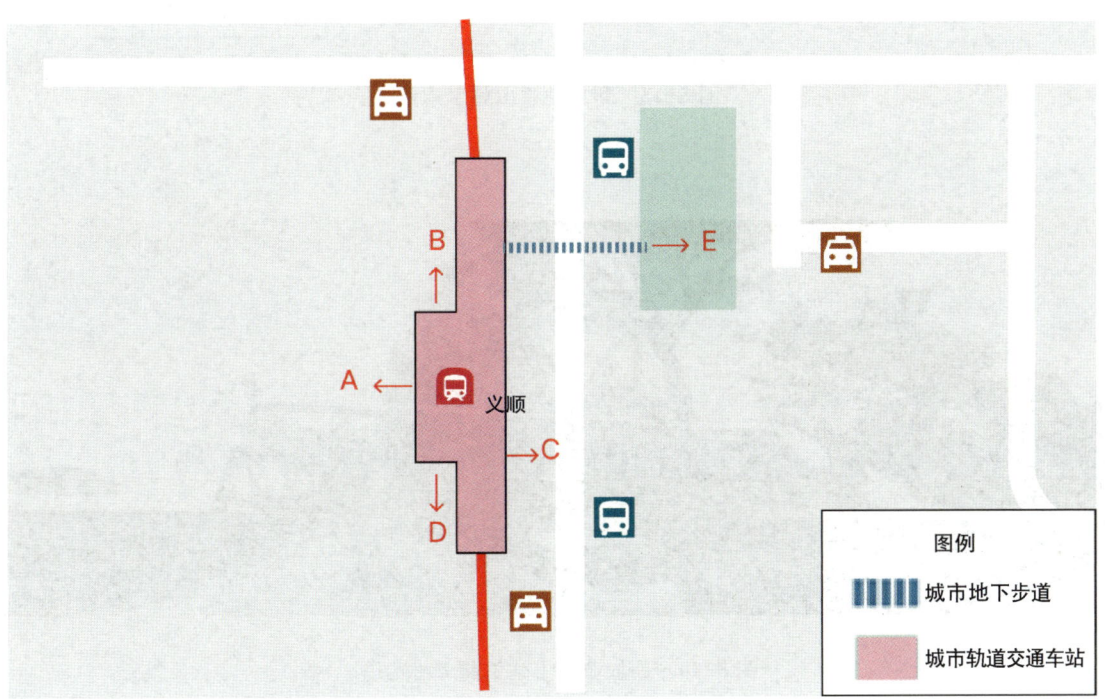

图 5-12 新加坡义顺站示意图

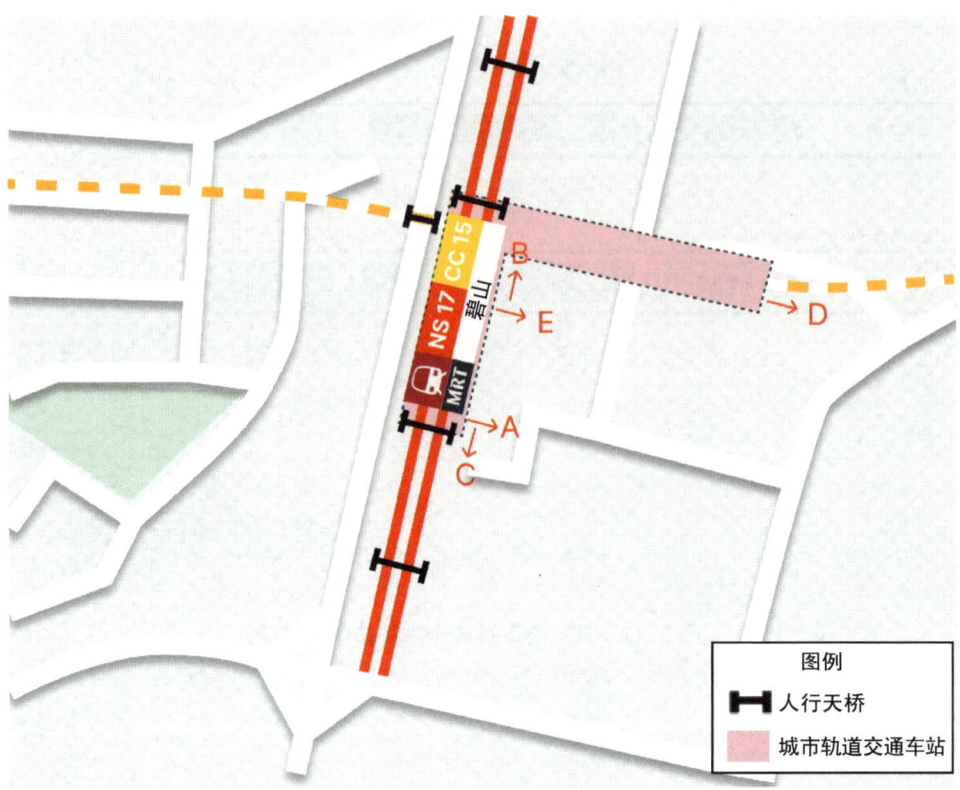

图 5-13 新加坡碧山站示意图

图 5-14 新加坡碧山站站前天桥实景

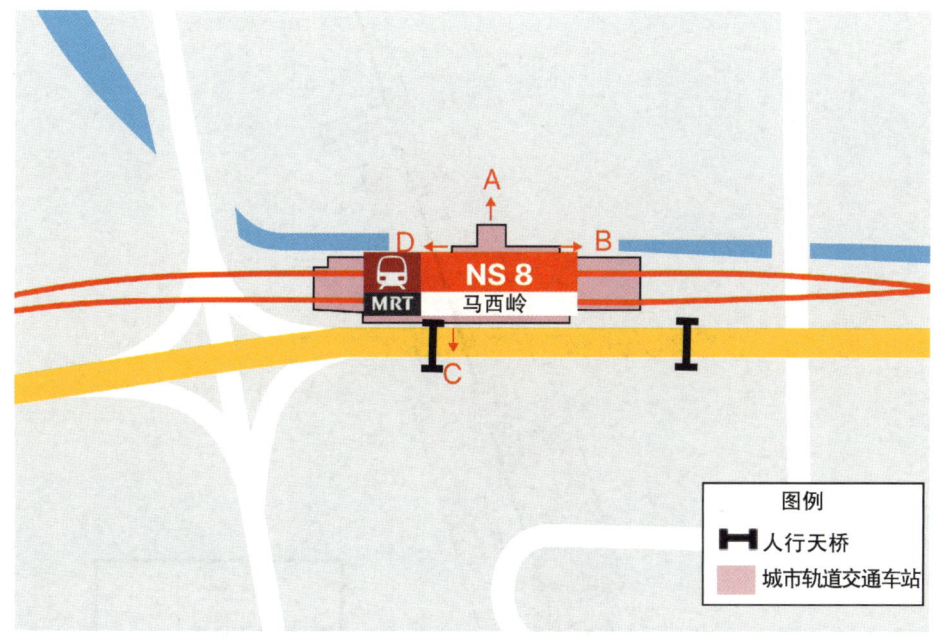

图 5-15 新加坡马西岭站示意图

图 5-16 新加坡马西岭站站前天桥实景

2. 车站主体位于路段中且垂直于道路走向

盛港站是新加坡地铁东北线上的一个车站,主要为盛港新镇居民提供出行服务。该站垂直于两条平行道路,分别在车站两侧及车站两端设置了出入口。其中,车站两端的出入口与地下通道相连(图 5-17),能够为乘客过街提供便利。

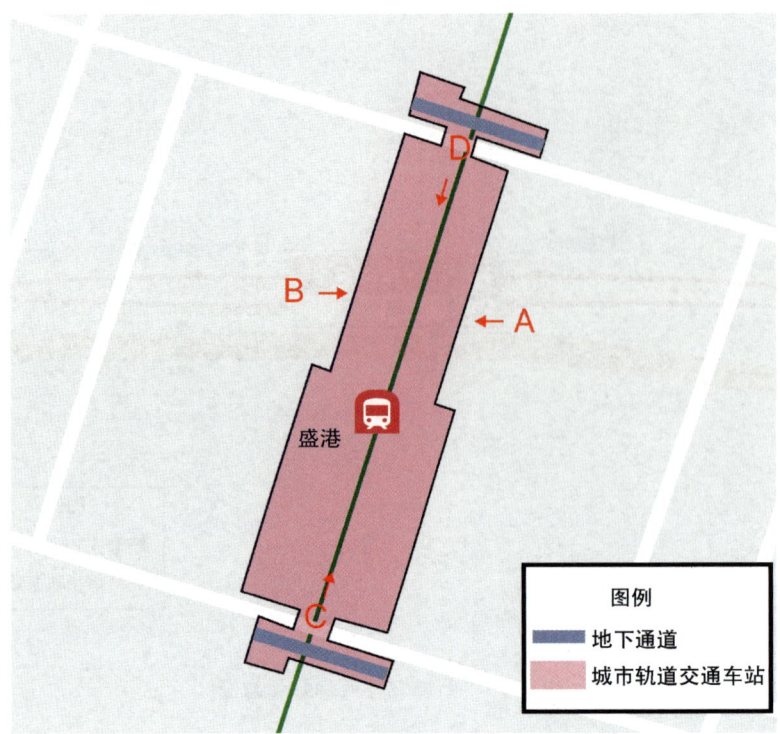

图 5-17　新加坡盛港站示意图

裕廊东站是新加坡地铁南北线和东西线交会处的一个换乘站,主要服务裕廊东新市镇一带。该站垂直于南侧道路(图 5-18),并设置人行天桥供乘客穿越裕廊港威路(图 5-19)。

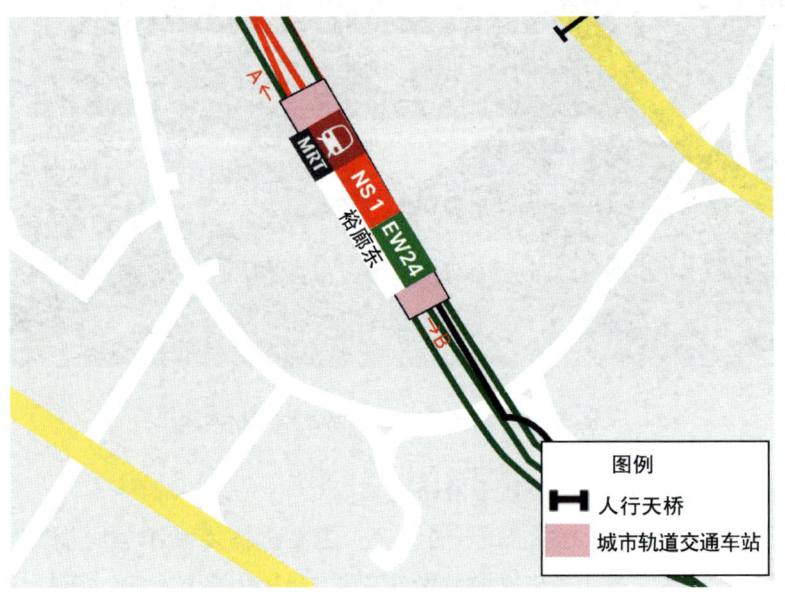

图 5-18　新加坡裕廊东站示意图

图 5-19　新加坡裕廊东站站前人行天桥实景

3. 车站主体靠近道路交叉口

花拉公园站为新加坡地铁东北线上的一个地下车站,位于道路一侧,车站端部紧靠一个道路交叉口。为此车站分别设置了通往其他三个街区的出入口,以便于乘客抵达目的地(图 5-20)。

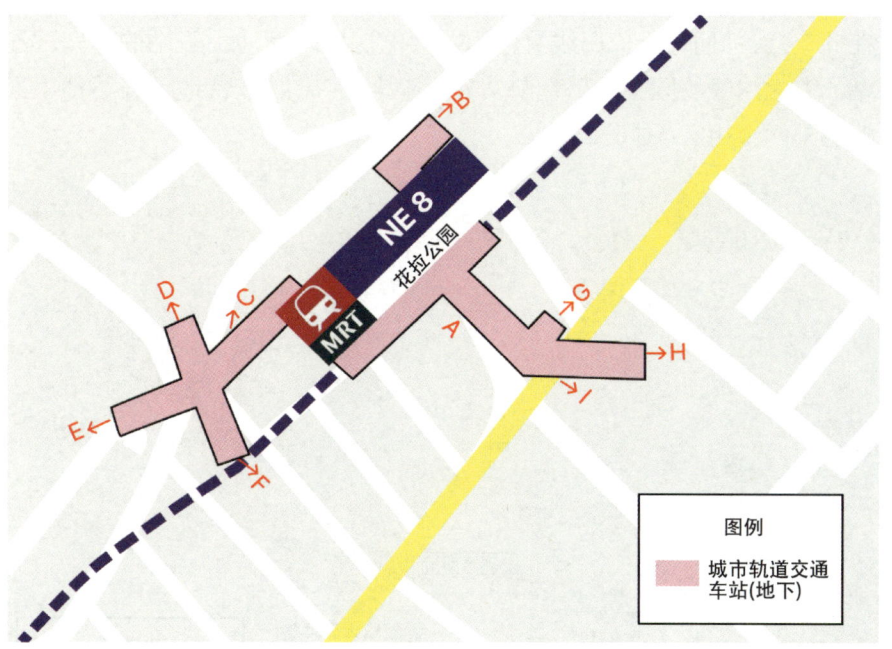

图 5-20　新加坡花拉公园站示意图

乌节站是新加坡地铁南北线上的一个车站。该站的出入口与周边道路交叉口的地下步行系统相连(图 5-21),从而提高了整个区域步行系统的连续性和一致性。

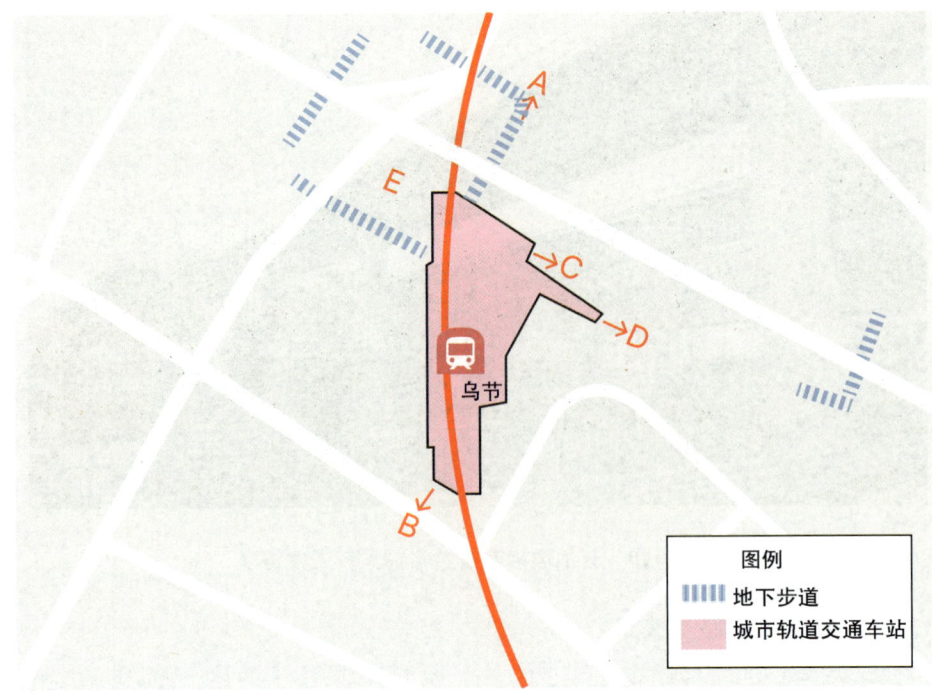

图 5-21　新加坡乌节站示意图

国会议事堂前站是东京地下铁的一个换乘站，位于日本东京千代田区。丸之内线与千代田线在此交会，并通过千代田线月台西端的电扶梯与溜池山王站的付费区连接，成为同一联络站。丸之内线的国会议事堂前站靠近丁字路口，站点特地延长了地下通道，以便于乘客到达另外两个街区(图 5-22)。

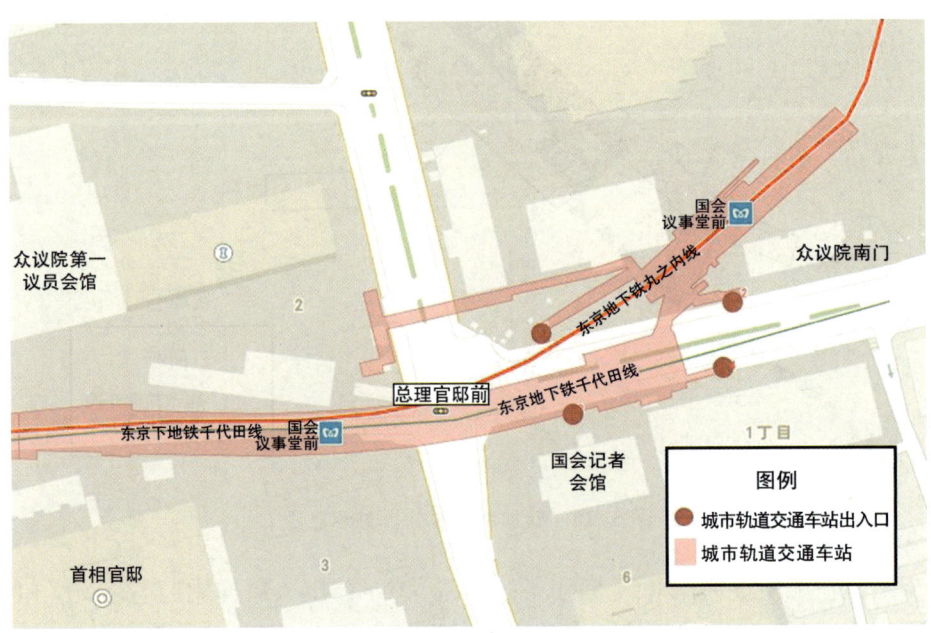

图 5-22　东京国会议事堂前站示意图

三鹰台站位于日本东京三鹰市内,为京王电铁公司井之头线上的一个站点。该站站体位于道路交叉口一侧的建筑物中,毗邻河边。整个车站分为两层,其中站厅位于二层,一层为地面侧式站台(图 5-23)。三鹰台站共有两个出入口,均位于车站北侧。

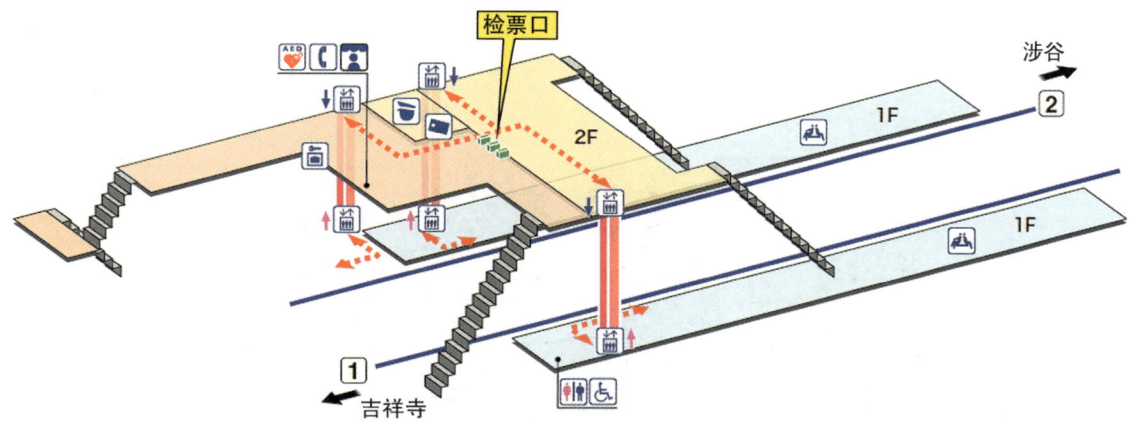

图 5-23　东京三鹰台站站内结构

(资料来源:https://www.keio.co.jp/train/station/in15_mitakadai/)

　　由于三鹰台站北侧的交叉口有一条双车道道路,且地面过街设施离车站较远,因此结合车站主体设计,从站内引出一座过街天桥(图 5-24),使乘客能够直接到达路的另一侧,从而保障了行人的过街安全。

图 5-24　东京三鹰台站过街天桥实景图

4. 车站区域作为一个街区

沟之口车站区域位于神奈川县,共由两部分组成,一部分为东京急行电铁公司的田园都市线和大井町线车站站体,另一部分为 JR 公司南武线的武藏沟之口车站站体。其中,属于东急电铁公司的车站为三层高架站,站厅层位于地面一层,共有南口、西口、东口 3 个出入口(图 5-25)。其中,南口通向公交车站,西口靠近自行车停车场,东口通向武藏沟之口车站站体(图 5-26)。

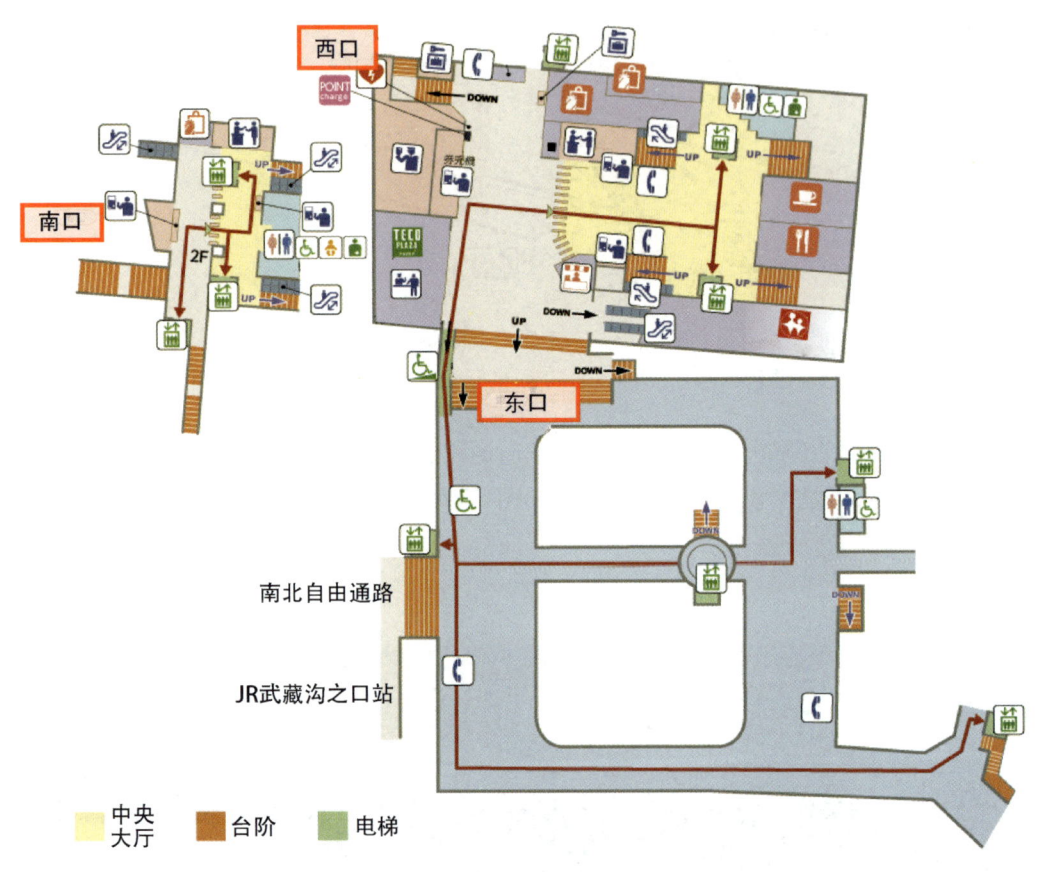

图 5-25　日本神奈川县田园都市线和大井町线车站平面示意图

(资料来源:https://www.tokyu.co.jp/railway/station/info/Pid=38.html)

属于 JR 公司的沟之口车站站厅位于二层,站台位于一层。整个二层空间构成了连通、顺畅的步行空间,方便各个方向来的乘客从距离最近的出入口进入或离开。整个二层步行空间在南侧与北侧分别有一个出入口与地面相连。两侧出入口分别与两个公交车站相连,方便乘客换乘常规公交(图 5-27)。

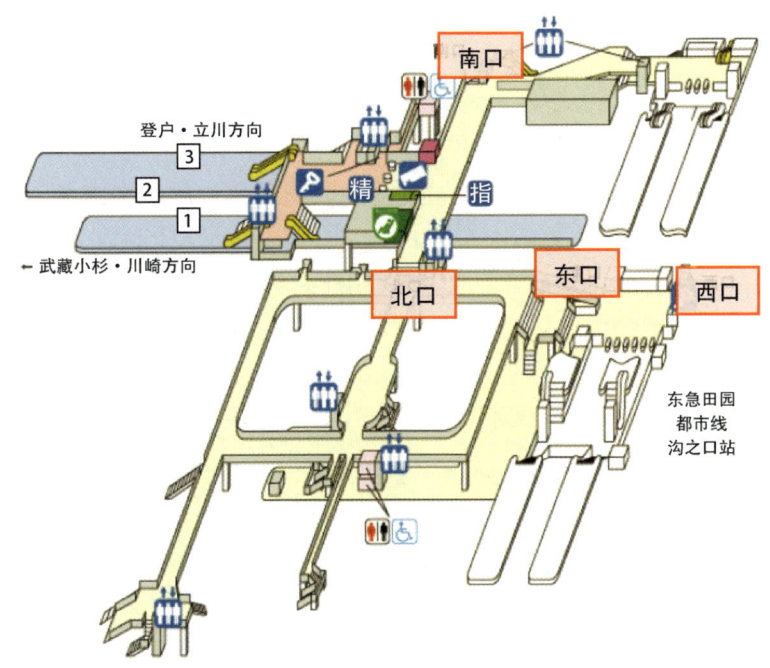

图 5-26　日本神奈川县田园都市线和大井町线车站站内示意图
（资料来源：https://www.jreast.co.jp/estation/stations/1535.html）

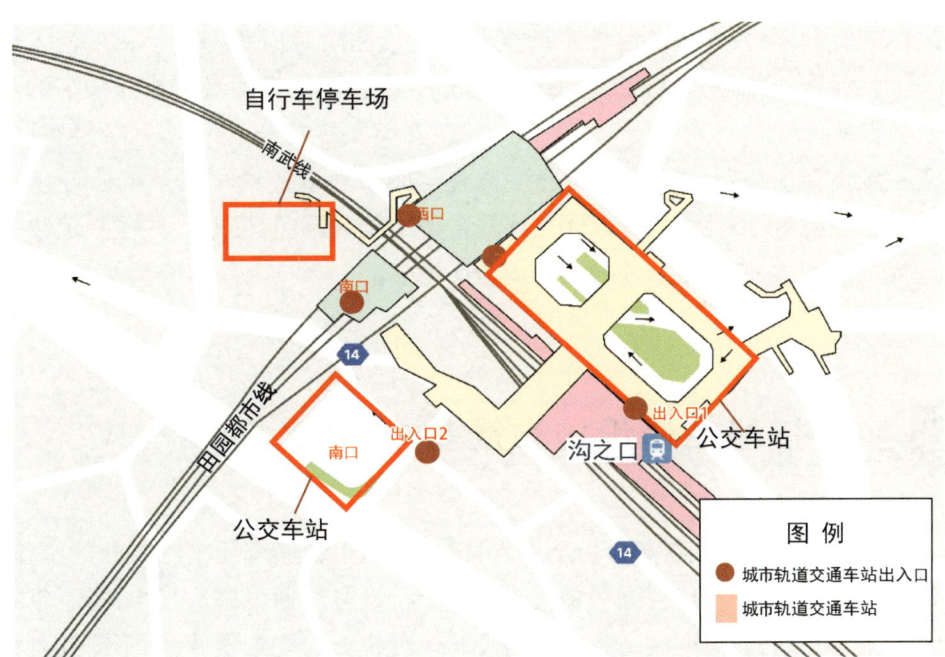

图 5-27　日本神奈川县沟之口车站区域示意图

5.2.3 案例小结

无论城市轨道交通车站位于什么位置,其各个出入口都应与步行接驳交通设施衔接,以满足安全、连续、畅达、舒适、美观的要求。

安全主要体现在尽可能地减少行人与其他接驳交通方式的冲突方面。许多车站通过设置过街天桥(如新加坡碧山站、裕廊东站)和地道(如新加坡义顺站),或者将过街地道与车站出入口设计相结合(如日本的小传马町站和曲町站)的方式,很好地保证了乘客的安全。此外,在夜间通过照明设计来提高步行接驳交通设施的能见度,这对保证乘客的接驳安全也很有帮助。

连续主要体现在城市轨道交通车站与车站周边已有的道路步行设施(如新加坡乌节站)、建筑物(如日本赤坂站)和其他接驳交通设施(如和光市站、西葛西站)建立起一套互相联络的步行系统,以保证乘客能够快捷地通过步行接驳交通设施到达车站出入口。从上述案例来看,也并未出现步行接驳交通设施无故中断等情况。

畅达主要体现在步行接驳交通设施内,不应出现其他公共设施、车辆、违章建筑、摊点等妨碍乘客通行的情况。从上述案例来看,日本和新加坡的轨道交通车站在畅达方面做得比较好。此外,良好的交通引导标识对于乘客步行接驳也大有裨益。

舒适主要体现在整个步行接驳交通设施的设计除了保证正常的通行需求外,还应考虑特殊天气条件、特殊人群的需要。例如,为步行天桥加设雨篷,从而避免下雨天乘客淋湿(如新加坡马西岭站);或是在设计步行接驳交通设施时考虑残障人士和携带大件行李乘客的不便性,特意留出无障碍通道(如日本和光市站)。这些考量都能为乘客的步行接驳体验加分添彩。

美观主要体现在整个步行接驳交通设施应与城市轨道交通车站及周边环境协调一致。尤其是在设置步行天桥时,可以通过选择合适的雨篷颜色、摆放一些盆栽植物等措施来增加整体的美观性,使其更好地融合入周边环境中。

5.3 步行接驳交通设施布局基本模式

结合本书5.2节案例调查与分析结果,可以根据城市轨道交通车站所处的位置、周边道路的设置情况对其进行分类,因地制宜地设置步行接驳交通设施。其中,对于车站作为独立街区形式存在的,应根据该街区配套的设施进行统一的规划设计,而不单独列举其步行接驳交通设施的布局模式,具体见表5-1。

表 5-1 城市轨道交通车站步行接驳交通设施布局模式

车站主体位置	与周边道路关系	车站步行接驳交通设施布局	适用性	案例
道路红线范围内	交叉口一侧		车站一侧道路交叉口机动车流量较大，且过街乘客较多，以保证大量乘客的过街安全性	日本虎之门站
	交叉口中央		车站主体位于道路交叉口处，且通往交叉口4个区域的乘客量较大	日本末广町站

(续表)

车站主体位置	与周边道路关系	车站步行接驳交通设施布局	适用性	案例
道路红线范围内	交叉口中央	(图：非付费区/付费区，位于交叉口中央)	车站主体位于道路交叉口处，通往相邻交叉口的乘客量较大且路面交通情况较为复杂	日本小传马町站
	跨多个交叉口	(图：非付费区/付费区，跨多个交叉口)	车站主体跨多个道路交叉口，通往各个闸区的乘客量均较大	日本曲町站

（续表）

车站主体位置	与周边道路关系	车站步行接驳交通设施布局	适用性	案例
道路红线范围外	路段中且平行道路走向		车站前道路另一侧有其他接驳交通设施或者主要建筑物，通往对侧的乘客量较大	日本和光市站
	路段中且垂直道路走向		车站主体垂直于道路走向，通往道路另一侧的乘客量较大	新加坡盛港站

(续表)

车站主体位置	与周边道路关系	车站步行接驳交通设施布局	适用性	案例
道路红线范围外	靠近道路交叉口		车站斜交于道路交叉口，通往其他3个街区（尤其是距离最远的街区）的客流量较大	新加坡花拉花园站
	靠近道路交叉口		车站靠近的道路交叉口已经有成形的立体步行空间，且车站与其街接不存在工程上的难度	新加坡乌节站

6 自行车接驳交通设施设计与布局

6.1 自行车接驳交通设施规模

接驳自行车停车场的规模应根据一天内自行车(含私人自行车、租赁自行车、私人电动自行车、租赁电动自行车,下同)的最大停放车辆数和每辆自行车、电动自行车所需的面积来确定。根据本书第 4 章的方法,可预测出远期城市轨道交通车站高峰小时采用自行车接驳的人数,即高峰小时进入接驳自行车停车场停放的车辆数。但需要经过修正才能获得较为准确的接驳自行车停车场的最大停放车辆数,主要原因在于:

(1) 城市轨道交通车站的接驳自行车停车场并不只是为采用自行车接驳城市轨道交通的乘客服务,还要为附近上班、上学、购物、换乘常规公交等非换乘城市轨道交通的人提供停车服务,因此需考虑轨道交通车站的接驳自行车停车场内停放的自行车非换乘城市轨道交通比例,加以折算。

(2) 接驳自行车停车场的停车高峰时段是指一天内停放的自行车数量达到最高的时段。已有调查证明,接驳自行车停车场的停车高峰时段与城市轨道交通车站高峰时段并不一致。因此,车站高峰时段进入接驳自行车停车场内停放的自有自行车数量还需乘以一个扩大系数,才能得到接驳自行车停车场一天内最大停放车辆数,这个扩大系数被称为停车峰值系数。

在考虑以上两个因素的情况下,可由远期城市轨道交通车站高峰小时采用自行车接驳的人数计算出接驳自行车停车场的最大停放车辆数。但由于电动自行车与普通自行车在个体体积上存在较大差异,二者的单位停车面积不能等同计算。所以,在计算停车场面积时,宜分别计算自行车、电动自行车的数量及各自的面积。另外,还需要预测停车场普通自行车与电动自行车各自所占比例。

$$S_b = \frac{N_b}{1-\gamma_b} \cdot \left[\beta_z \left(\delta_b \alpha_z + \frac{\alpha_{zg}}{n_{zg}} \right) + \beta_m \left(\delta_b \alpha_m + \frac{\alpha_{mg}}{n_{mg}} \right) \right] \quad (6-1)$$

式中 S_b ——接驳自行车停车场面积,m^2;

N_b——高峰时段采用非机动车(私人自行车、租赁自行车、私人电动自行车、租赁电动自行车)的总人数,人;

δ_b——自行车的停车峰值系数,指城市轨道交通车站的接驳自行车停车场内单日累计停车数量最大值与车站高峰时段自行车的停车数量之比,需通过调查得到;

γ_b——自行车停车非换乘比例,指城市轨道交通车站存放自行车的非换乘城市轨道交通人数占总存车人数的比例;

α_z——私人自行车所占比例;

α_m ——私人电动自行车所占比例；

α_{zg} ——租赁自行车所占比例；

α_{mg} ——租赁电动自行车所占比例；

β_z ——一辆私人/租赁自行车的占地面积，m^2；

β_m ——一辆私人/租赁电动自行车的占地面积，m^2；

n_{zg}、n_{mg} ——租赁自行车、租赁电动自行车周转率，即单位时间内被使用的次数。

通过式(6-1)可计算出城市轨道交通车站接驳自行车停车场的规模。结合周边用地情况，参照布局基本模式，可将规模拆分成多个接驳自行车停车场。

6.2 自行车接驳交通设施布局案例调查与分析

6.2.1 自行车接驳交通设施及其作用

自行车接驳交通设施主要由停车场地、出入口道路和辅助设施构成。

停车架、停车棚等停车设施的设置能有效地引导骑车人将自行车停放在指定的位置，且能避免车辆受到日光直晒和雨雪侵害。除了常见的各类停车棚、停车架外，世界各地还出现了各种新型停车设施，如路灯式自动停车杆、树形停车架、双层自行车架/停车棚，以及悬挂式停车架等(图 6-1—图 6-3)。其中，多种新型停车设施(如双层自行车架、悬挂式停车架等)具有节省用地的优点，但同时也存在成本较高、存取不便的缺点，当城市轨道交通车站周边可用地不足且经济条件允许时，可考虑采用这类设施。另外，应尽量提供自行车修理、擦洗、充气、零配件供应等服务，以备停车者的不时之需。

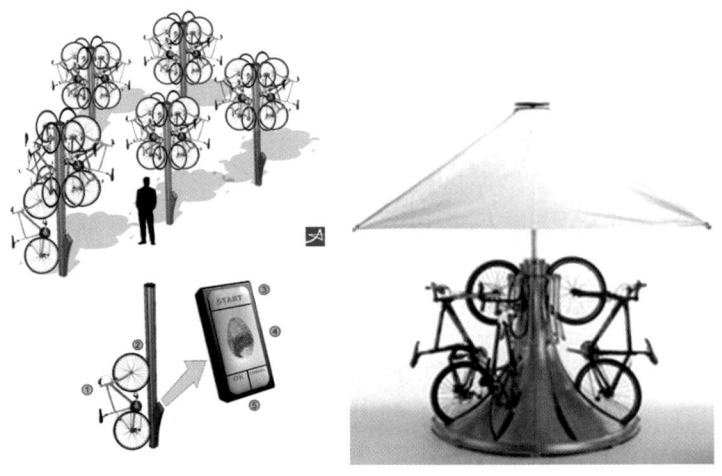

图 6-1　路灯式自动停车杆(左)及树形停车架(右)

图 6-2　双层自行车架(左)及双层自行车停车棚(右)

图 6-3　悬挂式停车架

6.2.2　自行车接驳形式

自行车接驳城市轨道交通主要分为两种形式：普通自行车＋停车场、自行车租赁。

1. 普通自行车＋停车场

这种形式是居民使用自备的普通自行车骑行至城市轨道交通站点，将车存放在自行车停车场。这也是目前自行车接驳城市轨道交通的主要模式(图 6-4)。

2. 自行车租赁模式

自行车租赁模式(图 6-5)源自欧洲，它是在城市轨道交通站点、常规公交站点或社区门口设置租赁点，一般每个租赁点放置 30 辆以内的自行车，通过"公共自行车管理系统"来管理这些租赁自行车。每辆自行车都单独配有一个可以锁车的装置及读

图 6-4　普通自行车＋停车场

卡租车、还车的读卡器(固定在地上,不能移动),人们通过刷卡来完成自行车的租赁和还车过程。

图 6-5 自行车租赁模式

6.2.3 自行车停车场分类

根据文献[24],可将自行车停车场按场地位置和建造形式进行分类。

1. 按场地位置分类

自行车停车场若按场地所在位置进行分类,可分为路边停车场、路外停车场和移动式停车场三种。

路边停车场是指在城市道路的两边或一侧的人行道上划出带状区域供自行车停放的停车场形式。路边停车场车辆存取方便,至目的地的可达性好,但是车辆的安全性较差,干扰行人通行,且过多的路边停车对城市景观也会有一定的不良影响。目前,我国城市轨道交通车站周边常见此类停车场,一般是在人行道上划出一块带状停车场地(图 6-6)。

(a) 3 号线江湾镇站　　　　　　　　(b) 1 号线锦江乐园站

(c) 1号线莲花路站　　　　　　　　(d) 1号线彭浦新村站

图 6-6　部分上海轨道交通车站的路边停车场

路外停车场是位于城市道路系统以外,专门划出场地供自行车进行停放的场所。路外停车场通常投资较大,但为自行车停车的安全性和维护提供了保障。目前,这种形式的停车场是我国城市轨道交通车站最常用的形式(图 6-7),其选址的恰当与否直接关系着停车场的使用率。

(a) 1号线莲花路站　　　　　　　　(b) 1号线莘庄站

(c) 5号线东川路站　　　　　　　　(d) 5号线颛桥站

图 6-7　部分上海轨道交通车站的路外停车场

移动式停车场是建立在可移动的载体上的自行车停放场所,通常给自行车出行者在到达另一目的地之前进行自行车短暂停放提供服务(图6-8)。该类停车场通常设置在公共汽车、地铁、轮船等公共交通工具上,为出行者的换乘提供便利。移动式停车场在国外使用得较多,国内使用较少。

图6-8　国外的移动式停车场

2. 按建造形式分类

自行车停车场若按建造形式进行分类,可分为路面停车场(架)、地下停车库和停车楼(塔)三种。

路面停车场(架)包括了路边停车场和路外广场式停车场,具有存取方便、建设成本较低等特点。如果辅以自行车停车架和停车棚等设施,停车场的安全性和服务质量都将有所提高。

地下停车库是指建造在地下的一层或多层的自行车停车场。地下停车库具有占用地面面积很小、停车安全性较高等优点,适用于停车需求较大的区域,如住宅区和城市自行车换乘枢纽等,缺点则是建设成本较高。图6-9所示为东京地铁东西线的葛西站地下自行车停车库。

(a) 葛西站地下自行车停车库建设过程　　　　(b) 葛西站地下双层自行车停车库

图6-9　东京地铁东西线的葛西站地下自行车停车库

停车楼是在地面上建造多层建筑供自行车停放的场所,同样为车辆停放提供了很好的安全性,但是自行车存取较为不便,可达性较差,且投资费用大,通常适用于配合大型公共建筑进行建造,以给主体建筑内部的工作人员提供车辆停放的场所。图6-10、图6-11所示分别为荷兰阿姆斯特丹的中央车站三层自行车停车楼及中国台湾的自行车机械停车塔。

图6-10 荷兰阿姆斯特丹的中央车站三层自行车停车楼

图6-11 中国台湾的自行车机械停车塔

6.2.4 自行车停车场的布置形式

在本小节以及接下来的"6.2.5 自行车停车场的位置选择"和"6.2.6 自行车停车场的内部排列形式"中,均以台北都会区作为研究对象。台北都会区主要包括台北市、新北市和基隆市三个行政区。台北捷运共有6条城市轨道交通线路,覆盖了台北市和新北市的部分地区,因此以下统计区域为台北市和新北市,不包括基隆市。台北都会区自行车接驳城市轨道交通统计结果参见表 6-1。

表 6-1 台北都会区自行车接驳城市轨道交通情况统计

区域		台北市核心区	台北市非核心区	新北市	台北都会区
面积/km²		67.68	204.12	2 052.57	2 324.37
轨道交通车站密度/(座·km⁻²)		0.50	0.15	0.016	0.042
停车位数量/台	自行车	2 884	5 118	4 865	12 867
	摩托车	357	3 986	4 790	9 133
停车场数量/个	自行车	52	58	55	165
	摩托车	4	23	24	51
有摩托车停车场的车站比例		8.82%	54.84%	40.63%	34.02%
有非机动车、机动车停车场的车站比例		73.53%	96.77%	87.50%	85.57%
附近有公共自行车系统的车站比例		52.94%	29.03%	15.63%	32.99%

由表 6-1 的统计结果可知:

(1) 台北都会区主要分成台北市核心 7 区(大同、中山、中正、大安、信义、万华和松山)、台北市非核心区以及新北市(新北市包围台北市)。由内向外,车站密度依次降低。

(2) 受规章政策导向的影响,台北市核心区对于摩托车进入进行了一定程度的限制,因此在台北市核心 7 区内摩托车停车位数和摩托车停车场数都远小于其他区域。虽然在 3 个区域内,自行车停车场的数量差异不大,但核心区包含的停车位数只占总数的 22%。在核心 7 区内,有摩托车停车场的城市轨道交通车站比例也仅为 8.82%。

(3) 由"有非机动车、机动车停车场的车站比例"这一指标可以发现:台北市非核心区的城市轨道交通车站中 96.77% 的车站都设置了供非机动车和机动车混用的停车场,该值比核心区高出 20% 多,从一个侧面反映了城市中心区用地紧张对自行车停车场设置的限制。

(4) 台北都会区内公共自行车(U-Bike)主要设置在台北市核心 7 区内,由核心区向外,有公共自行车系统的车站比例从 52.94% 下降到 15.63%。

本小节主要通过调查台北都会区衔接城市轨道交通的自行车停车场的布置形式(分散布置或集中布置),为自行车停车场布置形式的确定提供案例支撑。

表 6-2 台北都会区衔接城市轨道交通的自行车停车场布置形式统计

指标项	台北市核心区	台北市非核心区	新北市	台北都会区
分散布置自行车停车场的车站比例	76%	80%	75%	77.11%
平均自行车停车场数量(分散布置)/(个·座⁻¹)	2.63	3.13	3.48	3.09

由表 6-2 的统计可知:从自行车停车场的布置形式而言,在设置了自行车停车场的城

市轨道交通车站中约有 77.11% 的停车场采用分散布置的形式,这一比例在不同区域的车站差别不大,从侧面反映出分散停车在全市范围内均可适用。主要受城市轨道交通车站占地面积大、各出入口之间存在一定距离、车站周边可用于停放自行车的通常都不是完整的一块区域、分散布置也可为辐射各个方向的自行车接驳客流提供方便等因素的影响,一般只在用地不紧张时才会采用集中布置的形式。从统计数据来看,采用集中布置的车站相对而言更多地出现在新北市(都会区外围区域)。

6.2.5 自行车停车场的位置选择

本小节主要通过调查台北都会区衔接城市轨道交通的自行车停车场的现状(表 6-3),归纳总结其与道路交叉口相对位置的关系,以及其与城市轨道交通车站出入口相对位置的关系,从而为自行车停车场的位置选择提供案例支撑。

表 6-3 台北都会区衔接城市轨道交通的自行车停车场位置选择统计

指标项	台北市核心区	台北市非核心区	新北市	台北都会区
靠近道路交叉口布置自行车停车场的车站比例	100%	96.67%	92.86%	96.39%
距出入口 50 m 内布置自行车停车场的车站比例	96%	96.67%	92.86%	95.18%

1. 自行车停车场与道路交叉口相对位置关系

接驳城市轨道交通的自行车停车场几乎都靠近道路交叉口,一方面受车站出入口靠近道路交叉口的影响;另一方面,分散设置在交叉口附近主要是从安全、对交通影响和方便等角度考虑,可以减少人们逆行和横穿道路,同时方便乘客进出站。自行车停车场靠近道路交叉口实例如图 6-12—图 6-16 所示。自行车停车场远离道路交叉口实例如图 6-17 和图 6-18 所示。

图 6-12 台北市核心区大同区圆山站

图 6-13　台北市核心区中山区中山中学站

图 6-14　台北市核心区中正区台电大楼站

图 6-15　台北市核心区大安区中山纪念馆站

图 6-16　台北市核心区信义区市政府站

图 6-17　台北市非核心区文山区万芳社区站

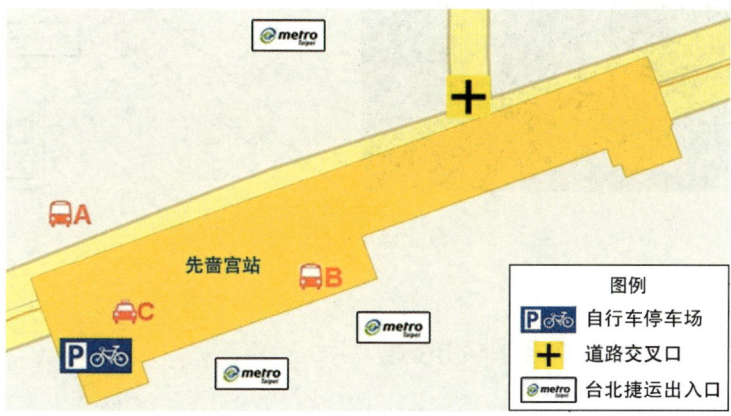

图 6-18　新北市三重区先啬宫站

2. 自行车停车场与城市轨道交通车站相对位置关系

由表 6-3 可知,距城市轨道交通车站出入口 50 m 内(以自行车停车场形心到最近的车站出入口的距离计算)布置自行车停车场的车站比例反映了自行车接驳城市轨道交通的优先级,95.18% 的车站周边自行车停车场与车站出入口的距离都在 50 m 内;只有 4 座车站的出入口与自行车停车场的距离大于 50 m(台北市核心区 1 座,130 m;台北市非核心区 1 座,190 m;新北市 2 座,均小于 160 m),其中只有台北市非核心区的新北投站的自行车停车场为分散布置。自行车停车场靠近城市轨道交通车站出入口的实例如图 6-19—图 6-23 所示。自行车停车场远离城市轨道交通车站出入口的实例如图 6-24—图 6-27 所示。

图 6-19 台北核心区大同区双连站

图 6-20 台北核心区中山区大直站

6.2.6 自行车停车场的内部排列形式

自行车停车场场地内的排列形式可分为垂直式和斜列式两种。当场地较宽时,一般采用垂直停放;当宽度不足时,可采用斜列式(斜列 30°、45°、60°)。对台北都会区内接驳城市轨道交通的自行车停车场内部排列形式进行调查,结果见表 6-4。

图 6-21　台北核心区中正区西门站

图 6-22　台北核心区大安区六张犁站

图 6-23　台北核心区信义区市政府站

表 6-4　台北都会区衔接城市轨道交通的自行车停车场内部排列形式统计

指标项	台北市核心区	台北市非核心区	新北市	台北都会区
垂直式停车场比例	96%	100%	96.43%	97.59%
斜列式停车场比例	4%	0	3.57%	2.41%

图 6-24　台北核心区大安区忠孝复兴站

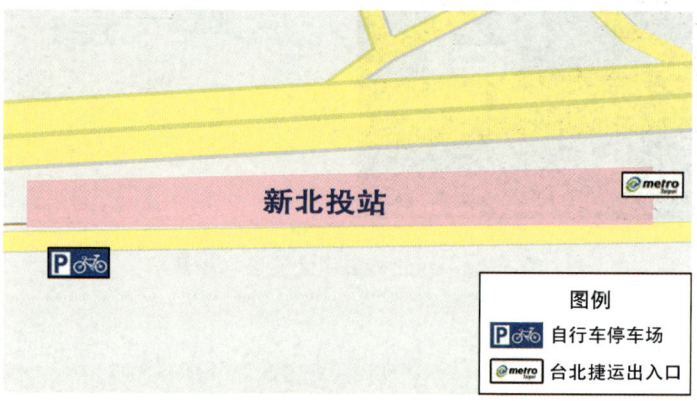

图 6-25　台北市非核心区北投区新北投站

图 6-26　新北市中和区景安站

图 6-27 新北市淡水区淡水站

从场地内自行车排列形式的角度分析,仅有台北市核心区的公馆站和新北市的新埔站周边存在斜列式自行车停车场。斜列式自行车停车场和垂直式自行车停车场的实例分别如图 6-28 和图 6-29 所示。

图 6-28 台北市核心区大安区公馆站斜列式自行车停车场

图 6-29 台北核心区大安区中山纪念馆站垂直式自行车停车场

6.3 自行车接驳交通设施布局基本模式

6.3.1 自行车衔接设施及其作用

自行车衔接设施分类及其作用和说明参见表 6-5。

表 6-5 自行车衔接设施分类及其作用和说明

设施分类	具体类型	作用和说明
停车场地	地面停车场	主要采用的方式
	立体停车场(地上停车楼或地下停车库)	向地下和地上发展多层存放,同等停车规模情况下可节约用地,但停车换乘较地面相对不便
	绿地等分散停车场地	当核心区、中心区用地紧张时,利用道路绿化带、较宽人行道的行道树间空地等分散停车
	与周边公共建筑联合使用	当土地使用受限制时,采用这种方式可弥补自行车停车设施的不足
集散道路	停车场出入口	连接停车场地与自行车道
	自行车道	供自行车通行的道路
辅助设施	岗亭	提高场地的服务水平
	围栏	
	雨棚	
	存车架	节约空间
	指示标志	引导自行车停放

6.3.2 自行车接驳模式

自行车是城市轨道交通车站间接吸引范围内城市轨道交通客流的有效衔接工具,具有方便、灵活、环保等特点,在城市近距离交通中比公交省时、又较为准时,但也存在舒适性和安全性差,事故率高等缺点。由于自行车存在停车随意性强,管理较难等情况,因此,为了充分发挥自行车衔接方式的优点,避免它的缺点,就需要在自行车衔接设施布置上加强规划。自行车接驳轨道交通的模式主要有两种:"普通自行车＋停车场"和"自行车租赁"。"普通自行车＋停车场"的形式在为居民出行提供便利的同时,带来的问题也不断凸显,主要包括:自行车停车场面积大,与城市中心区高昂的地价相较,经济性差;管理粗放、失窃率高;自行车随意停放影响市容;等等。而自行车租赁形式除带来便利以外,在实际运营中也存在诸多问题：系统建设投资大、维修量大、运营亏损等。因此，自行车租赁接驳城市轨道交通更适用于商业区、旅游区、休闲购物区等流动使用需求，以提高被租赁自行车的周转率；相对而言，较不适用于潮汐式大流量的"工作—归家"固定接驳需求。

这两种自行车接驳模式的优缺点见表6-6。

表6-6 两种自行车接驳模式的特点及其适用性

模式	优点	缺点	适用性
普通自行车＋停车场	运营成本较低、无须提供自行车	自行车泊位周转率低、占地面积较大、无人看管情况下安全性低	车站周边有足够用地、自行车需求较难平衡的地区
自行车租赁	自行车泊位周转率较高、现场无须人为看管	运营成本较高、自行车易在租赁期间遗失	全市范围或小区域内自行车需求较为平衡的地区

6.3.3 自行车停车场类型及其适用性

依据自行车停车场的位置、建造形式等，对多种自行车停车场的特点及适用性进行总结，结果如表6-7所列。

表6-7 各类自行车停车场特点及适用性

分类标准	类型	优点	缺点	适用性	案例车站
场地位置	路边停车场	车辆存取方便、投资较小	安全性较低、不便于管理、干扰行人通行、影响景观	路边有较宽的人行道路段	江湾镇站、锦江乐园站、莲花路站、彭浦新村站（上海轨道交通）
	路外停车场	安全性高、管理方便、对行人和景观的影响较小	投资较大、对用地要求高	车站边有足够用地	莲花路站、莘庄站、东川路站、颛桥站（上海轨道交通）
	移动式停车场	灵活性高、投资较小	不便于管理	移动公共交通工具	—
建造形式	路面停车场(架)	存取方便、建设成本较低、安全性有一定保障	受天气条件影响大、服务质量较低	车站周边有足够的露天停车场地	江湾镇站、锦江乐园站、莲花路站、彭浦新村站、莘庄站、东川路站、颛桥站（上海轨道交通）
	地下停车库	占地面积小、便于管理、安全性较高	存取较不方便、建设成本高	停车需求量大，但用地紧张的地区	东京地铁东西线葛西站
	停车楼（塔）	节省用地、便于管理、安全性较高	存取不便、投资费用高	配合大型公共建筑进行建造	荷兰阿姆斯特丹中央车站

6.3.4 自行车停车场的布置形式

就自行车停车场的布置形式而言,在全市范围内设置自行车停车场的城市轨道交通车站中,大部分主要采用分散布置的形式;在核心区由于用地限制,故应当更多地选择分散布置这种相对灵活的手段来满足自行车停车需求。这样考量的依据是城市轨道交通车站占地面积大,各出入口之间间隔一定距离,且车站周边可用于停放自行车的场地通常都不是一块完整的区域;同时,也为了更好地辐射各个方向的自行车接驳客流需求。而自行车停车场集中布置的形式可以在城市轨道交通外围车站(如线路起终点站、外围大型居住区附近的车站等)使用。

对于自行车停车场(含电动自行车等带动力两轮车)分散布置的城市轨道交通车站而言,可以因地制宜地将停车所需的总面积分成若干个区域,且须以提高安全性和换乘便捷性为首要原则。

6.3.5 自行车停车场的位置选择

根据自行车衔接客流来源方向(图 6-30 中箭头表示),从安全性、方便性及对交通影响等角度进行分析,按照自行车停车场靠近客流方向、逆行较少、横穿道路较少和侧重于方便进站客流的原则来考虑,在各个位置设置自行车停车场的特点如下:

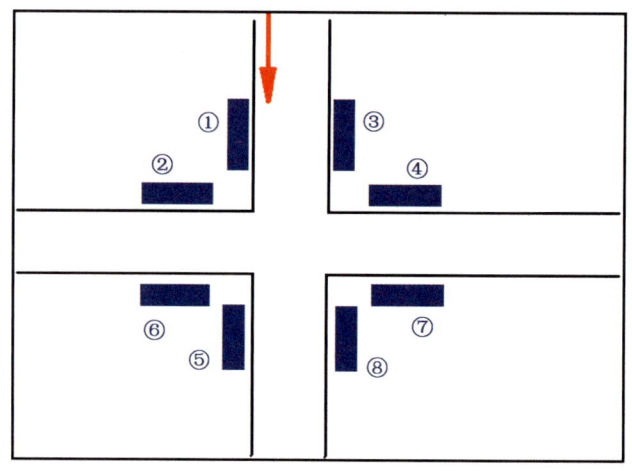

图 6-30 自行车停车场设置优先级

(1) ①号位置:没有逆行,进入停车场不需要横穿道路,离开停车场需要穿越 1 次道路;

(2) ②号位置:离开停车场部分路段逆行,进入停车场不需要横穿道路,离开停车场需要穿越 1 次道路;

(3) ③号位置:没有逆行,进入停车场需要横穿 1 次道路,离开停车场不需要穿越道路;

(4) ④号位置:进入停车场部分路段逆行,进入停车场需要横穿 1 次道路,离开停车

场不需要穿越道路;

(5) ⑤号位置:没有逆行,进入停车场需要横穿1次道路,离开停车场需要穿越2次道路;

(6) ⑥号位置:进入停车场部分路段逆行,进入停车场需要横穿1次道路,离开停车场需要穿越2次道路;

(7) ⑦号位置:没有逆行,进入停车场需要横穿2次道路,离开停车场需要穿越1次道路;

(8) ⑧号位置:进入停车场部分路段逆行,进入停车场需要横穿2次道路,离开停车场需要穿越1次道路。

结合车站周边用地供给条件,可根据实际情况调整自行车停车场的位置。例如,图6-30中的①号和③号位置对于自行车往返的两个方向而言属于同等有利位置。

6.3.6 自行车停车场的内部排列形式

自行车停车场地的布置须因地制宜,不宜硬性规定或机械搬用,可根据用地形状进行场地布置,设计交通线路。自行车停车场地的布置通常有两种:主线通道式(图6-31)和主线、支线通道式(图6-32)。近似长方形的用地可布置成主线通道式,常用于路上停放或小型分散的停车场;近似正方形的用地可布置成主线、支线通道式,常用于大规模的停车场。

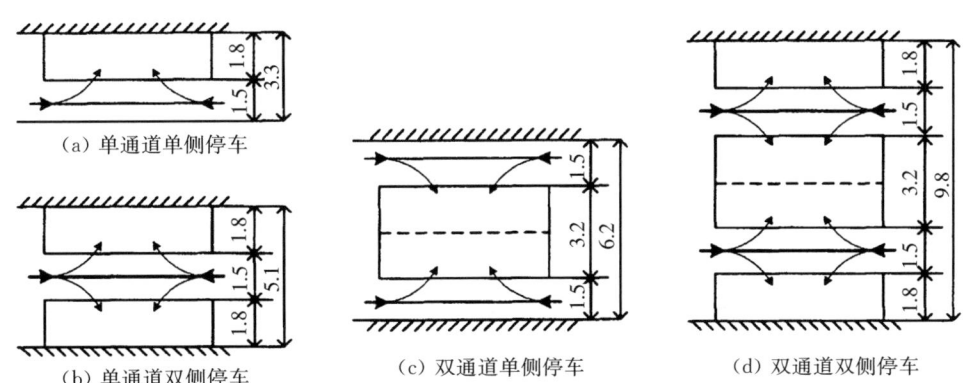

图6-31 主线通道式停车场布置(单位:m)

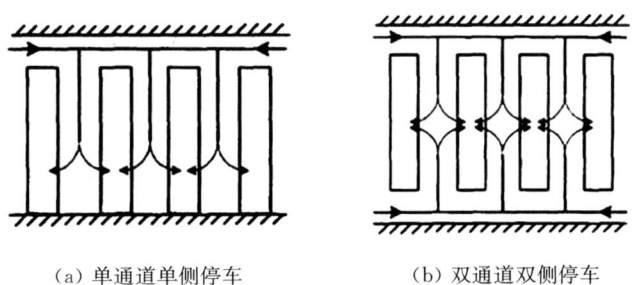

图6-32 主线、支线通道式停车场布置

自行车的停放应以出入方便为首要原则,主要停放形式有斜列式和垂直式两种。使用平面布置可按场地条件采用单排或双排排列(图 6-33)。在同样的停车需求下,垂直式排列更节约用地;若在比较狭窄的区域(如宽度小于自行车长度),应采用斜列式排放车辆,以满足停车需求。自行车停车场的主要设计指标、自行车带宽度和通道宽度、自行车单位停车面积可参见《城市道路设计规程》(DGJ08—2106—2012)。

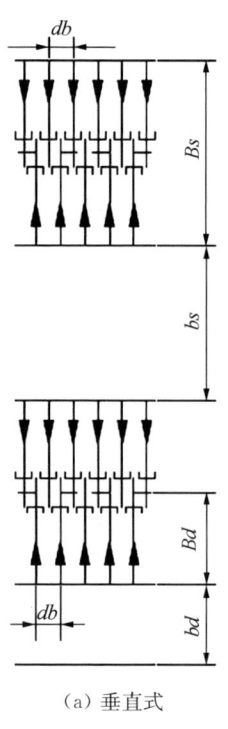
(a) 垂直式

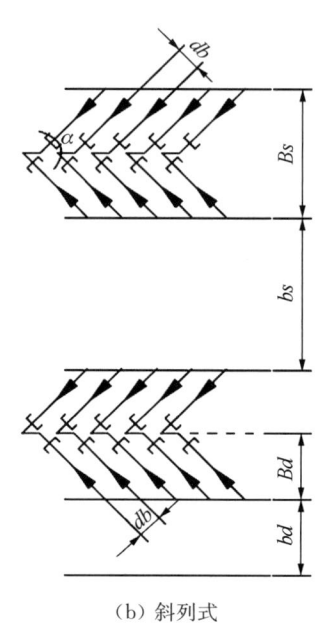
(b) 斜列式

db—车辆间隔,m;
bd—一侧停车通道宽度,m;
Bd—单排停车带宽度,m;
bs—两侧停车通道宽度,m;
Bs—双排停车带宽度,m;
a—非机动车纵轴与通道的夹角,(°)。

图 6-33 自行车停车方式

7 公交接驳交通设施设计与布局

公交接驳交通设施主要是公交站台和泊位,根据高峰小时城市轨道交通车站公交接驳的乘客量估算所需的接驳公交线路数量,进而推算公交车接驳站的泊位数量和用地规模。

除了传统公交接驳,社区公交(如楼巴、住宅小区巴士等)也是公交接驳的一种形式,社区公交的站台泊位数量和用地规模计算也可采用类似的方法,相关参数可依据其车型、定员、发车频率等方面与传统公交的差异而另行确定。

7.1 公交接驳交通设施规模

7.1.1 公交接驳线路数量估算方法

已知远期高峰小时城市轨道交通车站采用公交接驳的乘客量,则公交线路运送能力的计算公式如下:

始发线路

$$C_{od} = \frac{60R \cdot r}{t_i} \quad (7-1)$$

单向途经线路

$$C_o = \frac{60B}{t_i} \quad (7-2)$$

式中　C_{od}——始发线路高峰小时运送能力,人次/h;

　　　C_o——单向途经线路高峰小时运送能力,人次/h;

　　　R——公交车额定载客数,人,其计算公式为 $R=$ 车厢固定乘客座位数+车厢有效站立面积×每平方米允许站立人数,通常每平方米允许站立人数按 5 人计算;

　　　r——高峰小时满载率;

　　　B——高峰小时中间站平均允许上客人数,人;

　　　t——高峰小时发车间隔,min。

在计算得到两种类型线路的运送能力之后,即可根据远期高峰小时城市轨道交通车站采用公交接驳的乘客量来确定所需的公交接驳线路数。

7.1.2 公交接驳站通行能力计算方法

公交接驳站通行能力基于以下假定[25]:

(1) 车辆到达服从泊松分布;

(2) 车辆在站停靠时间服从正态分布;

(3) 当车内有站立乘客时,乘客上车时间增加 30%;

(4) 当车辆地板高度比常规公交车低时,乘客上车时间减少 20%,前门下客时间减少 15%,后门下客时间减少 25%;

(5) 直接式停靠站车辆不能互相超越;

(6) 港湾式停靠站车辆可以互相超越。

单泊位公交接驳站的通行能力计算公式见式(7-3):

$$B_1 = \frac{3\,600(g/c)}{t_c + t_d(g/c) + t_{om}} = \frac{3\,600(g/c)}{t_c + t_d(g/c) + Z_a c_p t_d} \quad (7-3)$$

多泊位公交接驳站的通行能力计算公式见式(7-4)和式(7-5):

$$B_s = \frac{N_{el} 3\,600(g/c)}{t_c + t_d(g/c) + t_{om}} = \frac{N_{el} 3\,600(g/c)}{t_c + t_d(g/c) + Z_a c_p t_d} \quad (7-4)$$

$$t_d = P_a t_a + P_b t_b + t_{oc} \quad (7-5)$$

式中 B_1——单泊位公交车接驳站通行能力,辆/h;

B_s——多泊位公交车接驳站通行能力,辆/h;

g/c——绿信比(无信号交叉口取 1);

t_c——清空时间,s;

t_d——平均停靠时间,s;

t_{om}——运行时间裕量,s;

Z_a——设计失败率 a 对应的标准正态分布值;

c_p——停靠时间的变异系数;

N_{el}——停靠站有效泊位数,可参考文献[26]取值;

P_a——通过最繁忙车门的下车人数,人/车;

t_a——乘客下车的服务时间,s/人,可参考文献[26]取值;

P_b——通过最繁忙车门的上车人数,人/车;

t_b——乘客上车的服务时间,s/人,可参考文献[26]取值;

t_{oc}——开关门时间,s。

当几条公交线路均经过同一路段时,中途站宜合并设置。公交车站的通行能力应与各条线路最大发车频率的总和相适应。另外,中途站的共站公交线路条数不宜超过 6 条或高峰小时最大通过车数不宜超过 80 辆,当超过该规模时,宜分设车站。

7.1.3 公交接驳站泊位数量确定方法

公交接驳站有效泊位数量应根据式(7-6)确定:

$$N_b = \frac{Q}{B_1} \quad (7-6)$$

式中 Q——公交接驳站远期车站高峰小时到站的公交车数量,辆/h;
　　　B_1——单泊位接驳站通行能力,辆/h。

公交接驳站实际泊位数量应取大于有效泊位数的最小正整数。需要注意的是,一条公交接驳线路首末站宜布置2~3个泊车位。

7.1.4 公交接驳站用地规模

1. 首末站用地规模

公交车使用区域由上客区、下客区、乘客疏散步行通道、乘客候车区和公交车调头车道组成。公交车在下客区放下乘客(行人经步行通道疏散),再行至乘客候车处上客(调头可以在上客之前或之后),然后驶离。

公交接驳站用地规模可利用式(7-7)进行计算:

$$S_b = N_b S_{ba} + \frac{QN}{3\,600 V_p \Delta_p} l_b + N_{bp} t_{bp} S' + S_d \qquad (7-7)$$

式中 N_b——公交接驳站实际泊位数量,个;
　　　S_{ba}——每个泊位的面积,m²,该参数的值与不同车型的尺寸有关;
　　　Q——公交接驳站远期车站高峰小时到站的公交车数量,辆/h;
　　　N——每辆公交车的平均载客数,人/辆;
　　　Δ_p——下车乘客平均步行密度,人/m²;
　　　V_p——下车乘客平均步行速度,m/s;
　　　l_b——公交乘客疏散时的平均步行距离,m;
　　　N_{bp}——高峰时段公交候车乘客平均到达率,人/min;
　　　t_{bp}——公交乘客的平均候车时间,min;
　　　S'——平均每位乘客候车时所占用的面积,m²/人;
　　　S_d——公交车辆调头车道的面积,m²。

经过以上计算得到的用地规模还须符合《城市道路公共交通站、场、厂工程设计规范》(CJJ/T 15—2011)中第2.1.3条的相关规定。

2. 中途站用地规模

中途站停靠区的规模应符合《城市道路公共交通站、场、厂工程设计规范》(CJJ/T 15—2011)中第2.2.8条的相关规定。

中途站候车亭、站台、站牌及候车廊的设计应符合《城市道路公共交通站、场、厂工程设计规范》(CJJ/T 15—2011)中第2.1.11条—第2.1.14条的相关规定。

7.1.5 公交接驳线路停车场规模

公交车接驳线路停车场规模应符合《城市道路公共交通站、场、厂工程设计规范》

(CJJ/T 15—2011)中第 3 章的相关规定。

7.2 公交接驳交通设施布局案例调查与分析

城市轨道交通车站的公交接驳设施布局与车站出入口位置分布、周边道路、公交换乘客流方向及需求等因素有着密切的关系。本节在广泛调查了日本、新加坡的城市轨道交通车站公交接驳交通设施布局的基础上，按车站与周边道路的关系进行分类，并对典型案例做分析总结。

7.2.1 城市轨道交通车站附近有一条道路的案例

1. 出入口位于道路一侧

宫崎台站位于日本东京都神奈川县，是东京急行电铁运营的田园都市线上的一个中间站，且为高架车站。车站周围主要为商业用地，2011 年该站的日平均乘降人数为 44 198 人。

宫崎台站共有两个出入口，即南出入口和北出入口，分别设置在相邻两条道路上。距离南出入口 30 m 处有一深港湾式公交车站。宫崎台站整体布局如图 7-1 所示，公交站实景见图 7-2。

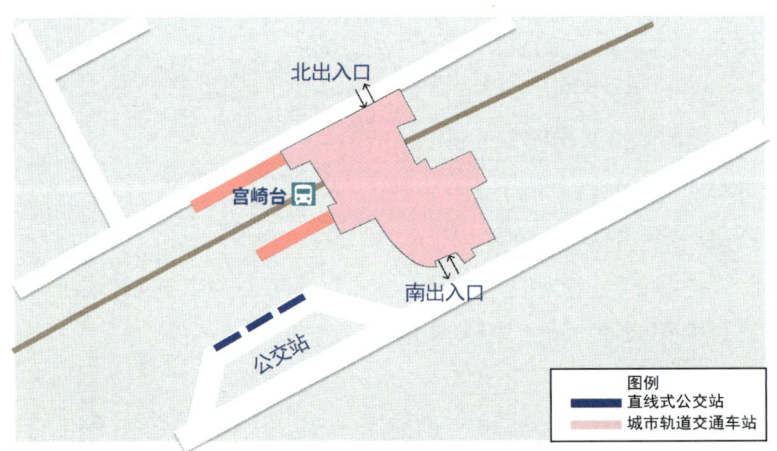

图 7-1 宫崎台站布局

新加坡的后港站是东北线上的一个中间站，为地下车站。后港站的布局如图 7-3 所示。后港站共有 3 个出入口，且 3 个出入口都位于车站周围的小区内，距离 3 号出入口右侧 30 m 处为一公交场站的出入口，如图 7-4 所示。距离 3 号出入口左侧 80 m 处为沿着路边绿化人行道布设的港湾式公交车站，如图 7-5 所示。

图 7-2　宫崎台站南出入口附近的公交车站

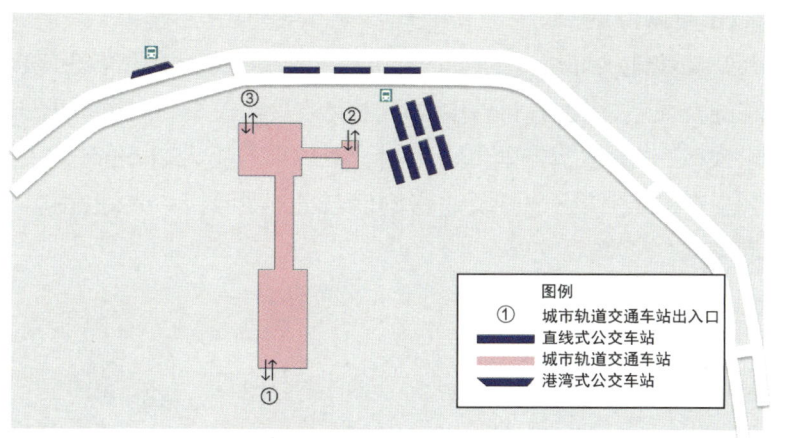

图 7-3　后港站布局

图 7-4　后港站附近的公交场站

图 7-5 后港站附近的港湾式公交车站

2. 出入口位于道路两侧

达科达站为新加坡地铁环线上的一个中间站,车站形式为地下车站,该站位于旧机场路与达科达环路的交叉口,周围分布着中高层住宅楼及学校等,布局如图 7-6 所示。达科达站共有两个出入口,分别位于吉里玛路两侧。距离 1 号出入口 50 m 处沿路边绿化带布置一个港湾式公交车站,道路另一侧及道路同侧与此站距离 50 m 处,都以同样的形式分别布置了一个港湾式公交车站。

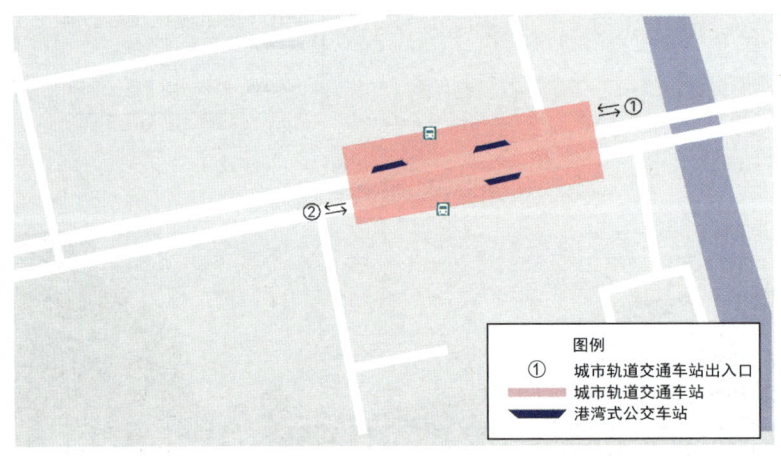

图 7-6 达科达站布局

7.2.2 城市轨道交通车站附近有两条道路的案例

1. 出入口位于交叉口的 4 个象限内

欧南园站为新加坡地铁东北线和东西线的换乘站,且两线均为地下线。该站地处新加坡中央商业区,位于新桥路、余东璇街、广东民路和欧南路的路口下方,拥有地下四层楼。车站布局如图 7-7 所示。

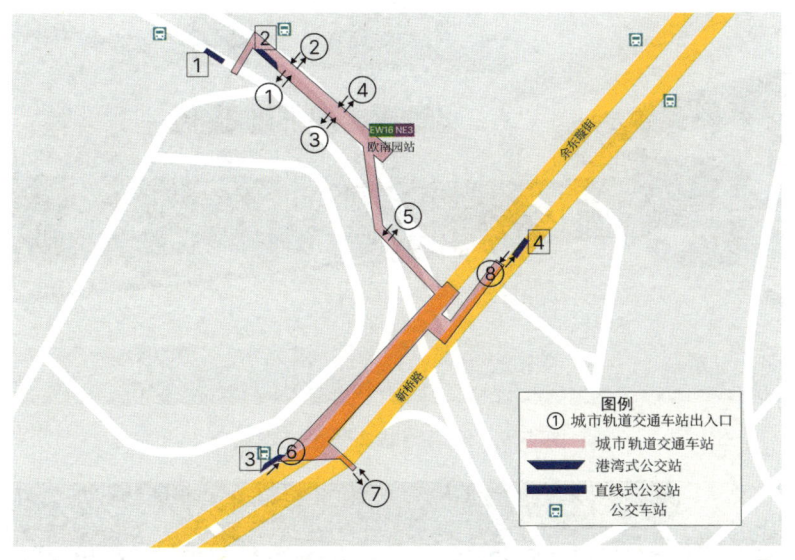

图 7-7 欧南园站布局

欧南园站共有 8 个出入口，分布在欧南路与新桥路交叉口的 4 个象限内。该站出入口 100 m 范围内共有 4 个公交车站，其中 1 号公交车站与地铁 1、2 号出入口相连的人行天桥距离约为 5 m，为沿人行道设置的直线式公交车站；2 号公交车站与地铁 1 号出入口距离约为 5 m，为沿人行道设置的港湾式公交车站。3 号公交车站与地铁 6 号出入口直接相连，为沿路边绿化带设置的港湾式公交车站。4 号公交车站与地铁 8 号出入口直接相连，为沿人行道设置的直线式公交车站。其中，2～4 号公交车站都设置在交叉口进口道，1～4 号公交车站实景如图 7-8—图 7-11 所示。

图 7-8 欧南园站 1 号公交车站

图 7-9 欧南园站 2 号公交车站

图 7-10 欧南园站 3 号公交车站

图 7-11 欧南园站 4 号公交车站

2. 出入口位于交叉口 3 个象限内

波东巴西站为新加坡地铁东北线上的一个中间站,位于新加坡核心区外中心区内的波东巴西地区实龙岗路上段和波东巴西第一道的南端。该站周围主要为别墅区和一些高层住宅区。

波东巴西站为地下两层岛式站台,地下一层为站厅层,地下二层为站台层。该车站有 3 个出入口,分别位于实龙岗路上段东西两侧以及波东巴西第一道的北侧,即交叉口的三个象限内。车站布局如图 7-12 所示。

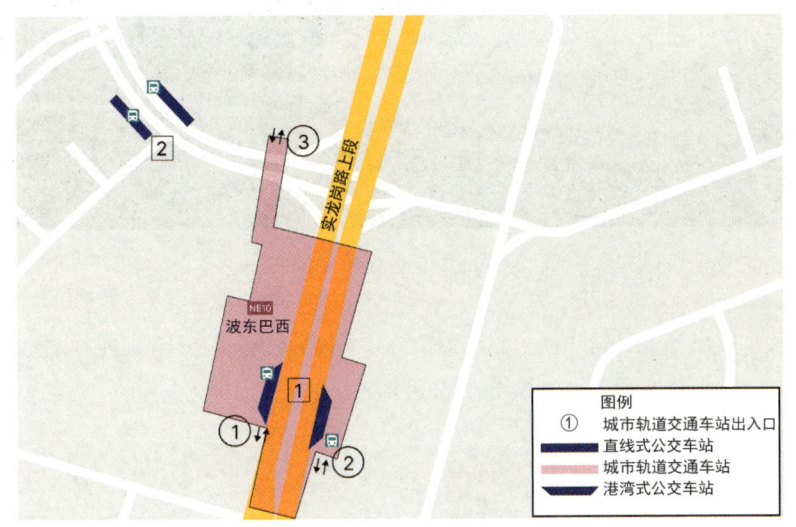

图 7-12 波东巴西站布局

波东巴西站每个出入口附近都有公交车站,位于 1 号和 2 号出入口前的公交车站沿道路绿化带设置,为浅港湾式公交车站(图 7-13)。3 号出入口往西北方向 80 m,位于波东巴西第一道两侧沿路边绿化带设置了直线式公交车站,如图 7-14 所示。

图 7-13 波东巴西站 1(2)号出入口前的公交车站

图 7-14 波东巴西站 3 号出入口附近的公交车站

兀里站为新加坡东北线上的一个车站，位于阿裕尼路上段与实龙岗路上段的交叉口处。车站周围主要为住宅区与学校，布局见图 7-15。

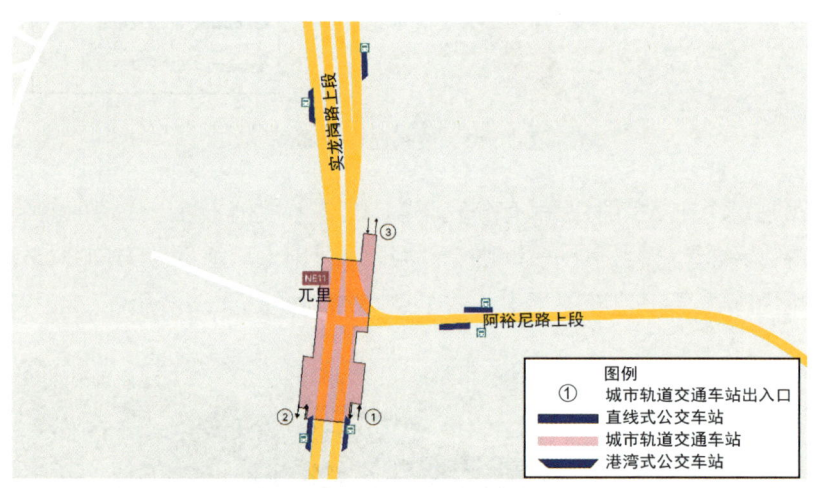

图 7-15 兀里站布局

兀里站共有 3 个出入口，分别位于实龙岗路上段两侧，在交叉口的 3 个象限内。车站出入口 200 m 范围内共布置了 3 组(6 个)公交车站。距离兀里站 1、2 号出入口 50 m，实龙岗路上段两侧且沿路边绿化带相对分布着港湾式公交站(图 7-16)。距离 3 号出入口约 200 m 处，同样位于实龙岗路上段两侧相错分布着港湾式公交站(图 7-17)。距离 1、3 号口均约 150 m，位于阿裕尼路上段两侧且沿着路边绿化带相对分布着两个直线式公交站，如图 7-18 所示。

图 7-16 兀里站 1(2)号出入口附近的公交车站

图 7-17 兀里站 3 号出入口附近的港湾式公交车站

图 7-18 兀里站 3 号出入口附近的直线式公交车站

3. 出入口位于交叉口 2 个象限内

方南町站为日本东京都杉并区的东京地下铁丸之内线车站,处在环七大道与方南大道交叉口附近。该站的结构形式为地下岛式站台,车站周围分布着小商铺和几所学校,根据东京都统计年鉴,2011 年该站每日平均乘降人数为 31 095 人。车站布局见图 7-19。

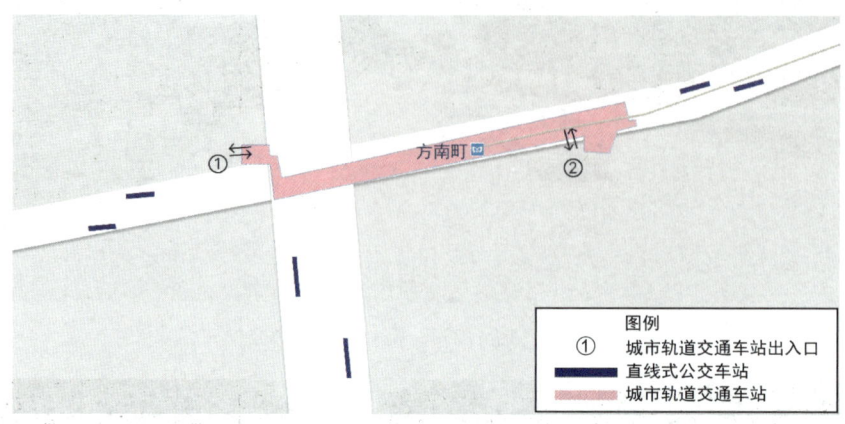

图 7-19 方南町站布局

方南町站共有两个出入口,分别位于环七大道与方南大道,分布于交叉口的两个象限内。该站周围分布着 3 组(6 个)公交车站,形式均为直线式公交车站。距离方南町站 1 号出入口 50 m 沿方南大道两侧的人行道布设直线式公交车站(图 7-20);距离 1 号出入口 80 m 处沿环七大道两侧人行道布设直线型公交车站(图 7-21);距离 2 号出入口 50 m 沿方南大道两侧人行道布设直线式公交车站(图 7-22)。

图 7-20 方南町站 1 号出入口附近的公交车站(沿方南大道)

图 7-21　方南町站 1 号出入口附近的公交车站(沿环七大道)

图 7-22　方南町站 2 号出入口附近的公交车站

4. 出入口位于交叉口 1 个象限内

加冷站为新加坡东西线上的一个车站,位于芽笼巷与 sims 大道交叉口附近。芽笼巷为双向 6 车道道路,sims 大道为单向 3 车道道路。加冷站为地上高架两层车站,该站周围多为商业区。

加冷站共有两个出入口,都位于 sims 大道北侧,芽笼巷西侧,车站布局见图 7-23。距离加冷站 1 号出入口 30 m 处沿人行道布设一个港湾式公交车站 1;距 2 号出入口约 100 m 在芽笼巷道路两侧相错分布着两个沿人行道布置的直线式公交车站 2 和 3;距离 1 号出入口约 200 m 沿 sims 大道的高架下布设了一个直线式公交车站 4。在轨道交通出入口所在的象限,公交车站 1 和公交车站 2 分别布置在交叉口的进口道及出口道,同时,公交车站 3 布置在进口道,公交车站 4 布置在出口道。1~4 公交车站见图 7-24—图 7-26。

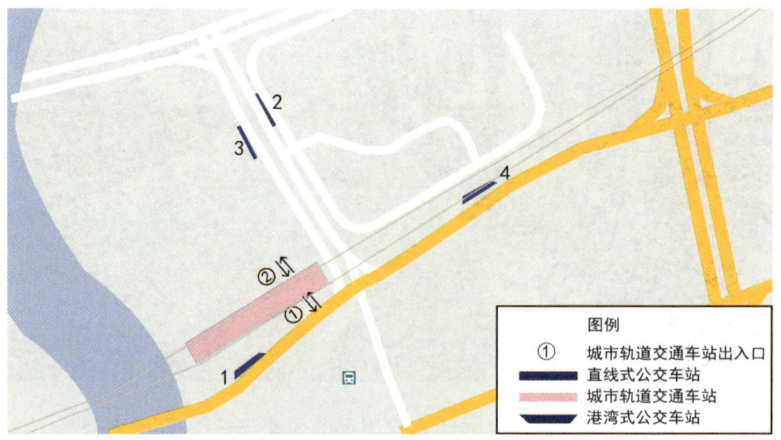

图 7-23 加冷站布局

图 7-24 加冷站附近的公交车站 1

图 7-25 加冷站附近的公交车站 2 和 3

图 7-26　加冷站附近的公交车站 4

7.2.3　城市轨道交通车站附近有多条道路的案例

1. 深港湾式公交站台

西葛西站位于东京江户川区,处于东京核心区以外。该站为东京地下铁东西线上的一个中间站,是侧式站台高架车站。车站 500 m 范围内多为商铺,500 m 范围外有多所中小学、公园等。根据东京地铁官网数据,西葛西站 2022 年平均每天的客流量为 88 528 人。

西葛西站共有两个出入口,即南出入口和北出入口,分布于道路两侧,车站布局如图 7-27 所示。距离北出入口 40 m 处,沿人行道分布着港湾式公交车站 1;距南出入口 20 m 处的公交车站 3 为一平行式布置的公交站场,与轨道线路呈垂直分布状态。在公交

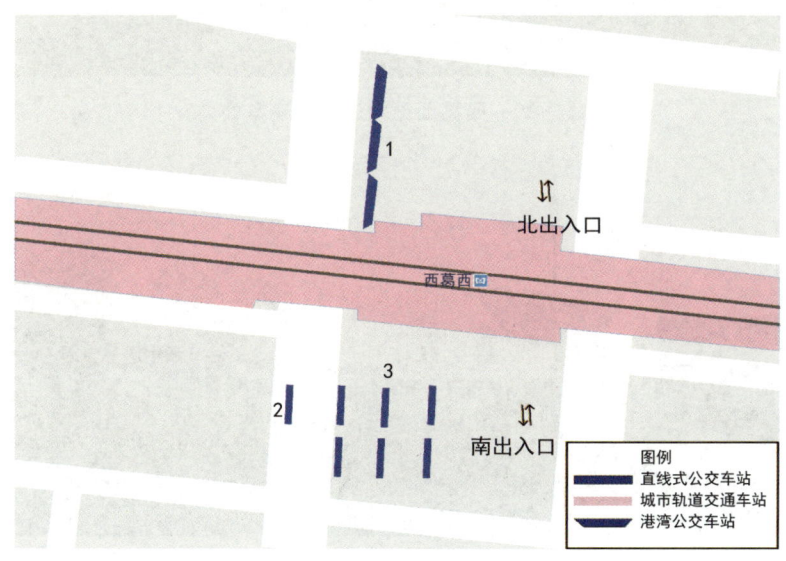

图 7-27　西葛西站布局

车站 3 的道路对面,距离南出入口约 60 m 处的公交车站 2,其布置形式为沿人行道布置的直线式。1、2、3 号公交车站如图 7-28—图 7-30 所示。

图 7-28　西葛西站附近的公交车站 1

图 7-29　西葛西站附近的公交车站 2

图 7-30　西葛西站附近的公交车站 3

2. 站前广场式公交车站

武藏境站位于东京都武藏野市,为多摩川线(西武铁道)和中央本线(JR 东日本)的一个换乘站。两线都为高架线路。武藏境站为多摩川线的起点站,站台形式为侧式站台;中央本线的站台形式也为侧式站台。两车站位置基本平行,通过一层站厅层进行换乘。

武藏境站周围聚集着多家医院、学校和商铺。根据 2012 年 JR 东日本统计资料,中央本线在该站的乘客人数为 62 706 人/日,而多摩川线在该站的上下车人数为 28 281 人/日。

武藏境站有两个出入口,分别为北出入口和南出入口,分布在道路两侧。两个出入口外都有多个公交车站(图 7-31)。

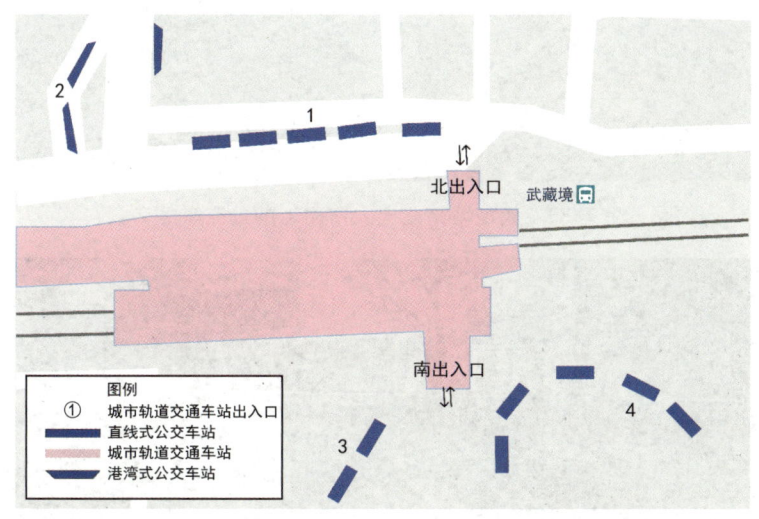

图 7-31　武藏境站布局

武藏境站北出入口外有两个公交车站,公交车站 1 就在北出入口道路对面,该公交车站设置在机非分隔带上,为简单的直线式公交车站(图 7-32);距离北出入口 120 m 处为公交车站 2,它沿着人行道设置,为港湾式公交车站(图 7-33)。

图 7-32　武藏境站北出入口对面公交车站 1

武藏境站南出入口外也有两个公交车站,这两个公交车站都在南出入口的视野范围内。公交车站3沿着机非分隔带设置,为直线式公交车站(图7-34)。公交车站4是半椭圆形的,且沿人行道分布,为直线式公交车站(图7-35)。

图7-33 武藏境站北出入口附近的公交车站2

图7-34 武藏境站南出入口附近的公交车站3

图7-35 武藏境站南出入口附近的半椭圆形公交车站4

7.2.4 案例小结

从上述这些案例可以发现,日本和新加坡的城市轨道交通车站的公交接驳设施都十分便捷,以下从三个方面对其进行小结:

(1) 从公交车站与城市轨道交通车站出入口的位置关系来看,一般城市轨道交通车站出入口外即为公交车站或者公交车站与城市轨道交通车站出入口之间的距离不超过100 m。

(2) 从公交车站与道路交叉口的位置关系来看,若到站公交车数量较多,同时换乘客流量较大,可以将公交车站设置在道路交叉口进口道上,即在有城市轨道交通车站出入口的象限,公交车站尽可能地就近设置在道路进口道上。

(3) 从公交车站的布置形式来看,在城市核心区的公交接驳设施规模较小,形式较为简单,多为直线式公交车站或者沿人行道、路边绿化带布置的港湾式公交车站。在城市核心区以外,公交接驳规模有所增加,故会设置多个公交车站,形式也不仅仅是简单的直线式,而是根据客流大小及车站空地适当布置深港湾式公交车站或者站前广场式公交车站。

纵观上述案例可以发现,公交车站都尽可能地与城市轨道交通车站出入口直接相连,在出入口100 m范围内都能找到公交车站;在需要优先考虑换乘客流的地方,将公交车站设置在有城市轨道交通车站出入口的道路交叉口进口道上。在城市中心区,公交车站应尽量简化,可设置为直线式或港湾式;在城市中心区之外,根据客流情况和车站用地情况可适当设置深港湾式公交车站以及站前广场式公交车站。

7.3 公交接驳交通设施布局的基本模式

经过对本书7.2节案例的分析,可以根据各个城市轨道交通车站周边道路的数量对其进行分类,再结合车站出入口的客流及道路车流,对公交接驳交通设施与车站的位置关系进行归纳总结;通过对实际案例的分析以及文献查阅,对公交接驳站的布置形式进行归纳。

7.3.1 公交接驳交通设施与城市轨道交通车站的位置关系

公交接驳交通设施与城市轨道交通车站的位置关系可依据城市轨道交通车站周边道路数量、车站出入口与道路的相对位置关系等条件分为三大类七小类(表7-1)。

表 7-1 公交车接驳站与城市轨道交通车站的衔接模式及适用条件

城市轨道交通车站位置	城市轨道交通车站示意图	公交车站位置	模式
A 类：车站附近有一条道路 A1：车站出入口位于道路一侧			公交车站分别布置在道路两侧。道路上设置过街设施。两侧公交车站分别靠近城市轨道交通车站出入口和过街设施出入口
A2：车站出入口位于道路两侧			公交车站分别设置在道路两侧靠近城市轨道交通车站出入口处，且采用错位布置形式
B 类：车站附近有两条道路 B1：车站出入口位于交叉口 4 个象限内			模式 1：公交车站设置在道路交叉口各象限的进口道处，尽量靠近城市轨道交通车站出入口

156

(续表)

城市轨道交通车位置	城市轨道交通车站示意图	公交车站位置	模式
B1：车站出入口位于交叉口4个象限内		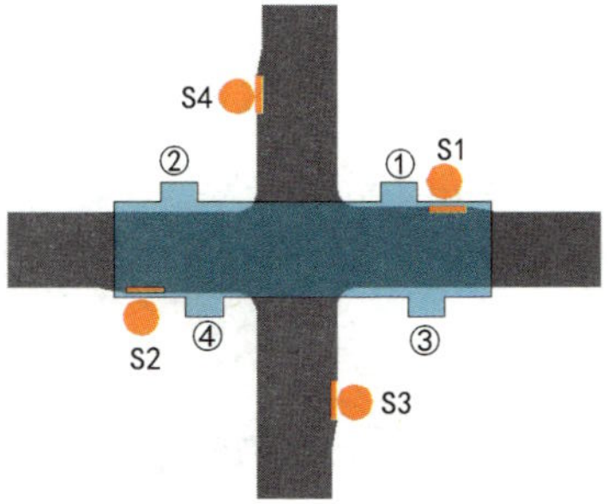	模式2：公交车站设置在道路交叉口各象限的出口道处，尽量靠近城市轨道交通车站出入口
B2：车站出入口位于交叉口3个象限内	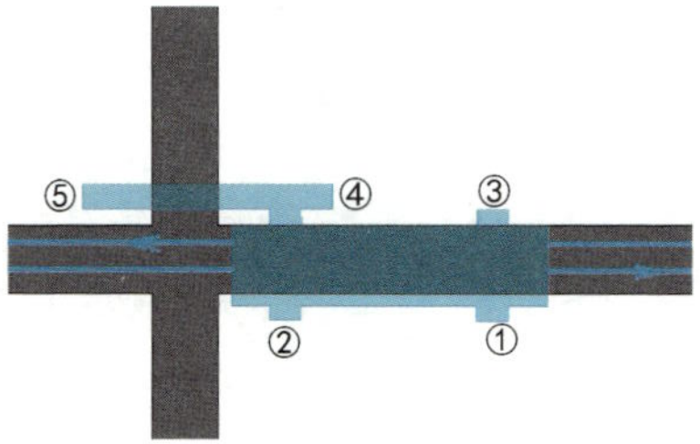	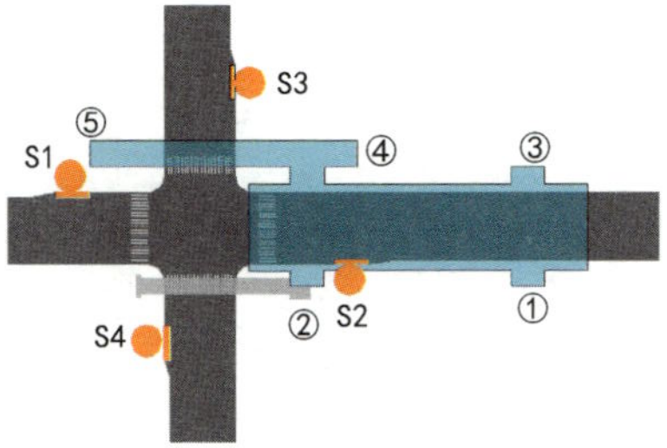 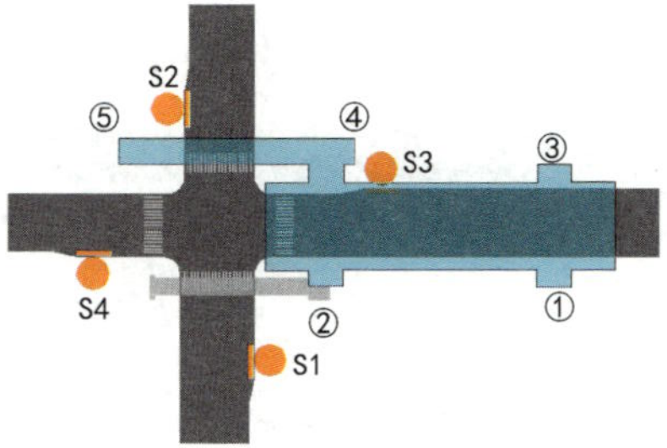	模式1：在道路交叉口各出(进)口道处各设一个公交车站，且尽量靠近城市轨道交通车站出入口。根据出入口象限内公交车站的客流量及车流量大小等判断是否设置立体过街设施

B 类：车站附近有两条道路

(续表)

城市轨道交通车站位置	城市轨道交通车站示意图	公交车站位置	模式
B2：车站出入口位于交叉口3个象限内		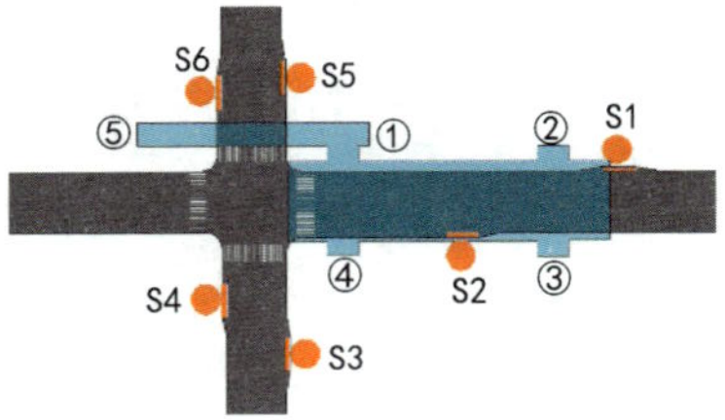	模式2：设置3组（共6个）公交车站，且公交车站应尽量靠近城市轨道交通车站出入口
B3：车站出入口位于交叉口2个象限内	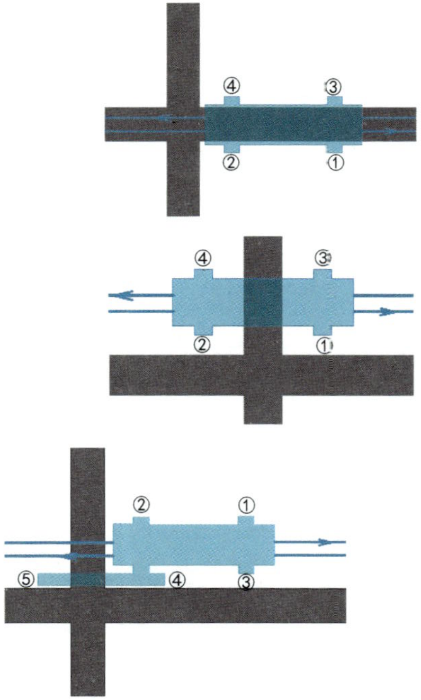	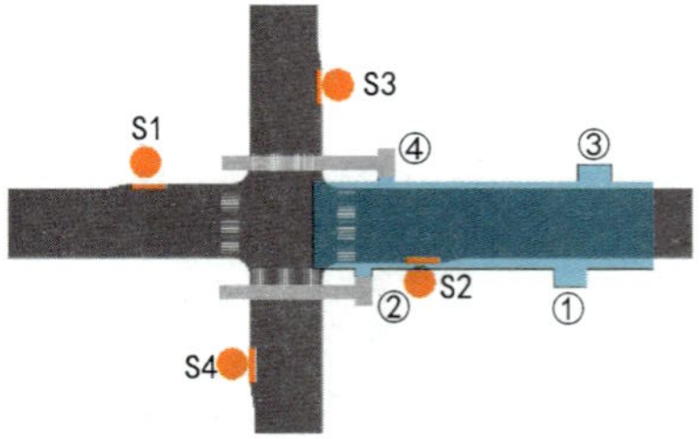	模式1：分别设置立体过街设施，将无城市轨道交通车站出入口的另2个象限与城市轨道交通车站出入口所在象限相连，然后参照B1类设置

B类：车站附近有两条道路

(续表)

城市轨道交通车站位置	城市轨道交通车站示意图	公交车站位置	模式
B3：车站出入口位于交叉口2个象限内		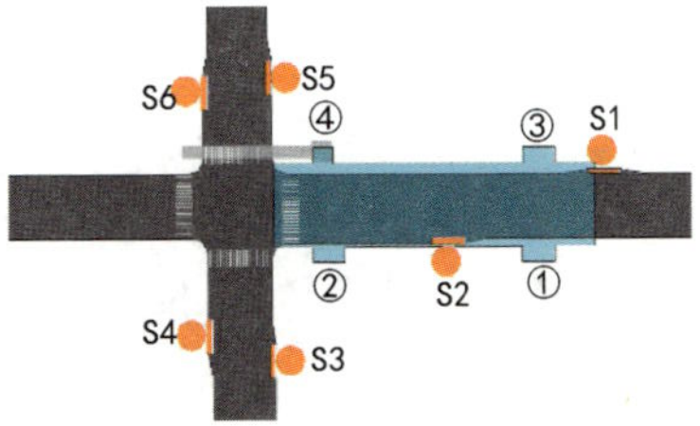	模式2：将换乘需求大的公交车站所在的象限利用过街设施与城市轨道交通车站出入口相连，然后参照B2类模式2设置
			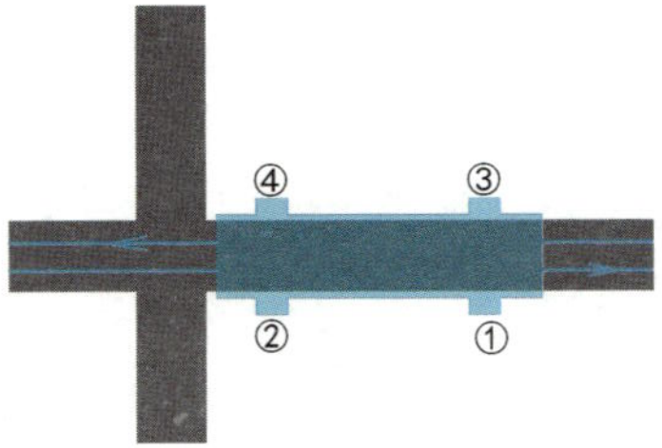 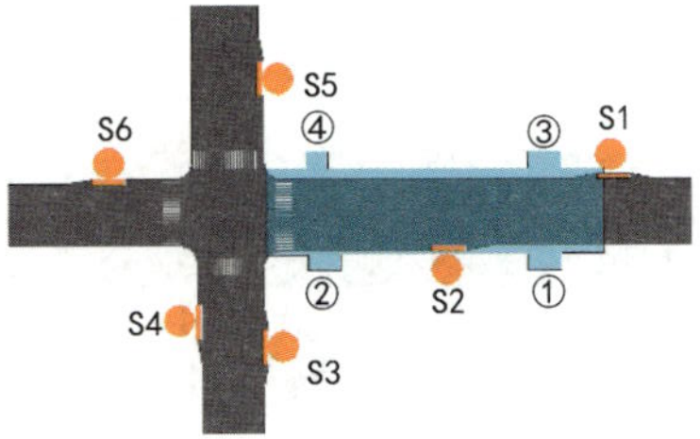 模式3：无出入口象限公交车站设置在出口道处，其余象限的公交车站设置在进口道及出口道处，并尽量靠近城市轨道交通车站出入口
B4：车站出入口位于交叉口1个象限内	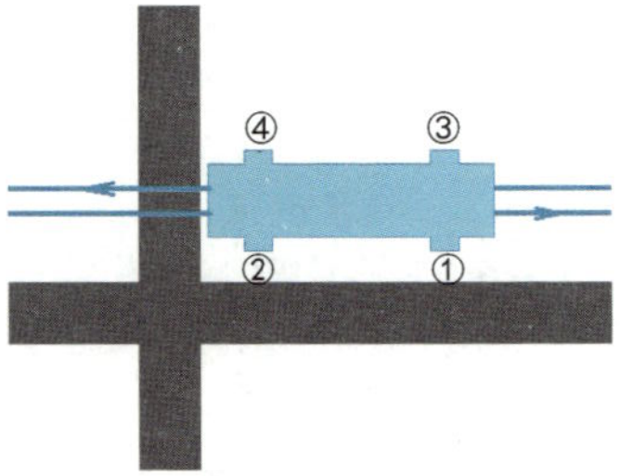	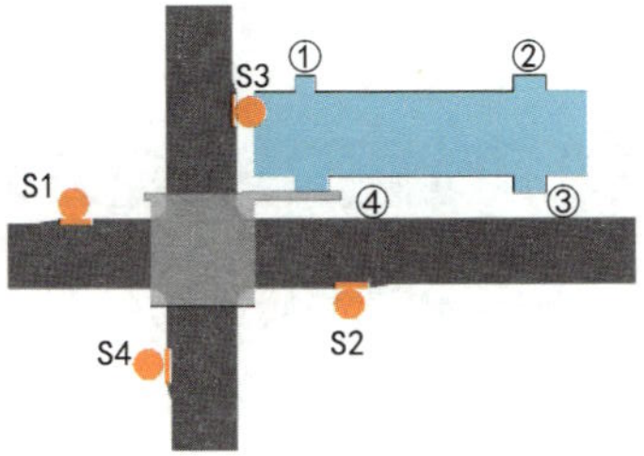	模式1：设置立体过街天桥或地道，将各象限连通起来，实现与地面交通的分离，然后参照B1类设置

B类：车站附近有两条道路

(续表)

城市轨道交通车站位置	城市轨道交通车站示意图	公交车站位置	模式
B类：车站附近有两条道路 B4：车站出入口位于交叉口1个象限内			模式2：分别设置立体过街设施连接相邻两个象限，然后参照B2类模式2设置
			模式3：设置立体过街设施，与相邻换乘客流需求大的象限相连，然后参照B3类模式3设置
			模式4：城市轨道交通车站所在象限进口道与出口道处各设一个公交车站，进口道处设置一个公交车站，道路交叉口的出入口附近，然后设其他三个出口道处再设一个公交车站
C类：车站附近有两条以上道路	五盆路路口、十字路口十支路，城市轨道交通车站位于4条路围成的区域内等	由于该类城市轨道交通车站周边道路条件比较复杂，无法简单地用模式来涵盖各种情况，模式1、模式2和模式3中，衔接的公交设施布局参照B3类模式1、模式2及B4类模式1、模式2和模式3中的立体人行设施可参考步行接驳设施设计部分，根据立体设施的设置再参照公交接驳中的相应模式。	

注：在B3类模式2及B4类模式1、模式2和模式3中，立体人行设施可参考步行接驳设施设计部分，根据立体设施的设置再参照公交接驳中的相应模式。

7.3.2 公交接驳交通设施布置形式

公交接驳交通设施的主要布置形式有三种：候客车站、深港湾站和站前广场。

1. 候客车站布置形式

候客车站主要有直线式车站和港湾式车站两种形式。东京中心区的公交车站大多采用简单的直线式车站形式，如轨道交通方南町站附近的几个公交车站都是设置在人行道的直线式车站。而港湾式车站又可进一步细分为以下三种类型。

1) 沿人行道设置

当人行道宽度比较富裕(大于 6.5 m)，没有机非分隔带或分隔带较窄，且机动车道上车流量较大时，在不宜设置直线式公交车站的路段，可沿人行道设置港湾式公交车站，如图 7-36 所示。

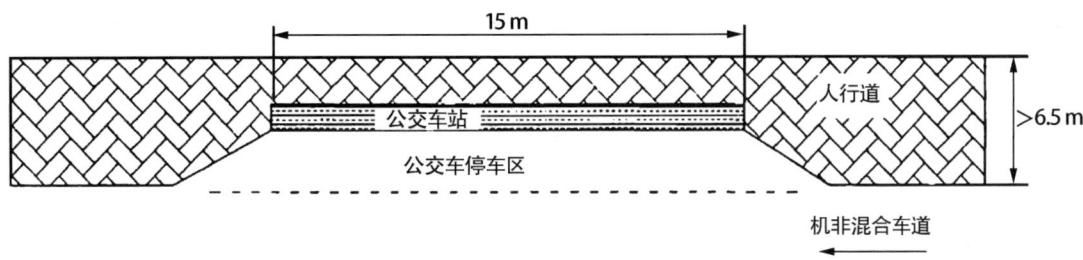

图 7-36 港湾式公交车站设置方法一

新加坡轨道交通车站附近的公交车站基本采用这种形式，例如波东巴西站 1、2 号出入口以及后港站附近的公交车站等(图 7-13、图 7-5)。

2) 在机动车道与非机动车道间设置

对于仅采用划线或隔离栏进行机非分隔或机非分隔带较窄的路段，当机动车与非机动车的流量饱和度均大于 0.6，且人行道宽度大于 6.5 m 时，由于非机动车流量大，若沿人行道设置公交车站，则公交车停靠对非机动车的干扰会较大，对此可沿人行道设置港湾式公交车站，港湾式公交车站的宽度应大于 4 m(图 7-37)。

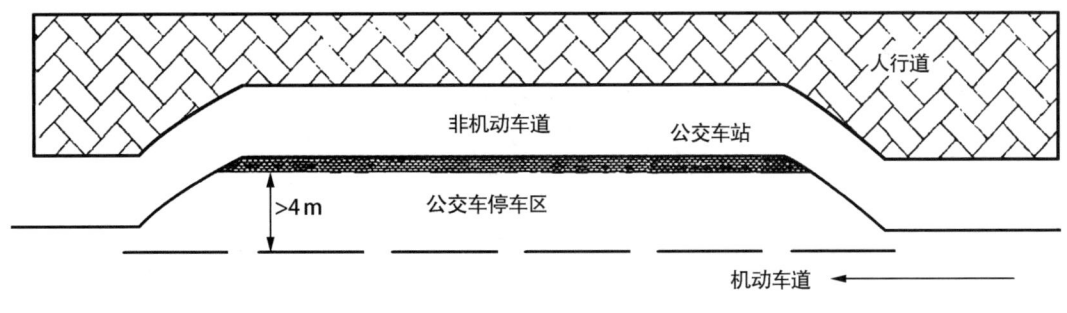

图 7-37 港湾式公交车站设置方法二

3) 沿机非分隔带设置

对于有机非分隔带且机非分隔带宽度大于 4 m 的路段，可以沿机非分隔带设置全港湾式公交车站(图 7-38)。全港湾式公交车站是一种比较完善的公交车站设置形式，公交车停靠时不会形成瓶颈路段，对其他交通流的影响也较小。但全港湾式公交车站对机非分隔带的宽度要求较高，这点对于许多大中城市内的老城区或中心城区来说较难实现。

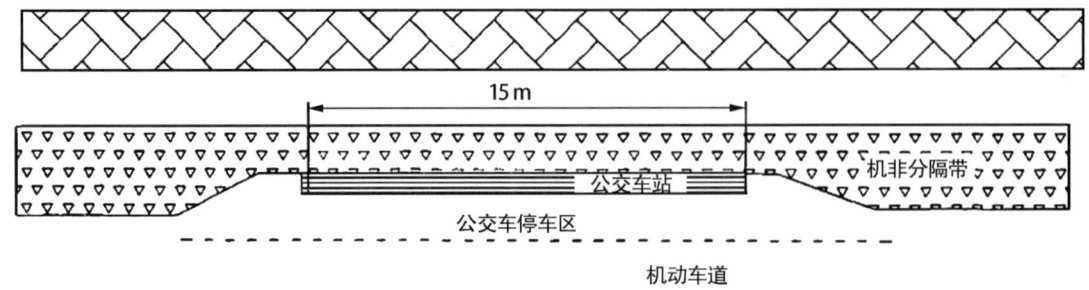

图 7-38　港湾式公交车站设置方法三

当机非分隔带大于 2 m 但小于 4 m，且道路外侧用地又不允许将人行道和非机动车道进行弯曲时，可将公交车站处的机动车道向内侧进行适当弯曲，在满足机动车辆行驶的条件下，将机动车道的宽度进行适当压缩，沿非机动车道设置为半港湾式公交车站，如图 7-39 所示。

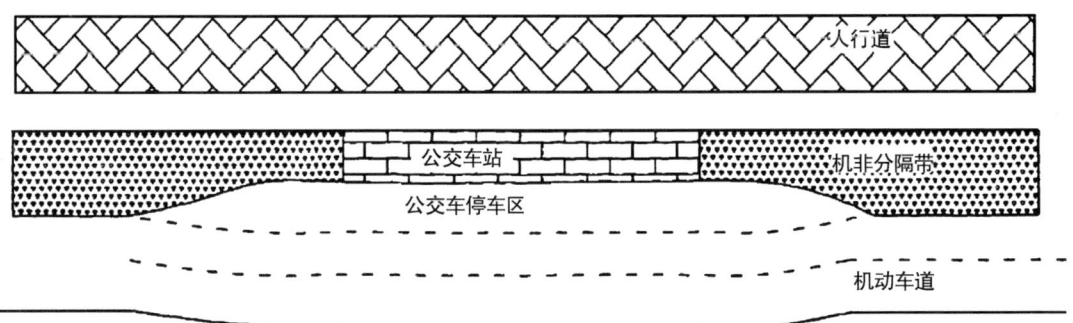

图 7-39　港湾式公交站设置方法四

2. 深港湾站布置形式

公交场站深港湾站布置形式有两种：环状布置、平行布置。

如表 7-2 所列，采用这种布置形式的公交场站多处于用地较为宽裕的地区，如前述举例的新加坡后港站和东京西葛西站，在出入口附近设置了平行式布置的公交场站，如图 7-4、图 7-27 所示。

3. 站前广场布置形式

公交场站的站前广场布置形式较为多样，需在充分考虑城市轨道交通车站周边用地情况的基础上确定，其主要布置形式如表 7-3 所列。

表 7-2 深港湾站布置形式

深港湾站类型	布置方式以及道路网衔接形式	适应性	案例
环状布置的公交场站		路段交通量不大； 常规公交换乘量较大的线路； 绕行距离较长	新加坡后港站
平行式布置的公交场站	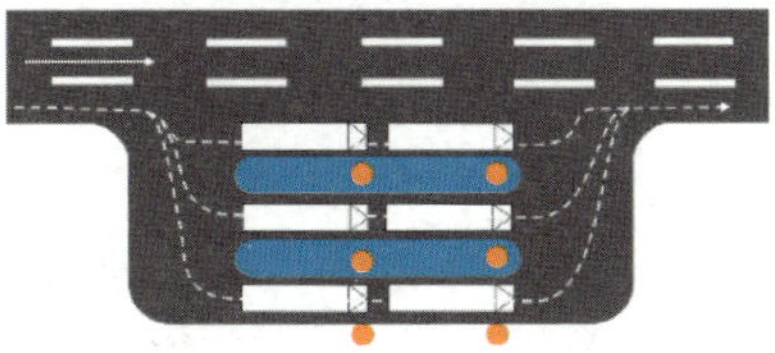	给进站、出站较宽的车道； 车辆平行于站台停靠，需要足够的入口宽度	东京西葛西站

表 7-3 站前广场布置形式

站前广场类型	布置方式以及道路网衔接形式	适应性	案例
锯齿形排列的公交场站	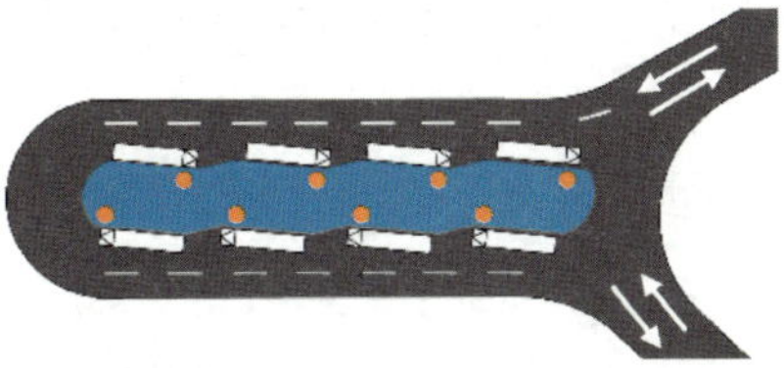	狭长空地； 换乘距离较短； 由于公交车辆不能顺利无阻地离站，因此适用于线路终点站，而不适用于中途车站	
椭圆形公交场站	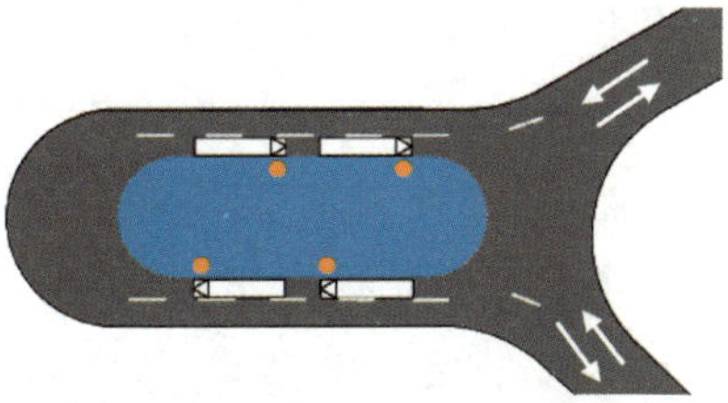	为锯齿形排列公交场站的延伸模式； 具有独立出入口； 换乘量较大的线路； 始发、终到线路； 顺时针行驶，绕行距离较长	东京武藏境站
站台斜向布置的公交场站	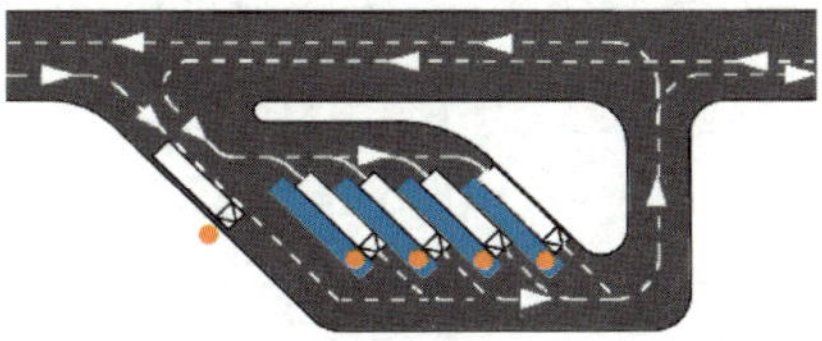	适合车辆在形式动力学方面的操纵性能； 车道窄时，公交车辆平行于路缘石紧挨站台进站	
具有独立出入口的公交场站	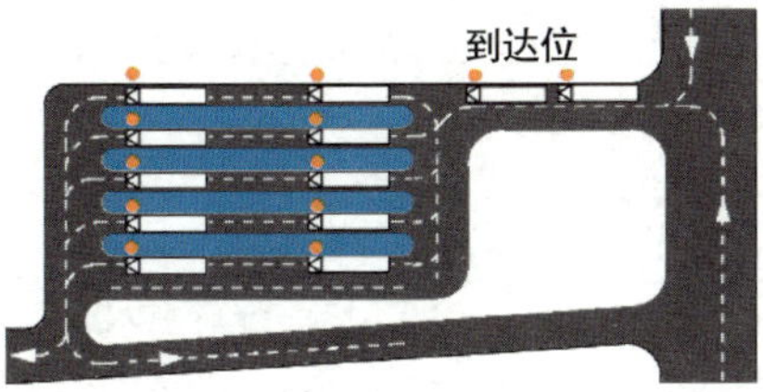	为站台斜向布置公交场站的延伸模式； 较大的场站应布置在道路空间外，至少有分离的进出口； 只有在例外情况下，场站才能占用道路面积	新加坡后港站

表 7-3 中的第 2 种和第 4 种类型为第 1 种和第 3 种类型的延伸模式,根据用地空间,第 1 种和第 3 种类型可设置为第 2 种和第 4 种类型。东京的武藏境站是多摩川线的起点站,也是多摩川线与中央本线的换乘站,该站客流量较大,所以在其南出入口附近采用了半椭圆形的公交场站设置形式(图 7-31、图 7-35)。新加坡的后港站所处地区空间较为充裕,故采用了第 3 种站台斜向布置的公交场站设置形式(图 7-3、图 7-4)。

7.4 公交接驳设施布局

城市轨道交通车站公交接驳设施布局具体包括两方面:公交接驳线路规划、车站的公交接驳车站布局规划。前者是后者的前提,因此应在接驳公交线路规划的基础上进行车站的公交接驳设施布局方案研究。

7.4.1 公交接驳线路优化原则

根据国内外各大城市的公交和城市轨道交通规划经验,确定公交与城市轨道交通协同发展所进行调整优化的主要原则如下:

(1) 确保城市轨道交通在城市客运交通中的骨干地位,以综合提高城市公共交通体系的运营效率和效益为主要目标。

(2) 分区域的城市轨道交通成网后,城市中心区和城市外围区域的轨道网布局形式和线网密度存在较明显的差异,因而与之相衔接的常规公交线路的布局和运营也应当有显著区别。

(3) 合理设置常规公交站点。常规公交线路的首末站应尽可能地汇集在城市轨道交通线路的终点或沿线主要客流集散站点,以便于组成换乘枢纽站。

(4) 既有公交线路的调整必定会影响使用原有线路的乘客,故应尽可能地减小线路调整带来的影响,需要将常规公交线路调整方案分步骤、分阶段地推进实施,切勿操之过急。

7.4.2 公交接驳线路优化步骤

1. 准备工作

(1) 根据城市轨道交通车站的区位特点确定其公交接驳吸引范围。

城市轨道交通车站区位可分为中心城内、中心城外小城镇区和中心城外城市区(新城内部),它们确定公交接驳吸引范围的方法有所不同。

(2) 分时段研究公交接驳线网的调整与配置问题。

城市轨道交通车站周围区域的开发是一个漫长的过程,客流的增长会发生很大变化,尤其是郊区,不仅用地性质、建筑密度的变化会影响客流发生点及客流量的大小,道路网格局的变化也会引起公交线网优化方案的变化。研究时段可分为三期：现期、初期(3年)、近期(10年)。

(3) 分时段采集交通供给及交通需求信息。

交通供给信息主要包括吸引范围内的道路网和背景公交网。

现期道路网是吸引范围内的现状道路网，包括主干路(不包含高速公路、高架道路)、次干路及路幅在 9 m 及以上的支路(能够双向通行小型短驳公交车)。初期道路网是在现状道路网的基础上增加在建道路所形成的道路网。近期道路网是在初期道路网的基础上增加规划道路所形成的道路网。

现期、初期、近期的背景公交网分别包括吸引范围内的城市轨道交通线路和站点及现状公交网、现期调整后的公交线网、初期调整后的公交线网。

现期、初期、近期的交通需求信息分别为现状、初期、近期的客流源的人数和出行特征等。其中，客流源主要包括乡镇级城镇、居住人数超过 0.5 万人的村镇、居住人数超过 1.0 万人的连片居民区、就业人数超过 0.5 万人的企业或企业群。

2. 公交线网方案调整步骤

(1) 计算街区现状接驳时间并绘制现状接驳时间分布图。

以相应时期的道路网及公交线路为基础形成"现状底图"，计算各街区的接驳时间，并标注在现状底图上。街区为道路及河流等障碍物所围成的地块。

街区接驳时间为该街区内平均步行接驳时间和街区平均公交接驳时间中的较小值。

街区内平均步行接驳时间为该街区所包含的各独立分隔的小区的步行接驳时间的平均值。小区步行接驳时间为该小区靠近城市轨道交通车站方向的出入口至城市轨道交通车站较近出入口的最短路径步行时间。

街区平均公交接驳时间为该街区所包含的各独立分隔的小区的公交接驳时间的平均值。小区公交接驳时间为该小区某个出入口乘公交车至城市轨道交通车站某出入口的最短时间(包括乘车时间及下车步行时间)。

(2) 计算街区接驳总时间，分析街区配置公交的重要度。

结合街区人口总量、出行特征参数计算各街区的接驳时间总量，结合接驳服务水平标准对各街区的接驳总时间从大到小排序。可选择前 20~30 个街区作为第一次公交方案研究的参考对象。一般可以不考虑接驳时间小于 15 min 的街区。

(3) 既有公交线路调整方案第一轮设计。

结合参考对象街区的接驳总时间排序、位置分布，对既有公交线网中的相关线路进行研究，以形成第一次若干备选方案。

计算各备选方案中各街区接驳时间及总时间(可只计算接驳时间受影响的街区)，计算各备选方案与现状方案的接驳总时间差。

按接驳总时间差选择备选方案，差值(即接驳时间节省总量)越大越好。

对于相互关联度大的方案，仅取其中之一，未选中方案则在下一次方案研究中再做比较。

(4) 计算街区接驳时间和总时间。

(5) 判别是否进入下一次接驳公交方案研究。

如果街区的接驳时间已达到接驳时间服务水平标准,例如95%的街区接驳时间小于15 min,则无须再研究新的接驳公交方案。接驳时间服务水平标准会随各站服务对象的特点、财力等情况的不同而有所不同。

如果街区接驳时间未达到接驳时间服务水平标准,则需进行下一次方案研究。重复步骤(3)和步骤(4),如果既有公交线路调整对接驳时间节省没有明显改进,则考虑新增短驳公交线路。

3. 公交线网新增设计步骤

(1) 计算街区现期背景公交线网接驳时间并绘制现期背景公交线网接驳时间分布图。计算方法同前,只是背景公交线网采用调整后的现状公交线网。

(2) 计算街区接驳总时间,分析街区配置公交的重要度。

(3) 新增公交线路方案第一次设计。

(4) 计算街区接驳时间和总时间。

(5) 判别是否进入下一次接驳公交方案研究。

如果街区的接驳时间已达到接驳时间服务水平标准,则无须再研究新的接驳公交方案;如果街区接驳时间未达到接驳时间服务水平标准,则需进行下一次方案研究。重复步骤(3)和步骤(4),直到该吸引范围内的街区均达到预设的接驳时间服务水平标准为止。

4. 城市轨道交通车站接驳公交布局规划方案评价

接驳公交方案的评价方法采用费用-效益法。涉及城市轨道交通车站公交接驳设施布局方案选择的因素包括工程经济、建筑美观、交通组织、环境效益等,最主要的定量指标是工程费用和接驳交通时间费用。因此,本章推荐的方案选择依据为综合费用最少。其中,综合费用为工程费用和接驳交通时间费用之和;接驳交通时间费用为接驳交通总时间与单位时间价值的乘积。

7.4.3 城市轨道交通车站周边常规公交线路调整方法

根据常规公交网现状及其需求,结合城市轨道交通开通前后公交客流的变化情况,从提高整个城市公共交通系统的效益和效率角度出发,需要对城市轨道交通线路沿线的常规公交线网布局进行优化调整。具体做法是对公交线路与城市轨道交通线路的位置关系进行分类,然后根据每类关系对公交线路进行相应的调整。

1. 公交线路与城市轨道交通线路呈现"之"字形

公交线路与城市轨道交通线路呈现"之"字形式,如图7-40所示。

常规公交线路虽可为城市轨道交通车站集散一定的客流,但与城市轨道交通主要还是竞争关系。

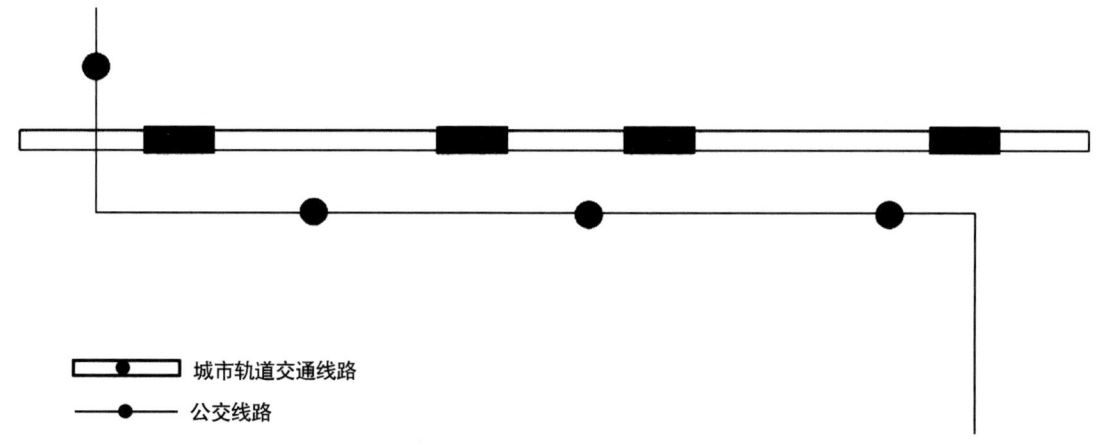

图 7-40 城市轨道交通线路与公交线路位置关系——"之"字形

短"之"字形线的优化方法：可以调整常规公交线路的走向，使之与城市轨道交通线路的重叠部分不超过 3 个城市轨道交通站点的区段长度，且将公交线路的起点或者终点调整到城市轨道交通间接服务区，以驳运长距离客流。

长"之"字形线的优化方法：将处在平行路段两端的两个公交车站分别与两个城市轨道交通车站相衔接，中间站点调整到城市轨道交通车站直接服务区之外，使长"之"字形线的换乘站尽可能地靠近城市轨道交通车站的出入口，以加强其驳运功能。

2. 公交线路与城市轨道交通线路呈现"丁""十"字形

公交线路与城市轨道交通线路呈现"丁"字形或"十"字形相交，这两种情况下常规公交与城市轨道交通之间的竞争或合作关系均不显著，此类公交线路仍主要作为常规公交系统服务，但也应对其进行局部线路调整，以增强其对城市轨道交通系统的服务。

与城市轨道交通线路形成"丁"字形相交的公交线路的优化方法是将线路终点站与城市轨道交通车站相衔接，通过对线路进行细微调整，使"丁"字形线路的终点站尽可能地靠近城市轨道交通车站出入口，以加强其驳运功能，扩大城市轨道交通线路的间接服务范围。

与城市轨道交通线路形成"十"字形相交的公交线路的优化方法是将常规公交车站与城市轨道交通车站相衔接，使"十"字形相交线路的中间站尽可能地靠近轨道交通车站出入口，以加强其驳运功能。

3. 公交线路起终点都在城市轨道交通车站

当公交线路起终点都在城市轨道交通车站时，公交线路与城市轨道交通线路不一定呈现平行状态。这时公交与城市轨道交通之间存在一定的竞争关系，但同时也存在辅助关系。公交线路能为沿线的客流服务，并为城市轨道交通提供接驳功能，以提高公交车的运营效率。如日本东京的土支田循环公交线（图 7-41），起终点都为光之丘站，中间经过多个学校、医院等。东京的茶 51 公交线（图 7-42），起终点分别为驹込站、秋叶原站，中间经过了御茶水站、富士前站等城市轨道交通车站，并经过了东京大学的几个校门。

图 7-41 土支田循环公交线

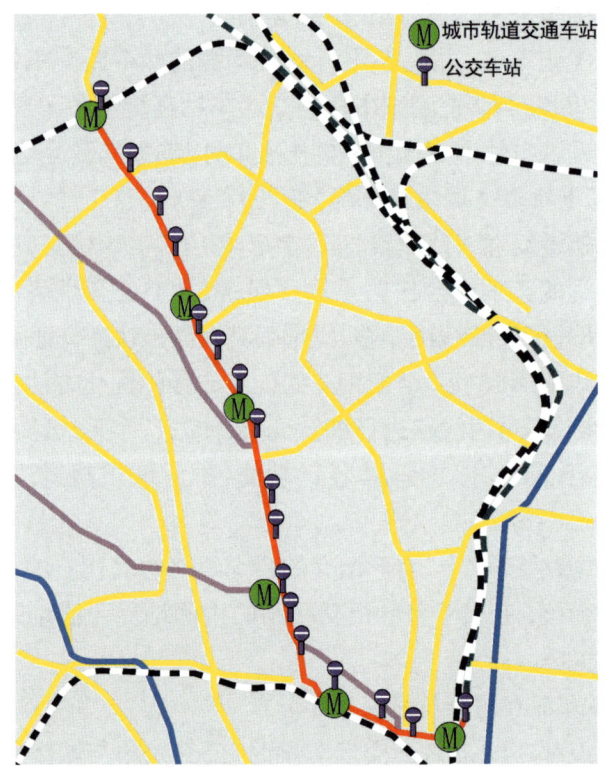

图 7-42 茶 51 公交线

这样布设的公交线路既能辅助城市轨道交通,又能保证公交线路本身的运营效率,调整方法是将处于城市轨道交通车站间接吸引范围内的公交站点调整至城市轨道交通车站的步行吸引范围内。

8 接送车接驳交通设施设计与布局

在城市轨道交通接驳交通方式方面,由于出租车接驳与社会车辆送迎接驳(K+R)有着相似的接驳特征,故将它们统称为接送车接驳,在规划设计时统一进行考虑。

8.1 接送车接驳交通设施规模

接送车接驳行为主要包括乘客候车、接送车停靠、乘客上下车 3 种行为。为了提高泊位利用率,将上客区和下客区结合起来设置,故本章考虑的接送车接驳交通设施由上下客区和乘客候车区两部分构成[27]。其中,由于车辆在上下客区即停即走,故所需空间按高峰时段出租车或私家车接送接驳的最大泊位需求量进行计算;乘客等待区的面积与公交车乘客等待区的面积计算公式类似。

接送车接驳交通设施所需的面积可利用式(8-1)进行计算:

$$S_t = \frac{N_t}{60} t_t S_{ta} + N_{tp} t_{tp} S'' \tag{8-1}$$

式中 S_t——接送车接驳交通设施所需面积,m^2;

N_t——高峰时段 10 min 的出租车平均到达率,辆/min;

t_t——上下客所需平均停车时间,s;

S_{ta}——每辆出租车所需停车空间,m^2/辆[非港湾式长 6 m,宽不小于 2.5 m,港湾式详见《出租汽车站点设置规范》(DG/TJ08—2108—2012)];

N_{tp}——高峰时段 10 min 的出租车候车乘客平均到达率,人/min;

t_{tp}——出租车乘客的平均候车时间,min;

S''——平均每位乘客候车时所占用的面积,m^2/人。

由式(8-1)可知,某城市轨道交通车站的接送车接驳交通设施的面积由该站高峰时段 10 min 的接送车平均到达率、高峰时段 10 min 的接送车候车乘客平均到达率,以及接送车乘客的平均候车时间这 3 个预测值通过公式计算得到。

8.2 接送车接驳交通设施布局案例调查与分析

在得到接送车接驳交通设施规模的基础上,设施的布局成为影响其合理与否的关键。本节通过选取案例城市的城市轨道交通接送车接驳设施的布局情况,归纳出布置特征,进而得到合理布设接送车接驳设施的一般原则。

就新加坡城市轨道交通车站的接送车接驳交通设施而言,由于其布局方便、快捷以及人性化的设计,因此,自开通运营以来,受到了乘客的一致好评。日本的城市轨道交通系统有着较长的发展历史,其接送车接驳交通设施亦经历了长久的使用与优化。鉴于此,我们调查了新加坡和日本东京的城市轨道交通车站接送车接驳交通设施的情况,以期借鉴它们的成功经验。

8.2.1 新加坡城市轨道交通车站接送车接驳设施

1. 多美歌站

多美歌站位于新加坡的核心区,是唯一的三线换乘站,即南北线、东北线和环线的换乘站,同时,它也是环线主线的起点站,车站位于地下,周边是繁华的商业设施。该站也是目前新加坡最大及第二深的城市轨道交通车站,拥有地下五层,最深处足有 28 m。由于该站规模庞大,因此设置了电动平面扶梯,其地面布局见图 8-1。

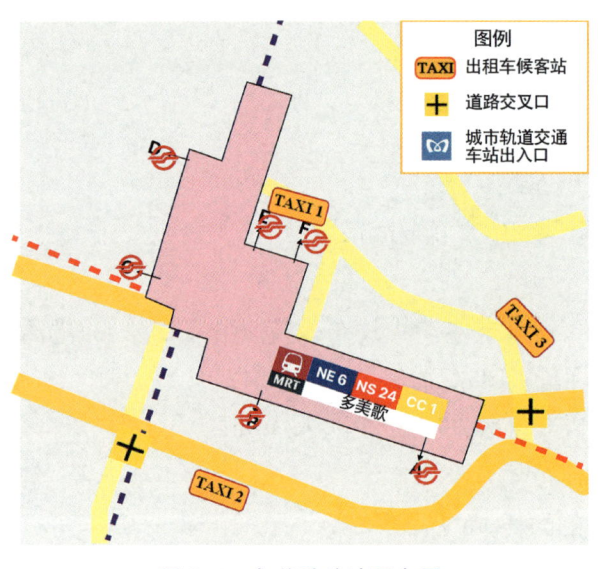

图 8-1 多美歌站地面布局

图 8-2 多美歌站接送车接驳设施 1

多美歌站共有 6 个出入口以及 3 个出租车候客站,其中 2 处为沿机非分隔带布置的港湾式出租车候客站,另 1 处为沿人行道布置的直线式出租车候客站。这 3 个出租车候客站距离多美歌站出入口分别为 0 m、20 m、30 m,距离最近的道路交叉口 50 m。直线式出租车候客站与 K+R 临时停靠站一同设置(图 8-2、图 8-3)。

2. 碧山站

碧山站位于新加坡中部,靠近碧山新镇中心,是新加坡中间区轨道交通南北线和环线上的一个车站。碧山站主要为碧山新镇,特别是碧山东的居民提供地铁服务。碧山站是目前新加坡唯一的地面站,其布局见图 8-4。

图 8-3　多美歌站接送车接驳设施 3　　　　图 8-4　碧山站布局

碧山站共有 5 个出入口,另有 3 个出租车候客站,这 3 个候客站都是沿机非分隔带布置的港湾式站,它们距离碧山站出入口分别为 0 m、10 m 和 60 m,距离上游公交接驳站 60 m,距离最近的道路交叉口 80 m。这 3 个出租车候客站中一个与 K+R 临时停靠站结合布置,另两个与 K+R 临时停靠站分开布置(图 8-5、图 8-6 和图 8-7)。

图 8-5　碧山站接送车接驳设施 1　　　　图 8-6　碧山站接送车接驳设施 2

3. 丹那美拉站

丹那美拉站位于新加坡外围东西线的东部,高架车站,主支线的接轨站,其中分岔的南支通往樟宜机场,车站周围为树林和居住区。丹那美拉站的布局见图 8-8。

丹那美拉站有 2 个出入口及 2 个出租车候客站,且这 2 个候客站都是沿机非分隔带布置的港湾式站,它们距离丹那美拉站出入口分别只有 0 m 和 20 m,离最近的道路交叉口 170 m,一个设置在公交接驳站上游 50 m,另一个设在公交接驳站下游 40 m,K+R 临时停靠站均与出租车候客站一同设置(图 8-9、图 8-10)。

图 8-7　碧山站接送车接驳设施 3

图 8-8　丹那美拉站布局

图 8-9　丹那美拉站接送车接驳设施 1　　　图 8-10　丹那美拉站接送车接驳设施 2

4. 罗弄泉站

罗弄泉站是新加坡城市轨道交通环线上的一个地下车站。罗弄泉站位于新加坡中部，属于外围区，靠近实龙岗 3 道。罗弄泉站的布局参见图 8-11。

图 8-11　罗弄泉站布局

罗弄泉站有 2 个出口及 1 个港湾式出租车候客站。该出租车候客站沿机非分隔带布置，与 K+R 临时停靠站结合设置，距离罗弄泉站出入口 30 m，位于公交接驳站上游 80 m 处，距离最近的道路交叉口 200 m(图 8-12)。

图 8-12　罗弄泉站接送车接驳设施　　　图 8-13　巴西立站布局

5. 巴西立站

巴西立站是新加坡城市轨道交通东西线的东北尾站，采用高架形式，位于巴西立的中心。巴西立站的布局见图 8-13。

巴西立站有2个出入口,另有1个出租车候客站。该出租车候客站与K+R临时停靠站分开布置,且为港湾式,离巴西立站出入口0 m,无公交接驳站,距离最近的道路交叉口80 m,出租车站停车位较多(图8-14)。

图8-14 巴西立站接送车接驳设施

6. 小结

新加坡城市轨道交通车站接送车接驳设施的布置形式,以及其与最近出入口距离、与最近交叉口距离、与公交接驳站之间的关系汇总结果如表8-1所列。

表8-1 新加坡城市轨道交通车站接送车接驳设施设置情况

车站名	布置形式	与最近出入口距离/m	与最近交叉口距离/m	与公交接驳站关系
多美歌站	直线式	0	50	—
	港湾式	20	60	道路两侧
	港湾式	30	100	
碧山站	港湾式	0	80	—
	港湾式	10	80	—
	港湾式	60	100	在公交接驳站下游60 m
丹那美拉站	港湾式	0	170	在公交接驳站下游40 m
	港湾式	20	170	在公交接驳站上游50 m
罗弄泉站	港湾式	30	200	在公交接驳站上游80 m
巴西立站	港湾式	0	80	—

新加坡在核心区的城市轨道交通车站全部为地下站,出入口大多设置在大楼内。在

核心区出现较多的接送车接驳设施，通常采取港湾式且设置在大楼门口的路边，距离城市轨道交通车站的出入口很近，非常方便。在外围区的城市轨道交通车站多为高架站，接送车接驳设施和轨道交通车站的出入口均设置在路边，接驳距离非常近，基本在 60 m 以内。城市轨道交通车站附近有公交接驳站的，当在其上游或下游设置接送车接驳设施时，与公交接驳站的距离一般超过 50 m；同时，接送车接驳设施距离最近的交叉口一般在 50 m 以上。此外，新加坡利用机非分隔带设置了大量港湾式接送车接驳设施，且将出租车候客站与 K＋R 临时停靠站结合起来设置。

8.2.2 东京都市圈城市轨道交通接送车接驳设施

1. 武藏境站

武藏境站是东日本旅客铁道（JR 东日本）、日本货物铁道（JR 货物）共营的铁路车站，同时也是西武铁道多摩川线的中间站，位于东京都武藏野市。同时，武藏境站又是西武铁道的起终点站，其地面布局见图 8-15。

武藏境站有 2 个出入口，另外有 1 个港湾式出租车候客站和 1 个直线式出租车候客站。其中，直线式出租车候客站与公交接驳站分道路两边沿人行道设置，港湾式出租车候客站设置在公交接驳站上游 20 m 处。接送车接驳设施离武藏境站出入口分别为 10 m 和 30 m，距离最近的道路交叉口 100 m。武藏境站附近没有 K＋R 临时停靠站，但有出租车停车场（图 8-16、图 8-17）。

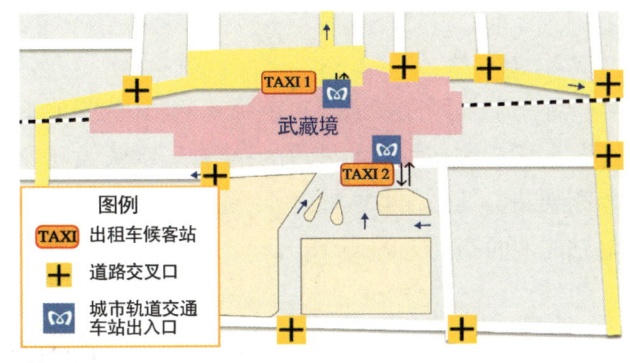

图 8-15　武藏境站布局

图 8-16　武藏境站接送车接驳设施 1

图 8-17　武藏境站接送车接驳设施 2

2. 练马站

练马站是西武铁道及东京都交通局(都营地下铁)的铁路车站,位于东京都练马区,是都营大江户线和西武池袋线的换乘站,都营大江户线练马站为地下站,西武池袋线练马站为高架站。其中,西武站区位于练马一丁目,而东京都交通局站区位于丰玉北五丁目。练马站的地面布局见图 8-18。

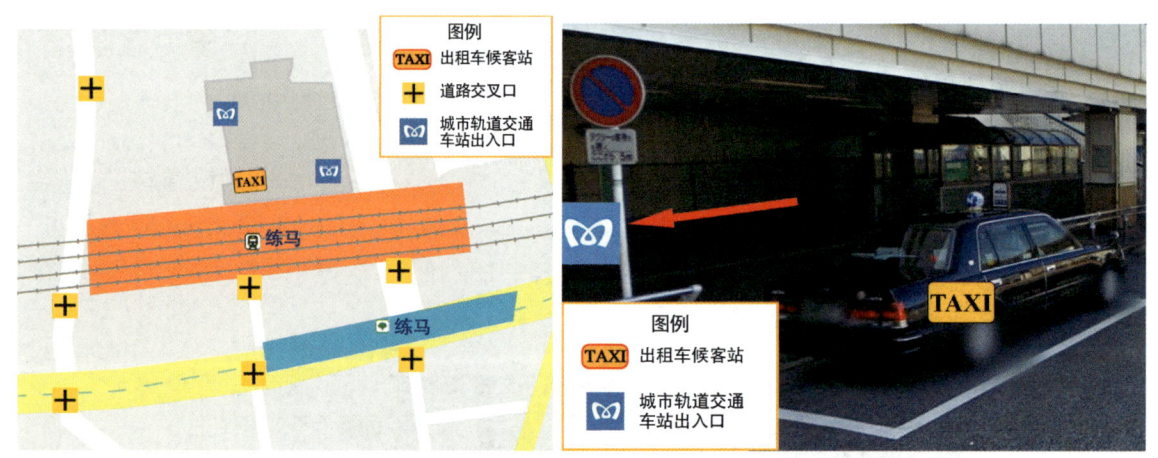

图 8-18　练马站布局　　　　　　图 8-19　练马站接送车接驳设施

练马站有 2 个出入口,另有 1 个直线式出租车候客站(图 8-19)。该出租车候客站距离练马站出入口 20 m,离最近的道路交叉口 80 m,其上游 10 m 和下游 20 m 都有公交接驳站。练马站附近没有 K+R 临时停靠站,但有出租车停车场。

3. 涩谷站

涩谷站是位于日本东京都涩谷区的一个主要铁路车站,线路包括东日本旅客铁道(JR 东日本)、东京地下铁、东京急行电铁(东急)、京王电铁等。

涩谷站是东京重要的轨道交通换乘站,通过该站的线路包括 JR 山手线、埼京线、湘南新宿线、成田机场线;东京地下铁银座线、半藏门线、副都心线;东急电铁东横线、田园都市线;京王电铁井之头线。同时,涩谷站也是东京最繁忙的轨道交通车站之一,日客流量达到242万人次(包括JR、地下铁、私铁等),仅次于新宿站(364万人次)、池袋站(271万人次),是日本第三大繁忙的车站。涩谷站的地面布局参见图8-20。

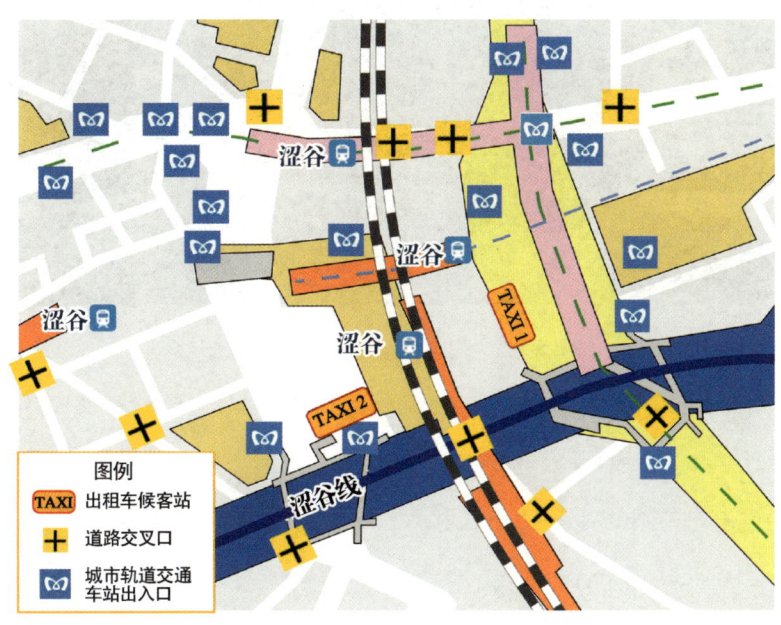

图8-20　涩谷站布置(局部)

涩谷站共有32个出入口,另有2个出租车候客站,且都是港湾式。这2个出租车候客站距离涩谷站出入口分别为40 m和50 m,离最近的道路交叉口80 m,与公交接驳站并排设置,没有K+R临时停靠站(图8-21、图8-22)。

图8-21　涩谷站接送车接驳设施1

图 8-22　涩谷站接送车接驳设施 2

4. 六本木站

六本木站是位于日本东京都港区的东京地下铁及东京都交通局(都营地下铁)的铁路地下车站。经过该站的线路有日比古线和大江户线。六本木站的地面布局见图 8-23。

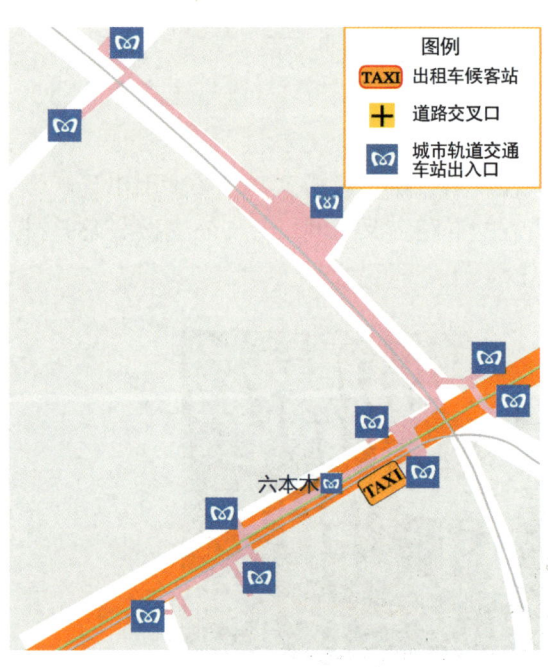

图 8-23　六本木站布局(局部)

图 8-24　六本木站接送车接驳设施

六本木站共有 14 个出入口,另有 1 个出租车候客站,且为直线式。该出租车候客站距离六本木站出入口 10 m,离最近的道路交叉口 40 m,没有 K+R 临时停靠站(图 8-24)。

5. 六本木一丁目站

六本木一丁目站是位于日本东京港区的东京地下铁南北线铁路车站。六本木一丁目站的地面布局见图 8-25。

六本木一丁目站共有 3 个出入口,另有 2 个直线式出租车候客站,它们距离最近的车站出入口分别为 10 m 和 50 m,距离最近的道路交叉口 20 m,没有 K+R 临时停靠站(图 8-26、图 8-27)。

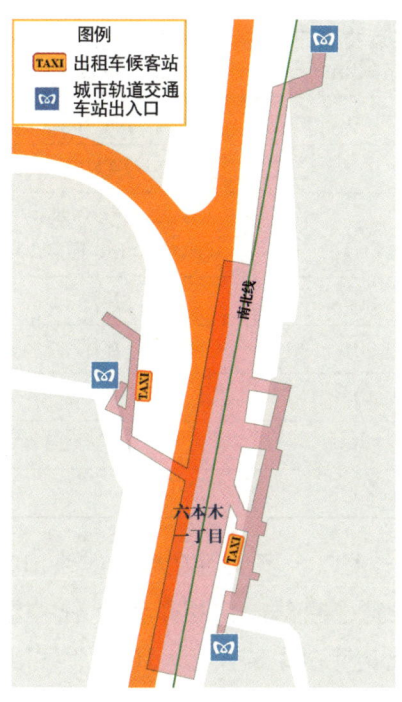

图 8-25　六本木一丁目站布局

图 8-26　六本木一丁目站接送车接驳设施 1

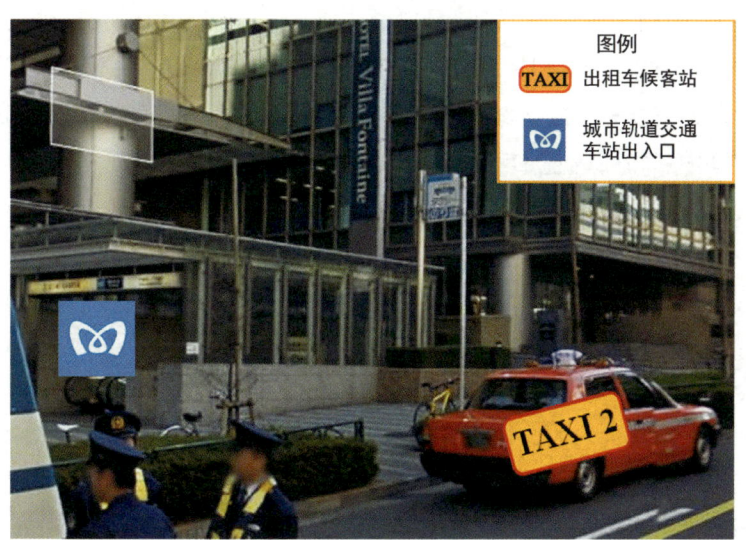

图 8-27　六本木一丁目站接送车接驳设施 2

6. 小结

日本东京的轨道交通车站接送车接驳设施的布置形式,以及其与最近出入口距离、与最近交叉口距离、与公交接驳站之间的关系汇总结果如表 8-2 所列。

表 8-2 东京轨道交通车站接送车接驳设施设置情况

车站名	布置形式	与最近出入口距离/m	与最近交叉口距离/m	与公交接驳站关系
武藏境站	直线式	10	100	道路两侧
	港湾式	30	100	在公交接驳站上游 20 m
练马站	直线式	20	80	在公交接驳站上游 20 m、下游 10 m
涩谷站	港湾式	40	80	并排
	港湾式	50	90	并排
六本木站	直线式	10	40	—
六本木一定丁目站	直线式	10	30	—
	直线式	50	20	—

东京轨道交通 JR 山手线以内多为地下站,且其出入口大多设置在楼内或路口,一般站往往没有设置接送车接驳设施,只有少数换乘站设置了直线式出租车候客站。这些候客站离城市轨道交通车站出入口很近,非常方便,但离交叉口距离较远。JR 山手线以外的城市轨道交通车站多为地面站和高架站,一般站往往没有设置接送车接驳设施,换乘站少部分设有直线式出租车候客站,起终点站一般都在站前广场内设置出租车候客站,部分站还另外设有直线式出租车候客站,候客站离城市轨道交通车站出入口很近,离最近的道路交叉口的距离一般超过 50 m。JR 山手线上的大型换乘站都在站前广场布置了出租车候客站,且与港湾式公交接驳站结合起来布置。东京城市轨道交通接送车接驳设施中都没有布置 K+R 临时停靠站;大量道路由于路幅宽度限制,设置港湾式候客站会占用人行道,影响行人通行,故大多采用直线式候客站模式。

8.3 接送车接驳交通设施布局的基本模式

8.3.1 接送车接驳交通设施与城市轨道交通车站的位置关系

根据有关规范,并结合城市轨道交通车站附近的用地情况,在布置接送车接驳交通设施时,距离城市轨道交通车站最近的出入口的距离宜小于或等于 50 m,但不得超过

100 m,根据新加坡及东京的成功案例,建议设置距离小于 30 m,在困难条件下可设置在 50 m 范围内;距离最近的道路交叉口宜大于或等于 50 m,建议设置距离为 80 m 以上;当城市轨道交通车站出入口位于道路交叉口 20 m 范围内时,优先考虑与交叉口的位置关系。城市轨道交通车站附近有接驳公交站的,在布置接送车接驳交通设施时,考虑到驾驶员视角以及与公交之间的交通流线冲突,宜布置在距离公交接驳站 50 m 以外,且在条件相同的情况下,优先布置在公交接驳站的上游;设有站前广场的城市轨道交通车站,接送车接驳设施应布置在站前广场内,布置形式需在充分考虑城市轨道交通车站周边用地情况的基础上,与公交接驳站一同布置。

8.3.2 接送车接驳交通设施布置形式

对于接送车接驳交通设施,需根据机动车道、非机动车道、人行道和中央分隔带的宽度、交通流条件、公交车站位置,并结合道路设施的布设、改造难度等因地制宜地进行设置,也可以几种方法综合起来采用。表 8-3 列出了几种典型的接送车接驳交通设施布置形式。

表 8-3 典型接送车接驳交通设施布置形式

布置形式	示意图	适用条件	优缺点	典型车站
港湾式：停靠区和候客区都占用人行道设置		机动车流量大，非机动车流量小，且无绿化带的单、双幅路	优点：避免车辆停靠时对主流交通造成干扰，上下车乘客无须穿越车道； 缺点：对非机动车流和行人有较大影响	新加坡克拉码头站
港湾式：停靠区占用绿化带设置、候客区占用人行道设置		机动车流量大，非机动车流量小，且有一定宽度绿化带的单、双幅路	优点：避免车辆停靠时对主流交通造成干扰，上下车乘客无须穿越车道； 缺点：对非机动车流和行人有一定影响	新加坡碧山站，波东巴西站和克拉码头站
		机动车流量大，非机动车流量小，且绿化带宽度足够的单、双幅路	优点：避免车辆停靠时对主流交通造成干扰，上下车乘客无须穿越车道； 缺点：对非机动车流有一定影响	新加坡多美歌站
港湾式：停靠区和候客区都占用绿化带设置		机动车和非机动车流量都大，且绿化带宽度足够的三、四幅路	优点：避免车辆停靠时对主流交通影响小； 缺点：上下车乘客需穿越非机动车道	新加坡丹那美拉站

(续表)

布置形式	示意图	适用条件	优缺点	典型车站
港湾式：停靠区和候客区都占用绿化带设置，由于绿化带宽度不足，占用非机动车道宽度		机动车流量大，非机动车流量较小，且绿化带宽度不大的三、四幅路	优点：避免车辆停靠时对主流交通造成干扰；缺点：对非机动车流有一定影响，上下车乘客需穿越非机动车道	新加坡丹那美拉站
港湾式：停靠区占用非机动车道延伸车道设置，候客区占用绿化带设置，非机动车道占用人行道设置		机动车流量大，非机动车流量或上下车客流量大，且人行道宽度较大的单、双幅路	优点：避免车辆停靠时对主流交通造成干扰，对非机动车流影响小；缺点：对行人影响较大，上下车乘客需穿越非机动车道	新加坡罗弄泉站
直线式：停靠区占用非机动车道设置，候客区占用人行道设置		机动车流量不大，上下车客流量小的三、四幅路	优点：避免车辆停靠时对主流交通造成干扰，上下车乘客无须穿越车道；缺点：对非机动车流和行人有一定影响	新加坡巴西立站

(续表)

布置形式	示意图	适用条件	优缺点	典型车站
直线式：停靠区占用机动车道设置，候客区占用绿化带设置	人行道／绿化带／候客区／停靠区／非机动车道／机动车道	机动车道宽度足够，非机动车流量大，且有一定宽度绿化带的三、四幅路	优点：对非机动车流影响小；缺点：车辆停靠时对主流交通影响大，上下车乘客需穿越非机动车道	东京六本木站和六本木一丁目站
直线式：停靠区占用机非混行道设置，候客区占用人行道设置	人行道／候客区／停靠区／机非混行道	机动车流量不大，非机动车流量或上下车客流量小，且没有绿化带的单、双幅路	优点：上下车乘客无须穿越车道；缺点：对机动车流、非机动车流和行人都有一定影响	新加坡多美歌站，东京武藏境站和练马站
直线式：停靠区占用机非混行道设置，候客区占用绿化带设置	人行道／绿化带／候客区／停靠区／机非混行道／机动车道	机动车流量不大，非机动车流量或上下车客流量小，且有一定宽度绿化带的单、双幅路	优点：上下车乘客无须穿越车道；缺点：对机动车流和非机动车流有一定影响	东京六本木一丁目站

9 停车换乘接驳交通设施设计与布局

9.1 停车换乘接驳交通设施规模

小汽车停车场的规模主要依据单日内停车场最多同时停放的车辆总数(即停车峰值)和每辆小汽车所需空间确定。停车峰值可依据高峰时段进入停车场的车辆数乘以停车峰值系数来计算。停车峰值系数可通过既有停车场的实地调查获得。高峰时段停车数量需要考虑采用P+R接驳方式的总人数、平均每辆小汽车的乘客数,同时还应考虑非停车换乘的车辆停放需求。P+R停车场的使用面积可利用式(9-1)进行计算:

$$S_c = \frac{N_c \delta_c}{(1-\gamma_c) P_c} S_{ca} \tag{9-1}$$

式中 S_c——P+R停车场使用面积,m^2;
N_c——高峰时段采用P+R接驳方式的人数,人;
P_c——每辆P+R接驳车辆的载客人数,人;
γ_c——非停车换乘城市轨道交通的比例;
δ_c——小汽车的停车峰值系数;
S_{ca}——每辆小汽车停放所需空间,m^2,参考国家标准《城市道路交通规划设计规范》(GB 50220—95)中第8.1.7条,地面停车场用地面积,每个车位宜为25~30 m^2;停车楼和地下停车库的建筑面积,每个停车位宜为30~35 m^2。

9.2 停车换乘接驳交通设施布局案例调查与分析

停车换乘接驳交通设施布局案例以新加坡城市轨道交通停车换乘系统为研究对象。目前,新加坡设有41座P+R停车场用来接驳公共交通,其中35座停车场可接驳城市轨道交通,共有32座城市轨道交通车站配套设置停车换乘设施(其中3座车站拥有两处P+R停车场)。新加坡的P+R停车场主要分布在城市外围区域,绝大部分停车场为社会公共停车场,同时向停车换乘车辆及一般社会车辆开放,采取"先到先得"的停车服务模式。35座停车场的接驳车站、换乘步行时间、停车场到城市轨道交通车站的直线距离如表9-1所列,停车场的分布情况参见图9-1,图9-1与表9-1中的停车场编号一一对应。

根据表9-1的数据,新加坡35座P+R停车场中,到城市轨道交通车站的步行时间不超过3 min的有17座,超过3 min但不超过6 min的有10座,只有3座车站的换乘步行时间大于 10 min，平均步行时间为 4.9 min。停车场到城市轨道交通车站的直线距离方面，有 5 座停车场位于 100 m 以内，100～300 m 有 22 座，301～500 m 有 6 座，500 m 以上 2 座，平均直线距离为 236 m。

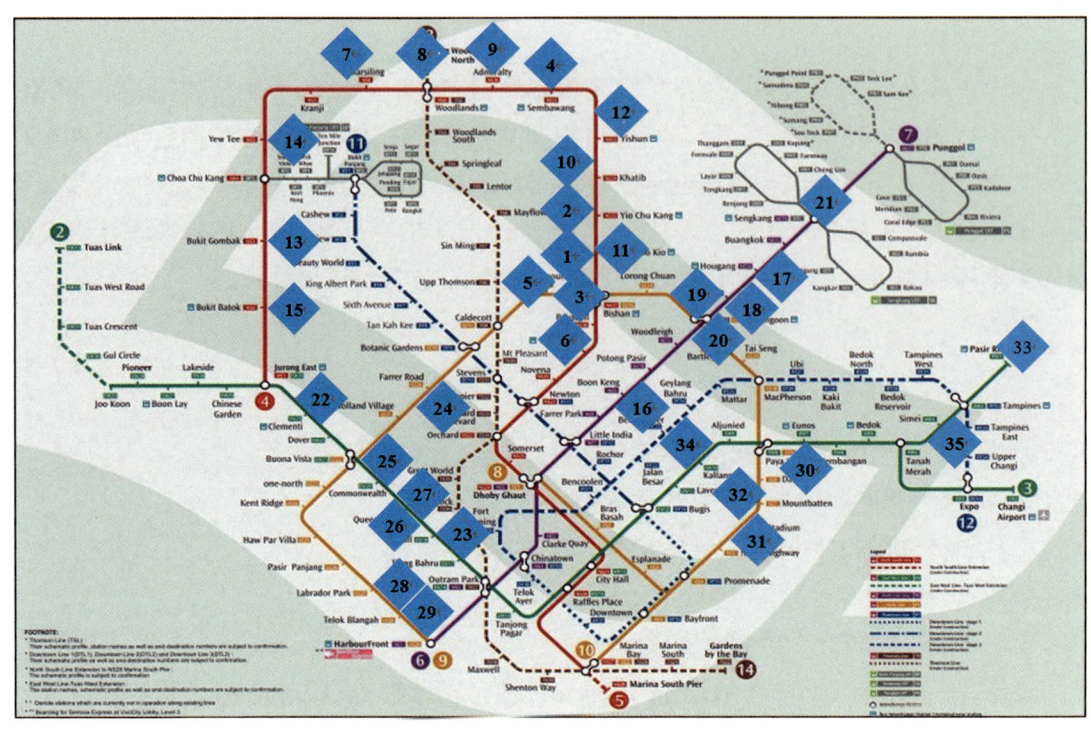

图 9-1　新加坡城市轨道交通 P＋R 停车场分布

表 9-1　新加坡城市轨道交通 P＋R 停车场一览

停车场编号	接驳车站	车站编号	换乘步行时间/min	直线距离/m
1	宏茂桥	NS16	8	310
2	杨厝港	NS15	3	280
3	碧山	NS17/CC15	3	270
4	三巴旺	NS11	5	290
5	玛丽蒙	CC16	9	430
6	大巴窑	NS19	5	270
7	马西岭	NS8	5	230
8	兀兰	NS9	10	330
9	海军部	NS10	1	70

(续表)

停车场编号	接驳车站	车站编号	换乘步行时间/min	直线距离/m
10	卡迪	NS14	2	90
11	杨厝港	NS15	3	200
12	义顺	NS13	7	300
13	武吉甘柏	NS3	1	60
14	油池	NS5	4	230
15	武吉巴督	NS2	2	160
16	文庆	NE9	2	200
17	后港	NE14	3	210
18	高文	NE13	14	510
19	实龙岗	NE12/CC13	3	150
20	实龙岗	NE12/CC13	3	110
21	盛港	NE16	5	260
22	金文泰	EW23	2	90
23	中峇鲁	EW17	13	390
24	花拉路	CC20	3	130
25	波那维斯达	EW21/CC22	15	580
26	女皇镇	EW19	5	290
27	女皇镇	EW19	2	120
28	直落布兰雅	CC28	6	280
29	直落布兰雅	CC28	7	330
30	友诺士	EW7	2	140
31	体育场	CC6	5	190
32	蒙巴登	CC7	3	210
33	巴西立	EW1	4	180
34	加冷	EW10	6	330
35	四美	EW3	1	30

注：车站编号中，前两位字母代表车站所在线路，NS 为南北线，CC 为环线，NE 为东北线，EW 为东西线。

新加坡的 P+R 停车场与城市轨道交通车站之间的距离一般都大于其他接驳交通方式与轨道交通车站的距离。图 9-2 是轨道交通三巴旺车站周边接驳交通方式示意图。从图 9-2 可以看出,公交车站和出租车停靠点与城市轨道交通车站衔接较为紧密,而 P+R 停车场的距离则相对较远。

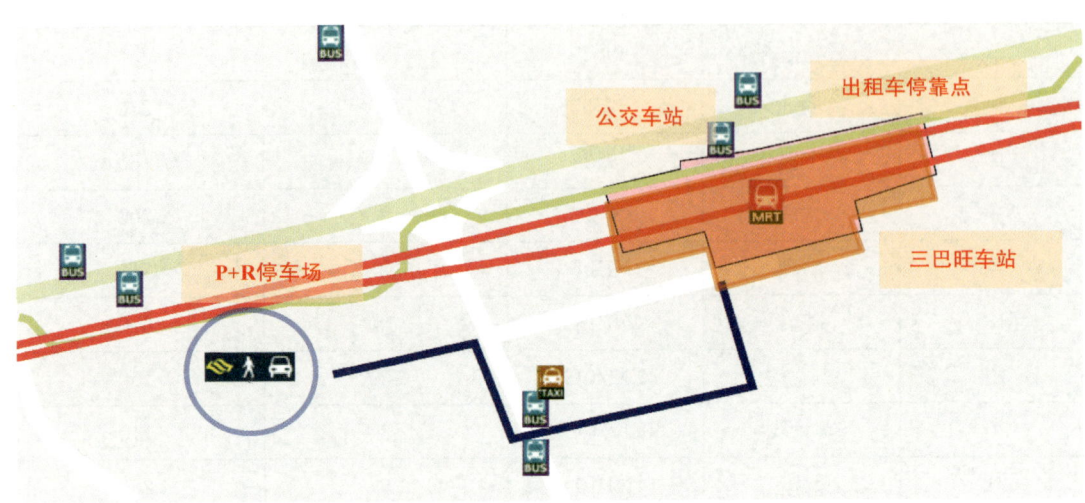

图 9-2　新加坡城市轨道交通三巴旺车站周边接驳交通示意

9.3　停车换乘接驳交通设施布局的基本模式

9.3.1　停车换乘接驳交通设施距离

P+R 停车场应靠近城市轨道交通车站,处于合理的步行范围之内。基于慢行交通和公共交通优先的原则,在设置 P+R 停车场之前,应优先考虑步行设施、自行车停车场地、公交车停靠站等交通设施的用地需要。

从新加坡的停车换乘案例来看,停车场到城市轨道交通车站的直线距离大部分在 300 m 以内,步行时间不超过 6 min;只有极个别停车场与轨道交通车站的直线距离大于 500 m,步行时间大于 10 min。当停车换乘距离过大、换乘乘客步行时间过长时,乘客的换乘积极性会大大降低,从而影响停车换乘设施的使用效率,增加道路交通的拥挤程度。

《上海城市道路设计规程》(DGJ08—2106—2012)中第 9.5.2 条提到,城市停车场的服务半径在 300 m 内为宜,特殊情况下不应超过 500 m。《城市道路交通规划设计规范》(GB 50220—95)中第 8.1.4 条提出,机动车公共停车场服务半径,市中心地区不大于 200 m,一般地区不应大于 300 m。美国华盛顿地方交通局颁布的《车站站点及接驳规划手册》(*Station Site and Access Planning Manual*)中指出,车站出入口到停车场最远停车位的步行距离不宜超过 1 500 ft(约 457 m)。范文博在《新加坡停车换乘系统的发展经验及其借鉴》一文中提出,P+R 停车场应设置专用人行步道连接规定的交通车站,距离宜在 300 m 以内。

目前,国内外对于停车换乘接驳交通设施到城市轨道交通车站出入口距离的定量研究结论较为匮乏。结合前文的案例、规范及部分研究内容,建议 P+R 停车场出入口距离最近的城市轨道交通车站出入口的步行距离不超过 300 m,且应优先考虑公交车、自行车等交通方式的用地需要。

9.3.2　P+R 停车场分类及其适用条件

1. 按与道路位置关系分类

停车场按与道路位置关系可分为路内停车场和路外停车场。城市轨道交通 P+R 停车场应尽量设置成路外停车场,以避免对道路资源的占用。若路外停车设施短缺,在不影响交通运行状况、保证道路服务水平且环境允许的情况下,可将城市轨道交通 P+R 停车场设置成路内停车。但路内停车不得占用非机动车道和人行道。

2. 按空间结构分类

停车场按照其空间结构可分为平面停车场和立体停车场,如图 9-3、图 9-4 所示。

图 9-3　平面停车场

平面停车场具有车辆可达性好、存取方便等优点,但缺点是占用土地面积较大,而露天布置的停车场易受气候条件的影响。

图 9-4　立体停车场

平面停车场建造成本低,可供各类车辆存放。通常适用于城市轨道交通车站周边土地价格低廉、开发强度不大且有足够的面积用于建设满足接驳交通停车需求量的停车场。

立体停车场按停车库内车辆的垂直交通运输方式,又可细分为坡道式停车库和机械式立体停车库。当停车场规模较大或地面资源有限时,可采用立体布置的形式。立体停车场实际占用土地面积小于平面停车场,相比于平面停车场造价成本高、停车取车便捷程度相对降低,可与周边市政设施、商业附属设施配合起来建设。一般适合土地价格较高、周边开发强度高的城市轨道交通车站使用。当 P+R 接驳小汽车需求较大时,可采用立体停车场的布置方法。

机械式立体停车库作为立体停车场的一种形式,其占地面积小、适合小型车停放,可用于地形狭窄、环境要求高且地价昂贵的地区,但存取车通常不够方便,一般适用于城市中心区域。由于 P+R 停车场主要位于城市外围区域,且 P+R 使用者倾向于快速存取车辆,因此不推荐使用机械式立体停车库。

9.3.3 泊位布置方式

停车场的泊位布置方式主要有三种：垂直式、斜列式（与通道所成角度主要有30°、45°和60°）和平行式，各种方式的形式如图9-5所示。

参照《上海市城市道路设计规程》（DGJ08—2106—2012）中第9.5.3条的规定，垂直式停车所占用的单位停车面积要小于斜列式和平行式。从驾驶员停车难易的角度来看，平行式停车难度最大，斜列式次之，垂直式停车最容易。当场地条件允许时，停车场应尽量按垂直式来布置停车泊位；当场地条件受限时，从充分利用场地的角度出发，可以依据实际情况设置斜列式或平行式停车泊位。

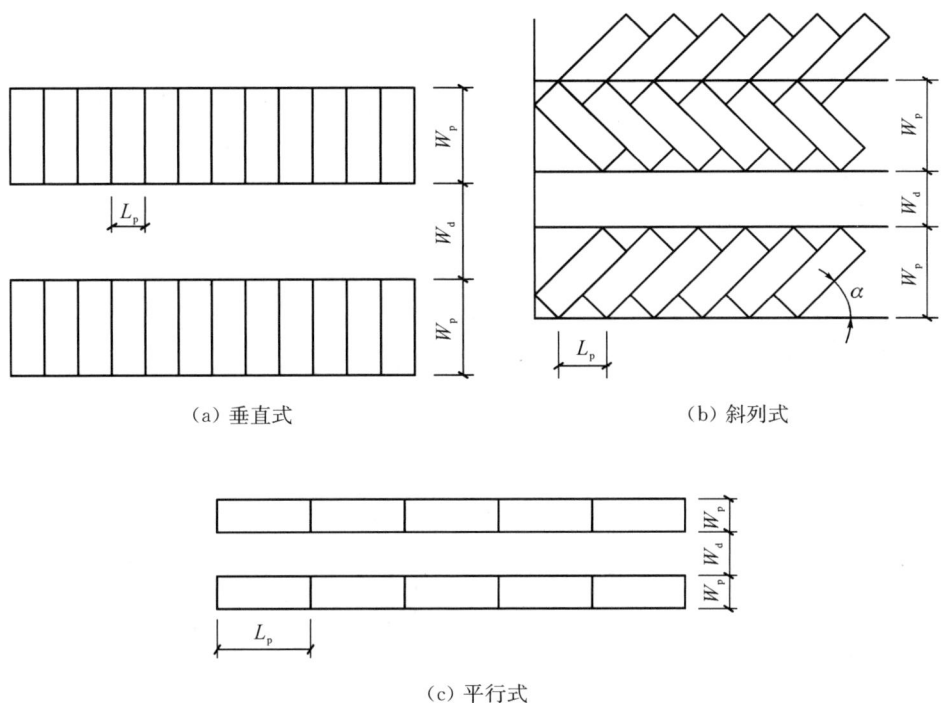

(a) 垂直式　　(b) 斜列式

(c) 平行式

L_p—平行通道方向的停车带长；　W_p—垂直通道方向的停车带宽；

W_d—通道宽；　α—斜列式与通道的角度

图9-5　停车场泊位布置方式

9.3.4 出入口、内部交通组织及无障碍设施

停车场的机动车出入口应符合行车视距的要求，且应右转出入车道；机动车出入口应距离道路交叉口、桥隧坡道起止线50 m以上。对于少于50个停车位的停车场，可设一个机动车出入口，出入口宽度宜采用双车道；对于拥有50～300个停车位的停车场，应设两个机动车出入口；对于停车位大于300个的停车场，出口和入口应分开设置，两个出入口

之间的距离应大于 20 m。

机动车停车场应符合城市规划与交通管理要求,停车场内分区明确、交通流线顺畅、减少车流与人流的冲突;停车场出入口和停车场内均需设置交通标志标线,以指明场内通道和停车位。地面停车场内部的交通组织形式主要有回环式、直通式、迂回式等,各种组织形式的具体内容可参考《城市公共停车场工程项目建设标准》(建标 128—2010)。另外,停车场内部的交通组织应减少车辆流线交织,以提高运营安全性。

P+R 停车场内应设置无障碍停车位,停车场至城市轨道交通车站的步行通道应保证连续无障碍,必要时可设置自动扶梯或升降电梯;同时,无障碍设施应清晰醒目、指示清楚。

10 城市轨道交通车站接驳设施的布局方案评价方法

10.1 评价方法的选择与评价指标体系

目前,城市轨道交通研究领域采用的评价方法均为多指标综合评价法,思路是选取多个不同量纲的评价指标,根据某种赋权法赋予其权重,然后建立评价模型。通常,赋权法大致可分为三类:主观赋权法、客观赋权法、多种赋权法组合。主观赋权法过于依赖人的主观判断,难免受主观因素影响。客观赋权法虽然避免了人为因素,但容易受指标样本随机误差的影响。另外,将很多不精确的评价方法进行组合,也是无奈之举,并不能保证组合后就能得到准确的结果。所以,这类基于赋权法的多指标评价模型自身存在缺陷。[28]

综合成本法有较明确的目标,与多指标综合评价法中的专家打分法、分级问卷调查法相比,其指标量化过程更科学严谨,也更容易得到切实可行的评价模型。另外,综合成本法的操作性强,仅在备选方案的图纸前进行计算就能得到评价结果,而无须进行专家打分、问卷调查等工作。

城市轨道交通车站接驳交通系统的综合成本包括经济成本和时间成本,评价指标体系如图10-1所示,需将时间成本根据时间价值转化为经济成本后综合比较。综合成本最小的备选方案即为最佳方案。

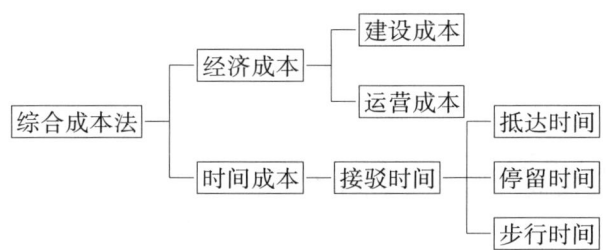

图 10-1 基于综合成本法的评价指标体系

10.2 评价计算范围的确定

在给出指标的具体计算公式之前,首先应该明确距离城市轨道交通车站多大范围作为各项接驳指标的计算范围,这个范围既要涵盖方案所包括的所有接驳交通设施,又不宜过大,以免增加不必要的计算量。

通常选取各种接驳设施可能距离城市轨道交通车站出入口中的最大值,而各种接驳设施与轨道交通车站出入口的距离取值范围可参照本书前文内容以及文献[29]中的相关研究成果。超出这个范围的设施或客流流线则不属于接驳城市轨道交通的范围。

本书第 6 章中得出了自行车停车场与城市轨道交通车站相对位置的关系,在轨道交通车站 50 m 范围内布置自行车停车场为最佳;本书第 7 章中得出了公交车站应尽可能地与城市轨道交通车站出入口直接相连,在出入口 100 m 范围内都设有公交车站的结论;本书第 9 章中建议 P+R 停车场的出入口距离最近的城市轨道交通车站出入口的步行距离不超过 300 m。

相关研究成果对接驳交通设施与城市轨道交通车站的距离提出了如下相关建议[29]:

公交车站:依据公交线路和枢纽分布及用地功能分析,确定公交客流主要接驳流向和路径,对于这些方向和路径的公交线路停靠站做优先考虑,将其尽量靠近城市轨道交通车站出入口设置,一般距离车站出入口宜在 50 m 以内,且不得大于 150 m。

出租车站:出租车站布设应尽可能地靠近城市轨道交通车站出入口,在与其他交通流不冲突的情况下,距离宜控制在 50 m 以内,从而方便乘客换乘。

小汽车停车场:缩短与城市轨道交通的换乘时间,场地进出口应尽可能地设在距城市轨道交通车站出入口 200 m 范围内。

建议取距城市轨道交通车站出入口道路 500 m 以内作为评价的计算范围,理由如下:

(1) 基本符合合理步行范围这一概念;

(2) 各方案的各类接驳设施停靠点均在这一范围内布设,变动不会超出这一范围,对于超出这一范围的设施将不被认为是为接驳城市轨道交通服务的。所以,在这一范围内计算出的各项指标,可以完全反映各方案的差异。

10.3 备选方案交通流线分析

为了计算综合成本评价模型中的指标,首先应对车站评价计算范围内的流线进行分析,为计算接驳时间打好基础,具体包括以下两部分内容。

1. 接驳交通流的路径生成

接驳交通流的路径生成分为自行车、小汽车、出租车、公交车在到达换乘点之前的道路交通流路径生成,以及在换乘点转化为步行换乘模式后的步行交通流路径生成。前者可依据道路走向,选择最短路径;后者需参考行人流线生成方法的相关文献,选择合适的路径生成方法。

2. 接驳客流分配

在规划城市轨道交通车站分方式、分方向的进出站接驳交通客流量已知的情况下,拟采用最短距离法将客流分配到上一步生成的路径中,从而得到每条流线上的客流量。

10.4 基于综合成本法的评价模型

综合成本包括经济成本和时间成本,将使用各类交通方式接驳城市轨道交通的乘客的接驳时间通过时间价值转化为经济成本,再与基本经济成本(建设成本、运营成本)相加后综合考虑。综合成本最小的备选方案即为最佳方案。

10.4.1 接驳时间

各类接驳交通方式的接驳时间可分为三部分:抵达时间、停留时间和步行时间,需分别计算,三者之和即为接驳时间。

1. 抵达时间 T_1

自行车、小汽车、公交车、出租车从附近道路驶入接驳交通设施的时间,简称抵达时间。该部分时间的计算起点为接驳范围边沿处道路断面,终点为接驳交通设施出入口。该部分时间的计算对象为道路交通流,需要考虑在路段上的行驶时间和交叉口的停车延误。该指标的大小可以体现出接驳交通设施的可达性优劣。

抵达时间 T_1 为一天内所有非步行接驳乘客的抵达时间之和,需逐个流线分别进行计算,用每条流线的抵达时间与该流线全日客流量的乘积累加得到。

$$T_1 = \sum_{i=1}^{n} Q_i T_{1i} \tag{10-1}$$

$$T_{1i} = \frac{S_i}{1\,000 V_i} + T_{Ji} \tag{10-2}$$

式中　Q_i——第 i 条非步行流线的全日客流量,共有 n 条非步行流线,人次;

T_{1i}——第 i 条非步行流线的抵达时间,h;

T_{Ji}——第 i 条非步行流线所经过交叉口的平均延误时间,h,取该流线在该交叉口红灯时间的一半;

S_i——第 i 条非步行流线接驳范围内所经过的道路长度,m;

V_i——第 i 条非步行流线所属交通方式在城市轨道交通车站附近的平均行驶速度(不包括停车),km/h,参考取值见表 10-1,可按城市轨道交通车站的实际情况进行调整。

表 10-1 V_i 的参考取值　　　　　　　　　　　　　单位:km/h

交通方式	步行	自行车	公交	小汽车/出租车
V_i	4	15	30	40

2. 停留时间 T_2

自行车、小汽车接驳者在停车场内的停留时间(乘客在公交车站和出租车停靠点的停留时间视为0),简称停留时间。该部分时间的计算起点为乘客驾车驶入停车场入口,计算终点为乘客步行走出停车场出口,包含了交通方式的转换过程。计算公式中包括自行车、小汽车在停车场内的行驶时间,以及乘客下车后在停车场内的走行时间。该指标的大小可以体现出交通设施内部(主要指自行车、小汽车停车场内部)布置形式及交通流线组织的优劣。

停留时间 T_2 为一天内所有自行车、小汽车接驳者的停留时间之和,需逐个停车场进行计算,用每个停车场的平均停留时间与该停车场全日客流量的乘积累加得到。

$$T_2 = \sum_{t=1}^{a} Q_t T_{2t} \tag{10-3}$$

$$T_{2t} = \frac{S_{1t}}{1\,000 V_{1t}} + \frac{T_{Ft}}{3\,600} + \frac{S_{2t}}{1\,000 V_0} \tag{10-4}$$

式中 Q_t ——第 t 个停车场(自行车或小汽车停车场)的全日接驳客流量,人次,自行车停车场和小汽车停车场的总数为 a;

T_{2t} ——接驳乘客在第 t 个停车场内的平均停留时间,h;

S_{1t} ——在第 t 个停车场内,乘客与交通工具一起前行的平均路程,m(在自行车停车场中为乘客自入口推行自行车到达停放点的路程,在小汽车停车场中为乘客自入口驾驶小汽车到达停放点的路程);

S_{2t} ——在第 t 个停车场内,乘客步行至出口的平均路程,m;

V_{1t} ——乘客在自行车停车场中推行自行车的平均速度,km/h(参考取值 3 km/h),或乘客在停车场中驾驶小汽车的平均速度,km/h(参考取值 20 km/h);

V_0 ——乘客的平均步行速度,km/h(参考取值 4 km/h);

T_{Ft} ——乘客在第 t 个停车场内停放自行车或停放小汽车所需的平均时间,s,参考取值分别为 20 s 和 60 s。

3. 步行时间 T_3

自行车、小汽车、公交车、出租车接驳乘客离开接驳交通设施后,以及采取步行接驳的乘客进入接驳范围内后的步行接驳时间,简称步行时间。

步行时间 T_3 为一天内所有接驳乘客的步行时间之和,需逐个流线进行计算,用每条流线的步行时间与该流线全日客流量的乘积累加得到。

$$T_3 = \sum_{j=1}^{m} Q_j T_{3j} \tag{10-5}$$

$$T_{3j} = \frac{S_j}{1\,000 V_0} + T_{Cj} \tag{10-6}$$

式中 Q_j——第 j 条步行流线的全日客流量,人次,共有 m 条步行流线;
T_{3j}——第 j 条步行流线的步行时间,h;
S_j——第 j 条步行流线接驳范围内的步行路程,m;
V_0——接驳客流的平均步行速度,km/h(参考取值 4 km/h);
T_{Cj}——第 j 条步行流线所经过平交交叉口的延误时间,h,取该流线在该交叉口的红灯时间的一半。

下面将日接驳时间 T 利用时间价值转化为年时间成本 C_1,在各类型的交通项目建设评价中,乘客时间价值都是国民经济评价的重要组成部分。时间是一种有价值的不可再生资源。计算乘客的时间成本,需要将乘客在接驳过程中耗费的时间通过货币方式进行量化。

$$C_1 = 365 P_t T \tag{10-7}$$

式中 T——全日接驳客流总接驳时间,h, $T = T_1 + T_2 + T_3$;
P_t——接驳客流单位时间价值,元/(人·h)。

乘客单位时间价值的量化方式有很多。例如,生产法根据个人年工作小时内创造的国内生产总值来衡量时间价值,以单位时间内创造的 GDP 作为单位时间价值,但在交通出行时一般考虑出行总时间中有多少部分是用来创造价值的;收入法则依据个人每工作小时的平均收入来量化时间价值。

目前,有较多学者以期用非集聚模型的方法来量化乘客时间价值,在非集聚模型中,一种交通方式的效用函数如 $V = \alpha + \beta_1 t + \beta_2 c$ 的形式,其中 t、c 分别为该交通方式的出行时耗和费用,α、β_1、β_2 为待定参数。在通过大量的调查数据标定待定参数之后,β_1/β_2 的值即可作为该交通方式的乘客时间价值。乘客时间价值往往还要根据出行目的、收入水平等因素将人群分类之后再量化。

规划车站接驳乘客单位时间价值应根据车站所在的区域经济水平、乘客出行特征等因素来选择合适的量化方法,作为方案评价的依据。

10.4.2 经济成本

经济成本由建设成本和运营成本两部分组成,二者之和即为经济成本的指标计算值。

$$C_2 = C_{21} + C_{22} \tag{10-8}$$

式中 C_2——年经济成本,元/年;
C_{21}——该站接驳交通系统的年建设成本,元/年;
C_{22}——该站接驳交通系统的年运营成本,元/年。

1. 建设成本

建设成本反映了修建该接驳交通系统所付出的经济代价,包括拆迁成本、征地成本和建造成本等。其中,建造成本指各类接驳交通设施的建造费用,包括人行天桥或地道、地下或地面停车场、直线或港湾式公交车站、出租车停靠点、人行步道等的建造费用。

$$C_{21} = C_C + C_D + C_J \tag{10-9}$$

式中　C_{21}——该站接驳交通系统的年建设成本，元/年；
　　　C_C——该站接驳交通设施用地红线以内，修建接驳交通设施造成的一年拆迁费用，元/年；
　　　C_D——该站接驳交通设施用地红线以内，修建接驳交通设施造成的一年土地购置或租赁费用，元/年；
　　　C_J——该站各类接驳交通设施的年建造费用，元/年。

2. 运营成本

运营成本反映了该车站投入运营之后要付出的经济代价，包括人工成本、管理成本和维护成本等。

10.4.3　综合成本

城市轨道交通车站接驳交通系统的社会总成本是按社会折现率将计算期内各年的成本折现到建设期初年的现值之和：

$$TC = \sum_{t=1}^{n} C_t \cdot (1 + i_s)^{-t} \tag{10-10}$$

式中　TC——社会总成本，元；
　　　C_t——第 t 年总成本，元/年，$C_t = C_{1t} + C_{2t}$，C_{1t}、C_{2t} 分别为第 t 年的时间成本和经济成本；
　　　i_s——社会折现率，根据《建设项目经济评价方法与参数（第三版）》中的相关内容，当前取 8%，当项目评价期限较长时，取值不低于 6%；
　　　n——项目计算期，年。

参考文献

[1] 邱丽丽. 轨道交通枢纽站与其他交通方式的衔接[D]. 上海：同济大学，2006.

[2] 林小稳. 城市轨道交通车站接驳交通方式划分模型研究[D]. 上海：同济大学，2014.

[3] 叶益芳. 城市轨道交通车站合理吸引范围内的自行车设施布局规划研究[D]. 上海：同济大学，2012.

[4] 牛伟伟. 公共自行车接驳城市轨道交通相关问题研究[D]. 上海：同济大学，2012.

[5] 杨燕. 城市轨道交通车站接驳空间与周边建筑的结合研究[D]. 上海：同济大学，2012.

[6] 卫振林，申金升，徐一飞. 交通环境容量与交通环境承载力的探讨[J]. 经济地理，1997，17(1)：97-99,37.

[7] HENNEBERRY J. Transport investment and house prices[J]. Journal of Property Valuation and Investment，1998，16(2)：144-158.

[8] DABINETT G. Realising regeneration benefits from urban infrastructure investment：lessons from sheffield in the 1990s[J]. Town Planning Review，1998(69)：171-189.

[9] AL-MOSAIN M A，DUECKER K J，STRATHMAN J G. Light rail transit stations and property value：A hedonic price approach[J]. Transportation Research Record Journal of the Transportation Research Board，1993，1400：90-94.

[10] CERVERO R，DUNCAN M. Transit's value-added：effects of light and commuter services on commercial land values[J]. Transportation Research Record Journal of the Transportation Research Board，2002，1805(1)：8-15.

[11] BENJAMIN J D，SIMANS G S. Mass transportation，apartment rent and property values[J]. Journal of Real Estate Research，1996，12(1)：1-8.

[12] GATZLAFF D H，SMITH M T. The impact of the Miami metrorail on the value of residences near station locations[J]. Land Economics，1993，69(1)：54-66.

[13] BOWES D R. IHLANFELDT K R. Identifying the impacts of rail transit stations on residential property values[J]. Journal of Urban Economics，2001，50(1)：1-25.

[14] ARMSTRONG R. Impacts of commuter rail service as reflected in single-family residential property values[J]. Transportation Research Record Journal of the Transportation Research Board，1994，1466：88-98.

[15] 东京都都市整备局. 新しい都市づくりのための都市開発諸制度活用方針[EB/OL]. [2022-10-19]. https://www.toshiseibi.metro.tokyo.lg.jp/seisaku/new_ctiy/katsuyo_hoshin/hoshin_01.html.

［16］温慧珊. Dynamics of the central business district of Hong Kong[D]. Hong Kong：The University of Hong Kong，2007.

［17］香港铁路有限公司. 香港地铁年报：2002—2007［EB/OL］.［2022-09-26］. https：//www.mtr.com.hk/ch/corporate/investor/financialinfo.html.

［18］陈金玉，刘建明. 道路通行能力对土地利用的限制分析[J]. 黑龙江工程学院学报（自然科学版），2010，24(1)：33-35.

［19］况丽娟，叶霞飞. 自行车接驳城市轨道交通的特征研究[J]. 城市轨道交通研究，2010(2)：53-56.

［20］IEDA H，KATO H. A model of bicycle-user's behavior in access-transport to railway station[J]. Journal of the City Planning Institute of Japan，1995，30：643-648.

［21］叶霞飞，顾保南. 城市轨道交通规划与设计[M]. 北京：中国铁道出版社，1999.

［22］关宏志. 非集计模型：交通行为分析的工具[M]. 北京：人民交通出版社，2004.

［23］武倩楠，叶霞飞，林小稳. 城市轨道交通车站接驳范围的计算模型[J]. 同济大学学报（自然科学版），2014，42(7)：1058-1095.

［24］况丽娟. 自行车接驳城市轨道交通相关问题研究[D]. 上海：同济大学，2010.

［25］Transit Capacity and Quality of Service Manual[S]. 2nd edition. Washington：TRB，2003.

［26］任其亮. 公交停靠站泊位数确定方法研究[J]. 交通运输系统工程与信息，2008，8(5)：114-117.

［27］顾承东，刘江，刘武君. 城市轨道交通站前广场规划设计[M]. 上海：上海科学技术出版社，2005.

［28］黄渝祥，邢爱芳. 工程经济学[M]. 上海：同济大学出版社，1985.

［29］王波. 北京轨道交通车站衔接规划方法及其思考[J]. 都市快轨交通，2012，25(5)：60-64.